サッカー店長の戦術入門

「ポジショナル」VS.「ストーミング」の未来

龍岡 歩

光文社新書

まえがき

本書を手にとってくださった奇特な皆さま（あえてリスペクトを込めてそう呼ばせて下さい）、はじめまして。「サッカー店長」こと龍岡歩（たつおかあゆむ）と申します。まず始めに簡単な自己紹介も兼ねて、私が「サッカー店長」として本書を上梓（じょうし）するまでに至った経緯をご紹介させていただければ幸いです。

元々、私自身はサッカーとは無縁の少年時代を送っていた、ごく普通の運動音痴でした。特に体育のサッカーでは皆の足を引っ張るのが嫌で憂鬱な気分になっていたことを今もよく覚えています。そんな私が12歳の頃、運命を変える出来事が起こります。それが１９９３年のＪリーグ開幕でした。同世代のファンなら当時のことはよく覚えていらっしゃる方も多いかとは存じますが、現代の日本では到底考えられないような熱狂がそこにありました。超満員の国立競技場がまばゆいカクテルライトに照らされ、顔にお気に入りのクラブのペイントを入れた若いサポーターが耳慣れない音のチアホーンを鳴り響かせていたあの日。たまたまTV放送でそれを目撃した私は、「この国で何かとてつもないことが始まろうとしている」という予感に、わけも分からず興奮していました。それからは熱に浮かされたように、毎週放送されるJリーグの試合を全試合録画して繰り返し観る日々の始まりです。周囲の同級生たちが部活動や勉学、恋愛と青春を謳歌する中、私はひたすらサッカーを「観る」ことに青春を捧げていたのです。今振り返ってみても何か悪いものに取り憑かれたのではないか、としか説明が付きません。

そうして来る日も来る日もサッカーの試合を観ていると、素人ながらにいくつかの疑問が湧いてきます。中でもゴールはフィールドの真ん中にあるのに、なぜどのチームも回り道するかのようにサイドへ迂回するのか？　は大きな疑問でした。当時は今と違ってインターネットも発達しておらず、グーグル先生に聞くわけにもいきません。そこで本屋や図書館でサッカー関連の書籍を漁ってみると、どうやらサッカーはただ走ってボールを蹴るだけに収まらない領域があることを知ることになります。それが、私が初めて「戦術」と出会った瞬間でした。元々運動神経が悪かった私は、ことさらこの頭脳戦の領域に興味を惹かれ、さらにのめり込むようになります。世界中のチームの戦術、過去のW杯の歴史、最先端のトレンドなど、戦術に関する情報ならば、ありとあらゆるものを集める日々が始まりました。観た試合は全てノートにメモを取り、フォーメーションや監督采配、拙（つたな）い戦術分析を書き始めたのもこの頃です。頭を使って戦略で相手を出し抜く、その過程に覚えるワクワク感は今でも1ミリも変わっていません。

そんなサッカー漬けの日々も気付けば10年を超え、多くの同級生たちが社会人として着々と人生を歩む中、私はと言えば相変わらずの日々を送っていました。アルバイトをしてお金が貯まると海外にサッカー放浪の旅に出て、お金が尽きる頃に戻ってきてはまたアルバイトをして……の繰り返し。当時の流行（はや）り言葉で言うなら「フリーター」というやつでしょうか。日本でのサッカーブームも一段落し、いい歳をして365日サッカーに浮かされているような人間は明らかにこの社会で浮いていたと思います。しかし、その海外放浪の日々で私は一つの確信を得たのでした。

あれは初めて海外に一人でサッカーを観に行った時のことです。W杯よりもレベルが高いと言われる欧州選手権を観るために、私はオランダを訪れていました。そこで観たフランス代表の試合のある場面で、不思議な感覚を体験したのです。

それはフランスが攻め込まれた後、自陣でフランス代表のSB（サイドバック）リリアン・テュラム選手がボールを奪った瞬間のことです。ボールは奪えたものの、あいにくテュラム選手は敵のFW（フォワード）に囲まれていたので、自陣ゴール前ということもあり前線にロングフィードを蹴るかな、と観ていました。ところがテュラム選手はDF（ディフェンダー）とは思えない巧みなステップワークで敵の包囲網をかいくぐると、近くにいた味方選手に横パスをつなぎました。パス自体は何でもない横パスですが、ここで苦し紛れにクリアに逃げるのと、パスでつないでマイボールにするのとでは、その後の展開に雲泥の差が生まれる場面です。スタンドで観ていた私が思わず、さすが世界トッププレベルのプレーだ、と感嘆の溜め息を漏らしたまさにその時でした。スタンド全体から自然と拍手が沸き起こったのです。シュートシーンでもなければGKの決定的なセーブでもない、SBの横パス1本でこのような反応をスタンドが示す光景を私はそれまで経験したことがありませんでした。つまりこのスタジアムにいる人々は皆、今起きたプレーの価値の高さを分かっている、ということです。その時、言葉も文化も全く違う異国にいながら、「サッカー」という文法で彼らとつながり、日本では浮きまくっていた自分がつかの間受け入れられたような、そんな感覚を覚えたのです。もちろん私の一方的かつ勝手な妄想ですが、少なくともサッカーを深く知らなければ通じ合えない瞬間だったことは間違いないと思います。

他にも海外のサッカー事情は驚きの連続でした。オランダではオランダ代表の試合がキックオフされると、本当に街中から人々の姿が消えました。そして試合を観ていなくても街を歩いていれば、家々から起こる喝采でオランダの得点を知ることが出来ます。南米ではゴール裏の金網に半裸でよじ登ったサポーターが半狂乱になりながらチームを鼓舞する姿に衝撃を受けました。そんな彼らを見て、「人生の中にサッカーがある」のではなく「サッカーの中に人生がある」生き方を尊く思うとともに、自分の中で一つの確信が芽生えたのです。このサッカーという競技、文化、言語は人生を賭けるに値するものだ、と。

欧州や南米等、一通り行きたいと思っていた国に行き尽くした私は、今度は少しでもサッカーに関わる仕事がしたいと思い立ち、地元のサッカーショップで働くことにしました。その頃、ちょうど世間ではインターネット通販（楽天、アマゾン）が盛んになり始めた時期で、自分が働いていたショップでもネット通販事業の拡販に発信力のある人間が求められていました。すでに職場内でも異常にサッカーに詳しい「変態」として知れ渡っていた私が、気が付けばネット通販部門の「店長」に抜擢（ばってき）されることとなります。すなわち、これが「サッカー店長」誕生の瞬間です（笑）。しかし、当初はネット通販の売上が思ったように伸びず、苦悩の日々でした。少しでも売上増につながれば……との思いで始めたショップブログにも誰も訪れてくれません。そんな誰も読んでくれないブログを日々更新していると、ふつふつと私の中に巣食う変態の虫が顔を覗（のぞ）かせるようになります。どうせ誰も読んでいないなら……の軽い気持ちでショップとは全く関係のない、最近見た試合の分析記事が紛れ込むようになるまでそう時間はかかりませんでした。

ところが、この試合分析が一部の同志にハマったのか、以降少しずつブロクのアクセス数が伸び始めるではないですか。コメント欄にも「分析、面白いです！」などの有り難いお言葉をいただくようになり、売上にも少しずつ影響が見られるようになります。完全に調子に乗った私は、気が付けば2万字にもわたる戦術分析のブログを書き綴るようになっていました。完全に常軌を逸していますが、こと戦術の話になると私にはブレーキが付いていないのです。なにせすでに15年以上もの間、私の中には誰に披露するでもない戦術に関する知見が溜まりに溜まっており、ダムの決壊は時間の問題だったのです。ところが人生、何が起こるか分からないもので、このブログが次の思わぬ転機となりました。

なんとJリーグクラブの藤枝MYFCの当時の社長がこのブログを目にし、チームの戦術分析官として自分にオファーをくれたのでした。おそらく当時、サッカー未経験の分析官など日本のサッカー界では異例中の異例の出来事だったと思います。もちろん私はこのオファーを快諾し、2014年にプロの戦術分析官としての第一歩を踏み出します。以降、4年にわたって藤枝で務めた後、現在は関西リーグからJリーグ昇格を目指すおこしやす京都ACの一員としてサッカー漬けの日々を奮闘しています。

プロの現場の最前線に立たせていただいたことで、今まで見えてこなかった日本サッカーの一面が見えてきました。自分もそうでしたが、ファンの立場で試合を観てああでもない、こうでもないとサッカー談義に花を咲かせるのは楽しいものです。これは間違いなくサッカーが持つ魅力の一つで、ファン、サポーターの特権のようなものだと思います。ただ、どこまでいっても現場で実際に起きている内情については知るよしもありません。かと言って、片や現場は現場で外部の意見や知見を積極的に取り入れる姿勢が当時はまだ少なかったと思います。そういった姿勢は外から観ているファン、サポーターからすると歯がゆく感じられたりすることもあるでしょう。

　私はある意味、この両面に片足ずつを置いているような、サッカー界では極めてレアな立場に身を置く機会をいただけたと思っています。だからこそ、なるほど外からでは見えない「現場の現実」というものをこの数年でたくさん経験させていただきました。一方で、やはりここは外部の意見も積極的に取り入れた方が良いのでは、と感じる部分も発見することが出来ました。だからこそ本書にはこの「外からの客観的な視点」と「内部の現実」の両面を盛り込んだ戦術論を書かせていただいたつもりです。

　本書に関しては店長時代に書いていた戦術ブログが再び重要な転機を運んできてくれました。当時、熱心なブログ読者だったとあるサッカー少年が立派な社会人となり、光文社の編集部員として私に書籍出版のオファーをくれたのです。まったくもって人生、本当に何がつながるか分からないものです。私の自由気ままな執筆作業と偏愛溢れる文章を暖かく受け入れていただき、そして一冊の本にしていただいた担当の高橋恒星さんには感謝してもし切れません。本当にブログをやっていて良かったと思える出来事でした。

最後に、本書のテーマである「戦術」の魅力とはなにかを私なりにお伝えして、まえがきの結びとさせていただきたいと思います。

私はブログのタイトルにもしていたように、常々「戦術とは浪漫（ろまん）である」と思っています。戦術は過去の偉大なチームと現在のチームを線でつなぐ、一本の糸のような役割を果たします。例えばスペインのＦＣバルセロナで考えてみましょう。その物語は戦術史に一大革命を起こした１９７４年オランダ代表の「トータルフットボール」抜きに語れません。当時ＦＣバルセロナの監督と兼任でオランダ代表を率いていたオランダの名将リヌス・ミケルスの下には、愛弟子として同じくバルセロナとオランダ代表の双方で大活躍中のヨハン・クライフがいました。そしてクライフが監督としてバルセロナに帰還すると、クライフ流にアレンジされたトータルフットボールは完全にこの地に根付きます。そのクライフ監督の「ドリームチーム」と言われたバルサで司令塔を務めていたのが、本書の表紙も飾っているペップ・グアルディオラになります。後にペップが監督としてバルサを立て直し、黄金時代を築いた時の中心選手の一人はシャビでした。そして今、シャビがそのバトンを受け継いで物語は続いていく――。オランダの名将ミケルスからシャビに至る半世紀にも及ぶその過程を「戦術」という観点でつなぐと、見事に浮かび上がってくる一本のストーリー。私はこの一大ストーリーにこそ、歴史の浪漫を感じるのです。サッカーを点ではなく線で観ることの魅力が「戦術」にはあります。

　そして過去を知ることは現在を理解することであり、さらにそれは未来を予測することにもつながります。例えば現在、戦術のトレンドワードとして語られている「5レーン」や「ハーフスペース」、「偽SB」や「可変システム」に至るまで、それらは全くのゼロから生み出されたわけでは決してなく、全て過去の歴史にその源流を見て取ることが出来るのです。過去から引用され、現代風にアレンジが加わり、そしてまたそれらが影響しあって次のトレンドを生んでいく。それが戦術史なのです。したがって本書は過去から現在、そして未来へと続く戦術史の糸を手繰り寄せるような構成になっています。本書があなたにとって戦術が持つ本当の魅力を知る、その「入門書」になってくれたなら、これ以上の喜びはありません。

目次

第2章 「打倒ペップ」で読み解く戦術史

第Ⅱ部　現代サッカーを更新する智将たち

第III部 現代サッカーはどこへ行くのか

第12章 ファンタジスタとは誰のことか？

第13章 未来のサッカーを想像する

第Ⅰ部
現代サッカーの異常な発達

第1章　ペップ・グアルディオラは現代サッカーをどう変えたのか？

サッカーという競技の不確実性に挑む

ここ10年余りのサッカー界で起きている「パラダイム・シフト」を語る時、この男の名を避けて通るわけにはいかないだろう。ペップ・グアルディオラ、今現在に至るまで続く戦術の一大革命を起こしたと言われている男である。

彼の起こした革命とは——それを革命と呼ぶならば——サッカーという競技の本質を覆したことにある。

そもそもサッカーというかくもまどろっこしいこの競技は、広大なフィールドを使って右に左にボールを動かしながらゴールを目指すのを目的としている。にもかかわらず、人間の部位の中でその目的に最も適していると思われる「手」の使用を禁じている。

手でボールを握ることが出来ないので、他の多くの球技と比べ、サッカーでは常にボールが不安定な状態で晒(さら)されている。マイボールという概念は実質、常にインターセプトされる危険性と隣り合わせのフィフティーボールに近い状態とさえ言えるだろう。

　この競技において1点を取るのにどれだけの労力と時間を要するか、サッカーの虜(とりこ)になってしまった同志においては、今更それを説明する必要もないであろう。しかし、だからこそ1点の持つ重みゆえにゴールの熱狂が生まれ、番狂わせの多さから幾多のドラマが作られてきた歴史がある。

　つまり、サッカーという競技の本質はその「不確実性」にあると言っていいだろう。なにせ手を使わせないルールによって意図的に、その不確実性が生まれるよう仕向けられているのだ。過去100年余りの歴史の中で同じゴールシーンは一つとしてなく、勝敗は極めて偶発的な要素に影響を受ける。

　グアルディオラはこの極めて不確実な競技で「確実に」勝利を収め続ける方法を求めていた。彼はしばしば、美しいサッカーを愛する理想主義者のように語られることがあるが、むしろ彼ほど負けず嫌いな現実主義者もなかなかいないだろう。彼は自身のやり方が、最も確実に勝利を収め続けられる方法だと本気で信じているからこそ現在のスタイルを貫いているだけなのだ。その意味では対極な存在として語られがちなジョゼ・モウリーニョとは、信じる道が違うだけで考え方の根本は同じとさえ言える。

ペップはこの競技の勝敗をコントロールするにあたって最も重要な要素は「ボールを支配すること」だと信じている。ここで言う「ボールを支配する」とはパスを回し続ける、ということとは根本的に違う。ペップは言う。「私はパスワークを目的とするすべてのプレーを嫌う。ティキ・タカのことだ。そんなものはゴミで、何の意味もない。相手ゴールに迫ることを目的として、明確なパスを出さなければならない。パスワークのためにパスをつなぐのではない」。要するに意図のないパスをいくら重ねたところで、それは勝利という目的に近づく手段にはなんらつながっていないということだろう。彼が指すところの「ボール支配」とは、ボールを動かしながら相手を自陣深くに押し込みつつ守備組織を崩し、仮にボールを失っても即座に奪回出来る状態に試合を持ち込むことを意味する。

こうなると相手は自陣に亀のように籠もるしか打つ手がなく、やっとの思いでボールを奪えても、前に誰も味方がいないのでまともに攻撃すら出来ない状態だ。気が付けばペップのチームだけが延々とボールを回しながら攻撃を繰り返している。イメージとしては格闘ゲームの「ハメ技」に近い。もはや相手チームはサッカーをさせてもらえないのだ。

ペップが最初に指揮したＦＣバルセロナ（２００８〜12年）で構築したのはまさに、この必勝パターンだった。当時、ペップバルサは圧倒的な強さを誇っていたが、それは事実上、試合から相手を消し、「ピッチにはバルサしかいなかった」としか形容の出来ない試合展開に持ち込んでいたからだ。「試合から相手を消す」、これ以上の常勝戦術はないだろう。

ヨハン・クライフの教え

ペップがこの考えに辿り着いたのは選手時代からの出自に負うところが大きい。彼はボール支配の哲学が根付いたクラブ、FCバルセロナで選手として育った。そして、後にこの哲学を考案した張本人であるヨハン・クライフから90年代に直接指導を受けている。クライフが監督を務めたバルセロナが黄金期を迎え「ドリームチーム」と呼ばれた頃、司令塔を担っていたのがペップその人であった。この強烈な原体験こそが彼のサッカー哲学の出発点となっているのは間違いないだろう。

90分間、相手にボールを触らせず、自分たちで支配し続ければ試合に負けることはない。理想論としてはその通りである。しかし理想通りにはいかないからこそ誰もがカウンターだったり、相手にボールを持たれる状況も想定した現実的な戦術を落としどころとするのだが、彼の師であるヨハン・クライフは違った。クライフはサッカーの百有余年の歴史の中でも不世出の天才選手で、だからこそ彼にとってサッカーは極めてシンプルで簡単なものだったのだ。そしてそれは、自身が監督になっても変わらなかった。選手が皆彼のようにボールを「手」で扱うかのごとく足で思いのままコントロール出来るなら、つまり足でボールを「握れ」るのであれば相手にボールを渡す心配はなくなる。人がボールを追って走るより、ボールを蹴って走らせる方が速いのだから、後者のやり方を突き詰める方が合理的だ。

クライフは他の多くの監督がなぜ、ボールの後を追いかける守備の整備に躍起になったり、ボールを失うことが前提のカウンターに注力したりするのか、おそらく理解出来なかったのだろう。なぜなら、我々がボールを失うはずはないのだから。ボールを足で握れる選手を11人揃えて、彼らを適切な配置に並べ、ボールを意のままに走らせる。これだけでサッカーは理論的に常勝ではないか。これが現在のペップにも続く、いわゆる「ポジショナルフットボール」と呼ばれる戦術の源流である。

クライフの教えは極めてシンプルであったが、同時に高度なクオリティが要求された。特に選手同士の適切な配置、つまりポジションの意識には強いこだわりを持っていたようで、当時のクライフのサッカー観をうかがい知ることが出来る逸話は枚挙にいとまがない。

そんな逸話の一つを浦和レッズでもプレーした〝チキ〟ベギリスタインが語っている。彼はクライフ指揮下のドリームバルサで中心選手の一人であり、現在はマンチェスター・シティのＳＤ（スポーツディレクター）を務める。ペップをシティの監督に招聘（しょうへい）した張本人でもある。

ある試合で、ベギリスタインは90分間を通して試合から消え続けた。酷い試合だった。ボールに触ったのはわずか数度であり、チャンスを作るどころか、プレーに絡むことができなかった。ベギリスタインは落ち込んでいた。きっとクライフにどやされる——。ピッチを去る時、そんな思いが頭から消えなかったという。

案の定、ロッカールームでクライフは怒鳴り散らした。しかしそれは、ベギリスタインを除く10選手に対してだった。クライフは、ベギリスタインにだけは、怒らなかったのである。

「チキ、お前は最高のプレーをしてくれた」

キョトンとするベギリスタインに、指揮官は続けた。

「私は試合前、チキにタッチライン際に張り付いていろと指示した。彼は、それを忠実に実行した。しかし、彼がサイドに開いて相手のラインを広げ、スペースを作り出している時に、他の選手はなぜそれを利用しなかったんだ?」

華麗なドリブルや豪快なシュートではない。カンプ・ノウの数百メートル上空からピッチ全体を俯瞰したような全体図が、彼の頭にはあったのだ。

いかがだろうか。試合中全くボールに触れなかった〝チキ〟こそが最高のプレーをしたとクライフは称賛するのだ。それはポジショニングに忠実だったからである。クライフが考えるフットボールの最も根幹にあるのは「ポジショニング」だということがよく理解出来るエピソードである。

チームの「ヘソ」となる「4番」

ただ、仮にいくらボールを足で「握れる」選手を11人集めても、彼らが15メートル四方の狭いスペースに密集して、いわゆる「団子サッカー」状態になっていたら、彼らのクオリティは全く発揮されない。クライフはそう考える。選手が持っている資質を適切にピッチで発揮してもらうための地図がポジショニングなのである。105m×68mのピッチを目一杯に

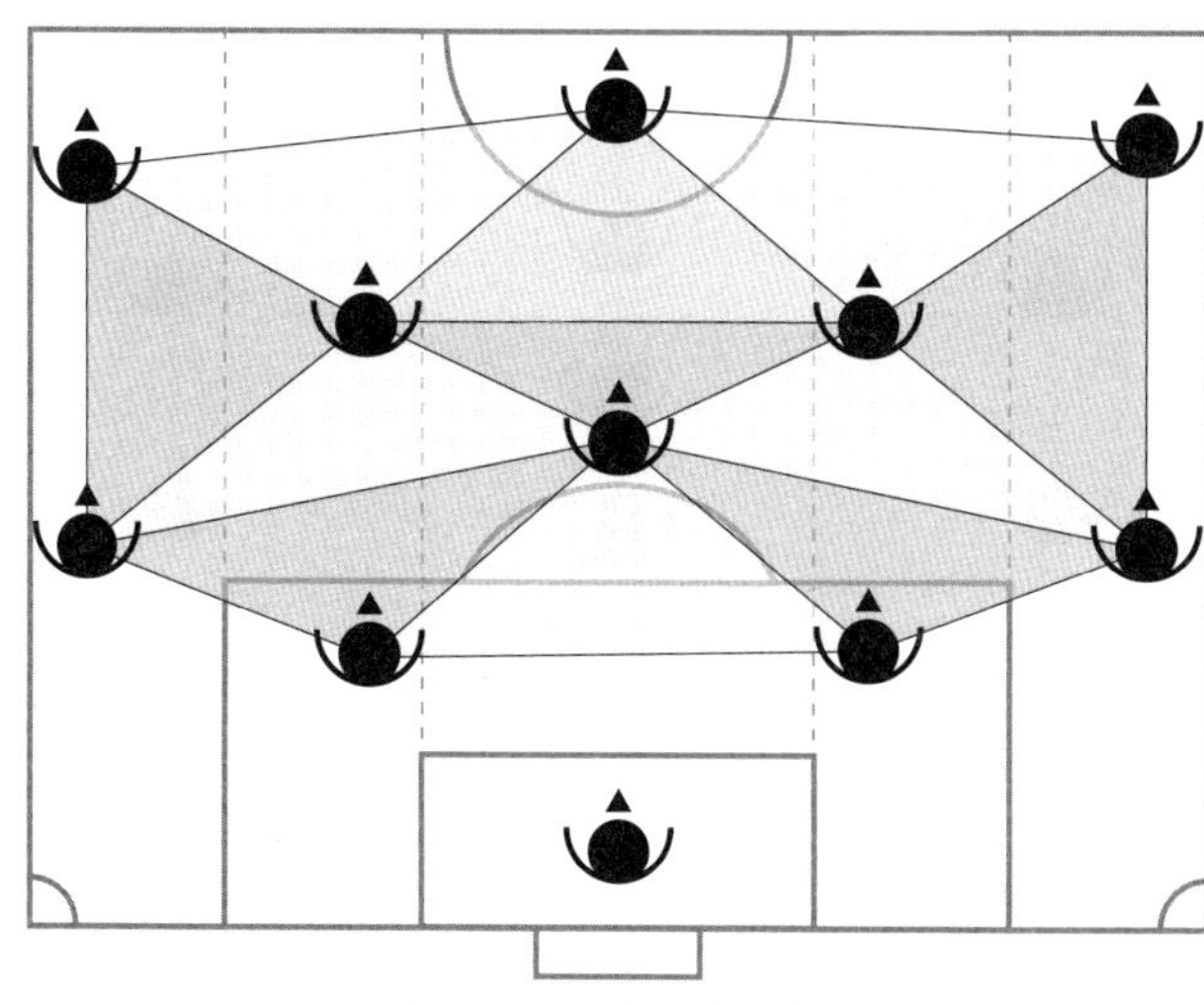

（図1）4-3-3のトライアングル

使ってボールを走らせることで、「ボールが人よりも速い」恩恵を最大化させるのだ。

ピッチを最大限に広く活用しながら均等に選手を配置出来て、なおかつ選手間でトライアングルが最も多く作られる4－3－3（図1）や3－4－3（図2）といったフォーメーションが、クライフやペップらポジショナルフットボールを実践する監督の代名詞になっているのはそのためである。

よく日本のサッカー界では「サポート」というプレーを、いまだにボールホルダーへ物理的に近づいていって助ける行為だと解釈されている向きもあるが、

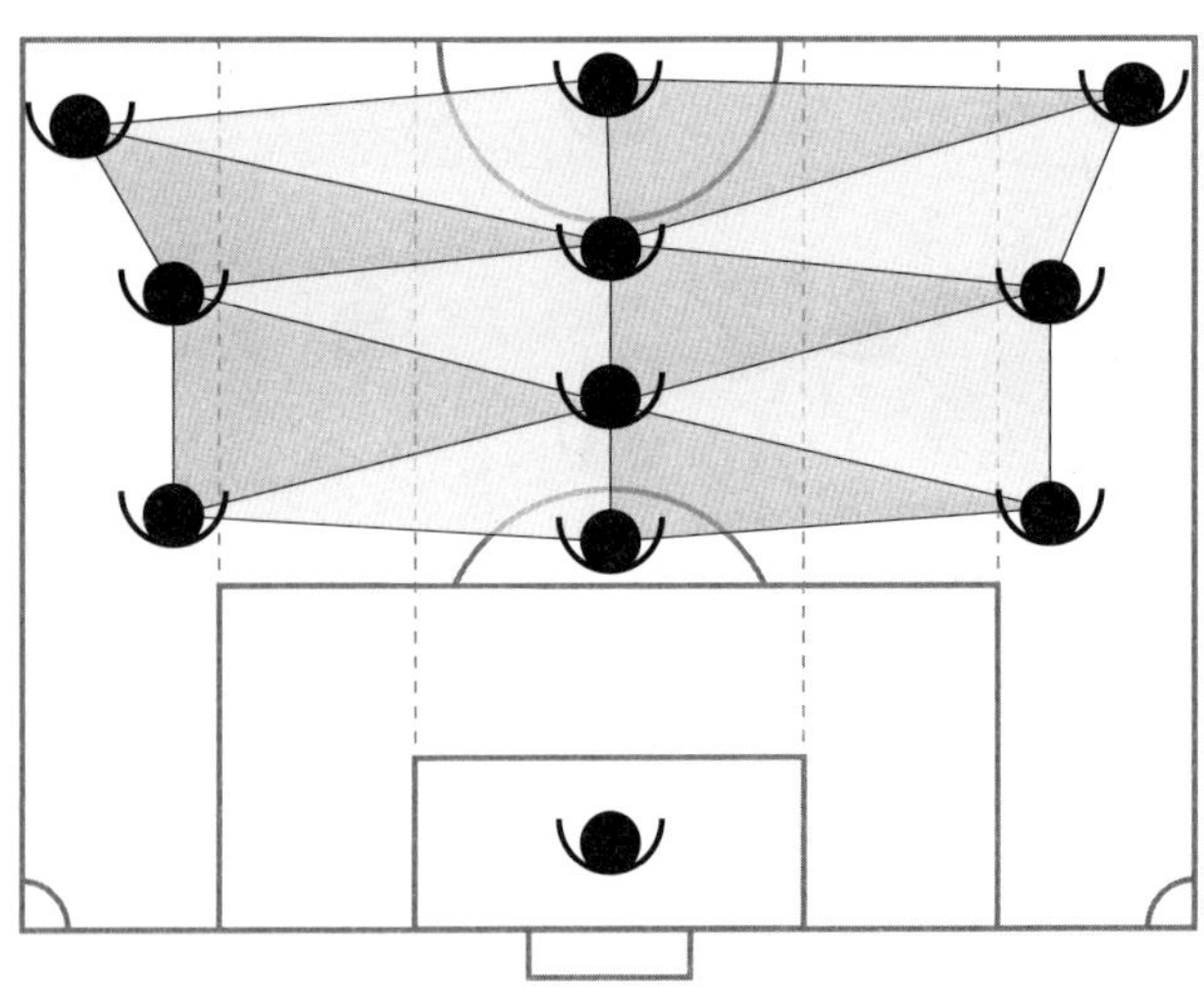

（図2）3-4-3のトライアングル

クライフが考えるサポートはこれと真逆の考えである。無闇にボールホルダーに近づけば、自分をマークする敵選手も連れて行くこととなり、かえって困らせる結果になりかねない。そして何より、適切な選手配置の距離感が崩れてしまう。

ゆえにポジショナルフットボールの考えでは「味方を信じて持ち場にいる」ことが最良のサポートとなる。ボールに触れなかった〝チキ〟をクライフが称賛したのもこうした理由からだ。選手同士の距離感を保つことは相手の選手同士の距離を離すことにつながり、広がったスペースはしかるべき持ち場の選手がそのクオリティを発揮するための下地となる。

団子サッカーにさえならなければ、サッカーのピッチは上手い選手がその技術を発揮するための充分な広さを有しているのだ。このフットボール観はペップに受け継がれ、彼の礎（いしずえ）になっていく。

ペップはこの革新的なヴィジョンを持つクライフ監督の彗眼（けいがん）に見出されて、わずか19歳にしてバルセロナのトップチームデビューを果たしている。周囲は当初、この見るからに痩せっぽちの青年に懐疑的な視線を向けていたというが、それも無理のないことだろう。実際にこの青年は筋肉もまだ充分に発達しておらず、足も遅かった。だが、監督であるクライフの見立ては違った。

「このチームで一番スピードがあるのはペップだ。体格や足の遅さは問題ではない」

クライフが考えるスピードとは何か。それはサッカーにおいて刻一刻と移り変わる状況を把握し、次のプレーのアイデアを導き出し実行するまでに要する時間である。ペップはこの処理速度において、他の追随を許さないほど優れた能力を持っていた。一人、脳のメモリーが違っていたと言っても良いかもしれない。

ボールは人よりも速く、脳はボールよりもさらに速い。クライフが求める理想のポジショナルフットボールにはペップの脳が必要不可欠だったのだ。クライフはペップをチームのへ

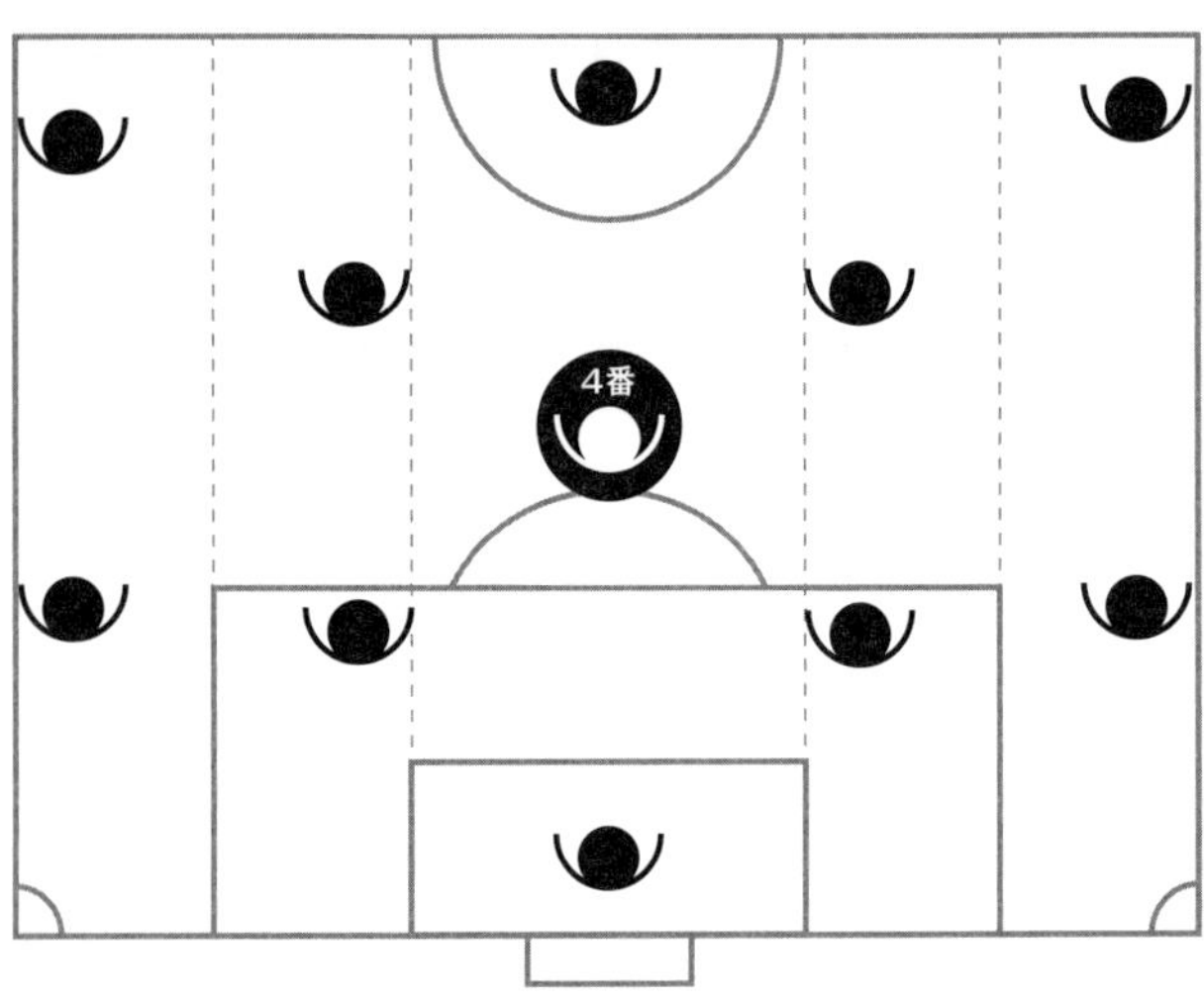

（図3）4-3-3の「4番」

ソとなる中央に配置し、羅針盤としての役割を託した。４－３－３でも３－４－３でも中盤中央に位置どるこのポジションは、ペップが付けていた背番号が代名詞となり、バルセロナにとって特別なポジション「４番」と呼ばれるようになる（図3、図4）。

バルサの選手はボールを持つとまずペップを探した。否、探さなくても済むようにペップは常にピッチの〝ヘソ〟で待っていた。ペップに預けられたボールは彼によって正しい方向へと運ばれる。右なのか、左なのか、今は焦らずいったん下げて時間を作る時なのか、はたまた鋭い縦パスで攻撃を加速させるか……。チ

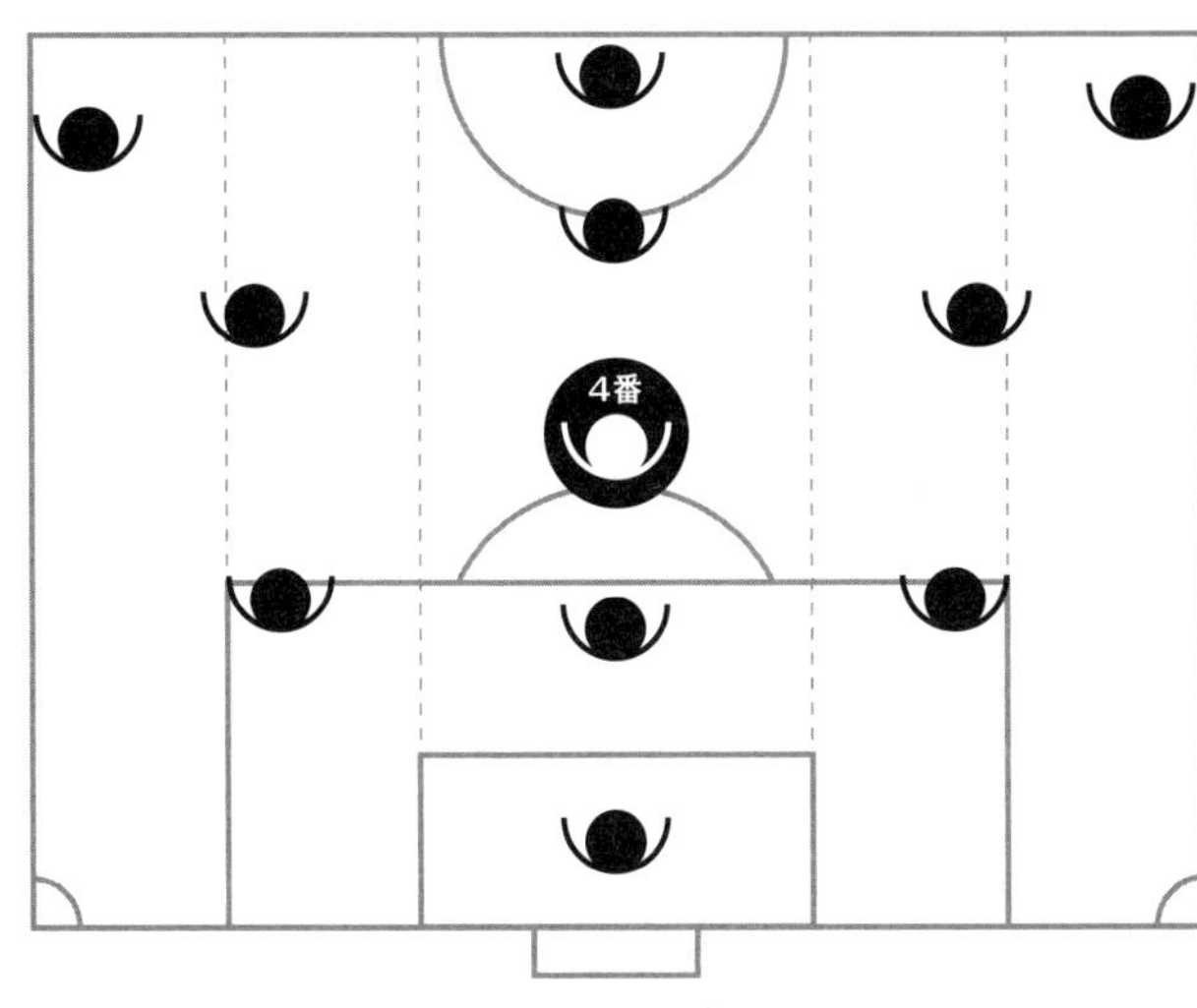

（図4）3-4-3の「4番」

ームへパスで発信するメッセージは全て、ヘソにいるペップの頭脳が決めるのだ。

ペップのパスは音がしなかった

筆者は一度、当時スペイン代表として欧州選手権に参加していたペップのプレーをスタジアムで目の当たりにする幸運に恵まれたことがある。今でも覚えているのは彼のインサイドパスの衝撃である。

私の席はピッチのすぐそば、タッチラインが目の前に見える位置だったのだが、まさに私の鼻先をスペインのSB（サイドバック）が全速力で駆け出そうとする、その時であった。ピッチのヘソにいるペップから30ｍのパスがそのＳＢのつま先にピンポイントで送られたのである。驚いたのは、スタンドでそれを見ていた私がＳＢの動き出しを認知した次の瞬間にはもうボールが届いているというその速度感である。30ｍ先のピッチ上でペップはプレーしながら、次に送り届けるべきボールのルートを予め知っていたとしか思えない速さであった。確かにペップはクライフの言う通り、そのピッチ上で誰よりも「速かった」のだ。

次に衝撃だったのが、そのパスの正確性もさることながら、芝生の上を転がるボールの音である。あくまで私の主観であるが、ボールの「音」がしないのである。他の選手が蹴ったボールはわずかでも回転がかかっていて、バウンドする音だったり、ボールが跳ねる音が聞こえてくるのだが、ペップのパスは違った。インサイドキックで放たれたボールは余計な回転も不規則なバウンドも一切なく、スーッと絨毯の上を転がるかのように滑ると、私の鼻先にいるＳＢの足元にピタリと収まったのだ。

こんな音のパスをグラウンドで目撃したのは後にも先にもそれっきりである。思わず、一瞬「あのパスなら自分でもコントロール出来るかも」と錯覚させられるほどの丁寧なパスだったと記憶している。あれは、パスを受ける次の人に一瞬でもコントロールに手間取る時間を発生させればチームの損失になるという感覚がないと到達出来ない領域に思えたのだ。

この「時間感覚」もクライフが掲げたポジショナルフットボールの重要な要素である。適切な配置に選手がいても、パスの質が悪ければコントロールに手間取っている間に相手に対応する時間を与えてしまう。そうなればせっかくの配置は台なしだ。

クライフやペップにとってスキルとはこの時間を短縮させ、適切な配置のアドバンテージを最大化させるためのツールと捉えることが出来よう。言い換えればツールに過ぎないということでもあるのだが。日本サッカーは長年、このツールに過ぎない技量を競うことに躍起になり過ぎて、その背景にある「適切な配置」をおざなりにしているきらいがあると言えるかもしれない。

「パウサ」の重要性

ポジショナルフットボールと、その指揮者であるヘソに求められる「時間感覚」は何も時間を短縮させることだけにとどまらない。時間を「引き延ばす」ことが必要な場合もある。それは、チームが適切な配置を取れていない時である。

サッカーにおいてチームの配置が最も崩れやすいのはどんな時か——それは攻守の局面が入れ替わった瞬間である。例えば相手のカウンターを受け、大急ぎで戻りながら何とかボールを奪った瞬間。チームはまだ適切な配置を取れていないことがままある。こんな時、無闇に攻撃を加速させる縦パスを入れる行為は、チームを不確実性という混沌（カオス）へ導く危険性が高い。

むろん、この不確実性に身を委ねてカウンターに活路を見出す道もある。この後に紹介するユルゲン・クロップなどは、この混沌（カオス）こそが勝機と信じている男だった。つまりバランスとリスクを見極める問題がそこにはある。五分五分～三分七分の優勢、劣勢をそれぞれチャンスと捉えるのか、リスクと捉えるのかの見極めだ。

クライフやペップが実践するポジショナルフットボールの考え方は、不確実性の排除と確実なプレーの積み重ねによる「必然」の勝利なので、当然リスクの方を考える。不確実性に身を委ねるよりも、ピッチ上で失った秩序をいち早く取り戻すことを最優先させるのだ。

したがって、秩序が失われた局面ではチームが適切な配置を取り戻すための「時間」を作ることが最適解になる。いったんバックパスを入れたり、ボールをゆっくりキープしたり、2m間隔の極めて近い距離にいる味方と一見何の意味もないパスの出し入れを行ったりと方法もいろいろある。スペイン語ではこういったプレーを「パウサ（小休止）」と言い、サッカーにおいて重要なプレーの一つであると明確に定義されている。

攻撃を加速させるべき時と、遅らせる時の見極めが正しく出来ないと、ポジショナルフットボールの前提である正しいポジションが維持出来なくなってしまうので、このサッカーは成立しない。ポジショナルフットボールを志し、その道半ばで失敗するチームの多くがここで挫折するのはその証左でもあろう。彼らは試合のテンポが落ち着いていて、自分たちがボールを持っている時は正しいポジションが取れても、相手に強烈なハイプレスをかけられたり、切り替えの局面が多いハイテンポの試合になると、自分たちで正しいポジションを整えるまでの「時間」を作り出すことが出来ない。

正しいポジションを取れなければ技術的なアドバンテージは消失する。なぜなら、先程も言った通り、技術はツールに過ぎないからだ。いわゆる「ストーミング」と呼ばれるプレス戦術のハイテンポなペースに巻き込まれてしまえば、ポジショニングと技術を競う戦いから、両チームのポジションが入り乱れた混沌（カオス）の中でお互いの身体をぶつけ合うフィジカルバトルの世界へ突入してしまう。これが典型的な〝亜流〟ポジショナルチームの挫折パターンである。このことからもいかにポジショナルフットボールにおいて、正しい「時間感覚」を作り出せる羅針盤の選手が重要かよく分かるのではないだろうか。

ピッチ上に自分の分身を置く

ところが、試合では監督自身がその羅針盤には決してなれないという矛盾を孕(はら)んでいる。当たり前だが監督は試合中、自らピッチに出てプレーが出来るわけではないからだ。かと言ってテクニカルエリアから今、行くべきか待つべきか指示を飛ばしていたのでは間に合わない。だからこそピッチ上に自分の分身として、信頼の置ける「頭脳」を置いておきたいと思うのだろう。

クライフがペップを分身としてピッチのヘソに置いたように、ペップも監督になってからはこの「4番」のポジションをことさら重要視している。おそらくそれは自身の原体験からくるものだろう。ペップは就任するチームごとに、必ずフットボールIQが一番高い選手をヘソに定めるところからチーム作りをスタートさせているように見える。08年にバルサのトップチームに就任して早々、当時まだ無名だった20歳のセルヒオ・ブスケスを抜擢したのはその象徴的事例であろう。その体型、プレースタイル共に現役時代のペップを彷彿とさせるこの若者はその後、世界的な名手に成長していく。

13年、舞台をドイツに移し、バイエルン・ミュンヘンの監督に就任した際は、当時世界でも5本の指に入るSBと言われていたフィリップ・ラームをわざわざこのヘソのポジションにコンバートしている。なぜなら、ペップいわくラームこそが「このチームで一番賢い選手」だったからだ。その後、マンチェスター・シティではフェルナンジーニョの才能を開花させたのも記憶に新しい。

余談ではあるが、クライフ指揮下のドリームバルサで助監督を務めたカルロス・レシャックが後年、Jリーグの横浜フリューゲルスの指揮をとったことがある。レシャックも当然、クライフやペップと同じサッカー哲学を持った第一人者である。そういう意味では、日本に初めてポジショナルフットボールが輸入されたのがこの時だったと言えるかもしれない。

レシャックは就任するとまず、当時高卒ルーキーだった18歳の遠藤保仁（えんどうやすひと）をチームのヘソに抜擢している。むろん、このチームで一番「賢く」て「速い」のが遠藤であると一瞬で見抜いたレシャックの彗眼であろう。遠藤はレシャックから「お前は試合中、センターサークルから出るな」とも言われていたらしいが、日本人にポジショニングの重要性と、ヘソの役割をシンプルに理解してもらうための彼流の表現だったのだろう。その後、遠藤保仁はご存知の通り、長年にわたって日本代表のヘソを務め、41歳になった現在も現役を続ける息の長い名手に育っていく。ポジショナルフットボールの感覚を身につけたことが、サッカー選手としての寿命を伸ばした成功例としても興味深い逸話だ。

クライフにとってのペップ、ペップにとってのブスケス、そしてレシャックと遠藤。ポジショナルフットボールにおけるヘソの重要性を示すエピソードとして、その類似性も面白い。

30年前に未来を予見していたクライフ

話を監督ペップに戻そう。これまで、ペップのサッカー観にクライフという原体験がどれほど色濃く影響しているかを見てきた。それは無理もない話だ。ある意味、選手時代のペップは監督クライフの分身としてピッチ上で長年司令塔を務めてきたのだから。当然の帰結として、クライフとペップが監督として具現化するサッカーには相違点よりも類似点の方がはるかに際立っている。

今、改めて30年前のクライフバルサの試合を観ると、現在のペップが見せているサッカーの原型は当時すでに完成されていたことに気付かされる。敵陣でのポゼッションからの即時

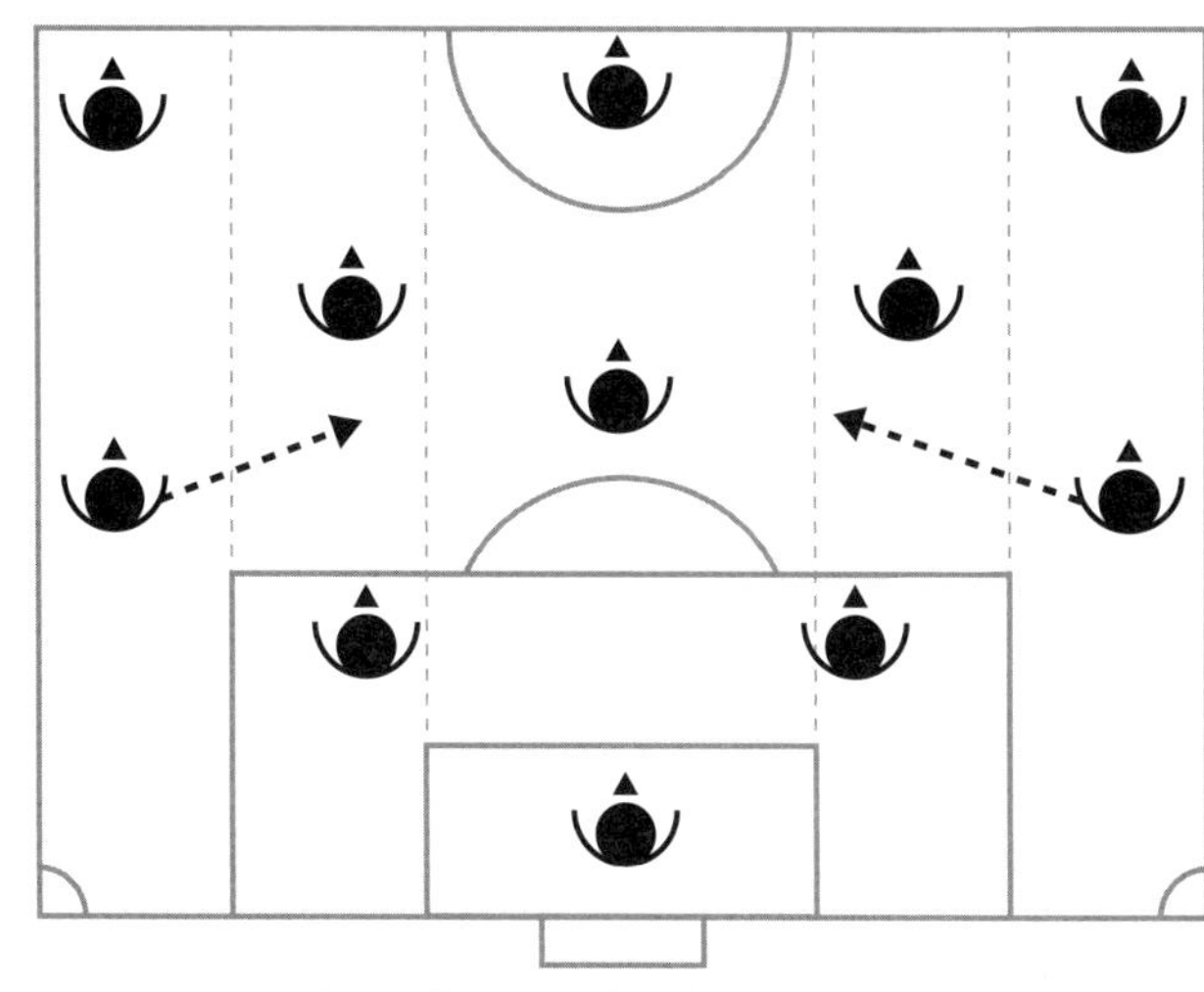

（図5）中央を厚くする「偽SB」の動き

奪回はもちろん、後述する「0トップ」も「5レーン」もすでにクライフバルサにその始祖を見て取ることが出来る。驚くべきはモダンな戦術と思われている「偽SB」（SBをサイドではなく中に入れてボランチの横に配置し、中央を厚くする戦術）すらもすでにクライフは30年前に未来を予見していたフシがある点だ（図5）。クライフはこう語る。

サイドバックはモダン・フットボールの理論では、できるだけ前に出るべきだと言われていた。フィールドを広くとるべきだと。しかし、私はもっと中央に注意を払いあまり前に出ないで、挟まれているくらいがちょうどいいと思う。

（『ヨハン・クライフ「美しく勝利せよ」』監訳：金子達仁）

クライフバルサの試合では、実際に偽ＳＢの源流を見出すことが出来る。例えばクライフバルサ後期の93／94シーズンには当時ＳＢのレギュラーだったアルベルト・フェレールとセルジが偽ＳＢとして、ヘソのペップの真横でプレーしている場面を目にすることが出来る。

それからおよそ30年、ペップが偽ＳＢの必要性を思い至ったのは、自チームのサッカーが相手に研究され、カウンターを受けることが多くなった時に、この「もっと中央に注意を払う」ことに迫られたからであった。そして、その発想の根本には師であるクライフの考えるＳＢ像が影響していたことは間違いないだろう。

ＳＢが両サイドに開いて高い位置まで進出している状態でボールを失うと中央のフィルターが足りず、相手のカウンターが直線的にゴールへ向かってしまう。この危険性をクライフは予見していた（こうなると前線が戻り切る前にもう失点している）。ポゼッションを安定させつつ、仮にボールを失った際にも中央の人数を担保出来る「偽ＳＢ」は、ポジショナルフットボールの必然として生まれた副産物だったと言えるのかもしれない。

「永遠の未完」を引き継いだ秀才

このように見ていくと、ペップは突如サッカー史に現れた革命家でもなければ、ゼロから何か全く新しいものを生み出す発明家ともまた少し違った立ち位置にいることが明らかになってくる。ペップのことを革命家や発明家だと認識してしまうとすれば、それは歴史を誤認した我々の側の問題であろう。クライフがバルセロナの監督を退任し、指導者としても引退した96年以降、ペップのバルセロナが現れるまで、世間はクライフが残したサッカーの源流をまるで忘れてしまっていたかのようだった。

なぜそのようなことが起きたのか。それはやはり93／94シーズンのCL（UEFAチャンピオンズリーグ）決勝で黄金期の絶頂を迎えるはずだったクライフバルサが、アリーゴ・サッキ率いるACミランに0－4と衝撃の惨敗を喫した試合と無関係ではあるまい。この試合を機に、世間の目はイタリアのサッカーへと集中していくようになる。

ボール支配を主眼に置いたオランダ（クライフ）を源流とするサッカーと、スペースの支配を主眼に置いたイタリア（サッキ）を源流とするサッカーがせめぎ合う時代――。その時代がいったんの終焉を見た契機が93年のCL決勝だ。勝者はイタリア人のアリーゴ・サッキであり、時代の潮目が移り変わった瞬間だったのかもしれない。そして巨匠クライフが理想としたポジショナルフットボールは完成を見ることなく、クライフも現場の最前線を退くのであった。

バルセロナという土地には現代建築の巨匠アントニオ・ガウディの手による大聖堂サグラダ・ファミリアがある。今日に至ってもなお建設が続く「永遠の未完」と言われるこの大聖堂のように、FCバルセロナではクライフが建てた大聖堂を歴代の監督が受け継ぎながら、少しずつ進化させていくこととなる。

ペップはバルセロナの監督時代にこんなことも言っていた。

「クライフは立派な大聖堂を築いた。今の私たちの役割はそれを修復することだ」

バルサではクライフが現場の最前線から退いた後も、ルイス・ファン・ハールやフランク・ライカールトら、彼の意思を受け継いだサッカーで結果を残す者もいたが、あくまで単発的であり、サッカー界の潮目を完全に変えるほどの革命にはつながらなかった。世界のサッカーはその後、激しく覇権が入れ替わる乱世へと突入していくのだが、その乱世にいったんの終止符を打ったのがペップの登場であった。

クライフがサッキのミランに惨敗を喫したあの日からおよそ15年の時を経て、ペップが潮目を変えた。だから「ペップこそが革命家だ！」と、そう見えてしまうのは致し方ないことかもしれない。だが実際のところペップはこの大聖堂の修復を受け継ぐ飛び切り優秀な後継者ではあっても、決してガウディではないのだ。

そしてバルセロナでの修復期間を終えたペップは、スペインを飛び出し、ドイツ、イングランドと渡り歩き新天地で新たな大聖堂を築こうとしているのかもしれない。

「才能」を前提とするサッカーの限界

では偉大なる師クライフと、ペップの違いは何か。確かにペップはクライフから直接師事を受けた最高傑作の直系愛弟子と言えるかもしれない。しかし、だからといってペップは決してクライフ原理主義者というわけでもない。

現役時代の晩年には、クライフの思想とは真逆のサッカー文化を持つイタリア（クライフは当時イタリアのサッカーを「守備的過ぎる」と忌み嫌っていた）に移籍したり、メキシコでもプレーをした。それはひとえに幅広くサッカーの知見を広げるための作業で、自身のサッカー観がクライフ教に染まるのを拒否するかのような行動にも映る。ペップの歩みを辿ると、ピッチ外における視野の広さもプレースタイルさながらなことに気付かされるだろう。その視野の広さが指導者としてのバランス感覚を支えているのである。そして広く世界のサッカーを見て回った結果、自身の原体験であるクライフサッカーをアップデートさせることが常勝への道であると確信に至ったに違いない。

ペップがアップデートさせる余地を見出したのは何か。それはクライフサッカーの根本的な構造である、再現性と選手個々の才能に関する諸問題である。クライフのサッカーは選手個々の絶対的な「才能」が前提となっていた。これは、クライフ自身が有り余る才能を天から授けられたプレイヤーだったからこその構造と言える。端的に言えばクライフの攻撃戦術とは前線の3トップに仕掛けるスペースがある状態でボールを届けること、これが目的であり終着点であった。スペースのある状態でタレントにボールを届けるべく、後ろと中盤のポジションを整備し、敵陣ラスト30mまでボールを運ぶ。そして「さあ、あとは好きにやってこい」という戦術である。

確かにこの戦術は前線の3トップが3人とも天才だったら成り立つものだ。もし仮に、プレイヤーのクライフが監督クライフのバルサにいたらさぞかし気分良くプレー出来たことだろう。現代ならばリオネル・メッシが3人いるような3トップでも同じことが言えるかもしれない。

3トップの選手に対し、目の前に仕掛けるスペースがあるのだから1対1で抜けばいいじゃないか。この発想はいかにもクライフらしいが、しかし汎用性は極めて低いと言わざるを得ない。クライフバルサの試合を見ていると両サイドのFWにボールが入った時、周囲の選手は物理的に全く近づこうとしない。そして全ての選手が、そのFWが個人で突破することを前提とした動き出しを始めるため少し驚かされる。前述したようにクライフの考える「サポート」とは近寄ることではなく、むしろ離れることなのでこれは当然なのだが。

しかし、このやり方は必然的に一つの問題を引き起こす。相手のDFが1対1に強かったり、周囲のDFのサポートが速くてFWが局面を個で打開出来ないと、途端に手詰まりになるのだ。実際、クライフバルサにはそういう試合も多い。クライフのバルサは相手を圧倒する試合がある一方、薄氷の勝利や勝ちきれない引き分けの数も同じくらい多い。そうした波が生まれる原因は、この構造にあると言ってもよいだろう。

ペップもバルサ時代は似たような構造のチームを作っていた。それはある意味正解で、クライフが3人の3トップとまではいかなかったが、世界最高のFWであるメッシがまさに頭角を現し始めた時期だった。したがって、チームに問われるのはメッシに「どこ」で仕掛けさせるか。それならば最もゴールに近い位置だろう、ということで3トップの真ん中に置いたのだ。「0トップ」の発想の原点は、ここにある。

実際にゴール前でメッシに仕掛けられたら、どこのチームも止められなかった。だからペップの仕事はそこまでのお膳立てを整備し、「さあ、あとは思う存分やってこい」で良かったのだ。

「5レーン」「ハーフスペース」の可視化

しかしペップの進化は新天地で急激に加速する。バルセロナを離れメッシがいないチームを指揮することになったペップは、クライフが前提としていた「才能ありきの敵陣ラスト30m」にメスを入れ始めたのだ。メッシの、天才のいないチームにおいてラスト30mまでボールを運ぶだけでは攻撃は完結しない。ラスト30mを突破する方法を「型」にまで進化させる必要がある。バルサを後にし、ドイツの名門バイエルン・ミュンヘンに就任したペップはその必要性を痛感したはずだ。

当時のバイエルンにメッシはいなかったが、代わりにアリエン・ロッベン、フランク・リベリー（2人をセットで〝ロベリー〟とも呼ぶ）という、世界でもトップクラスのウインガーがいた。しかし、クライフから30年の時を経た間に現代サッカーの守備戦術は格段に進歩している。現代ではサイドの攻防に対し、タッチラインという境界線の助力を得て、2枚、3枚のDFでウイングの突破力を封じ込める組織的な戦術が発展していた。ペップには各チームの「ロベリー包囲網」を上回る戦術が求められたのだ。

ならばバルサ時代のようにタッチラインのない中央で0トップを再び、か？　実際、監督就任直後のペップはトレーニングマッチで何度かロッベンの0トップを試したこともあるのだが、結果的にうまくいかなかったようだ。狭いスペースでも小回りが利くメッシに対し、ロッベンは直線的に加速する滑走路が必要だったということかもしれない。加えて、就任2年目からは中央にロベルト・レバンドフスキという大砲も加入したので、バルサと同じ戦術はとれなかった。

しかし相手は徹底したロベリー対策でタッチラインに人を割き、いざとなったらファウルも辞さない構えだ。そんな相手に対し、ボールは運んだから「あとは好きにやってこい」の戦術では限界は目に見えていた。そこでペップは、ロベリーにDFの枚数を割かせないようなラスト30mの攻撃戦術を導入していく。これがいわゆる「5レーン」である。

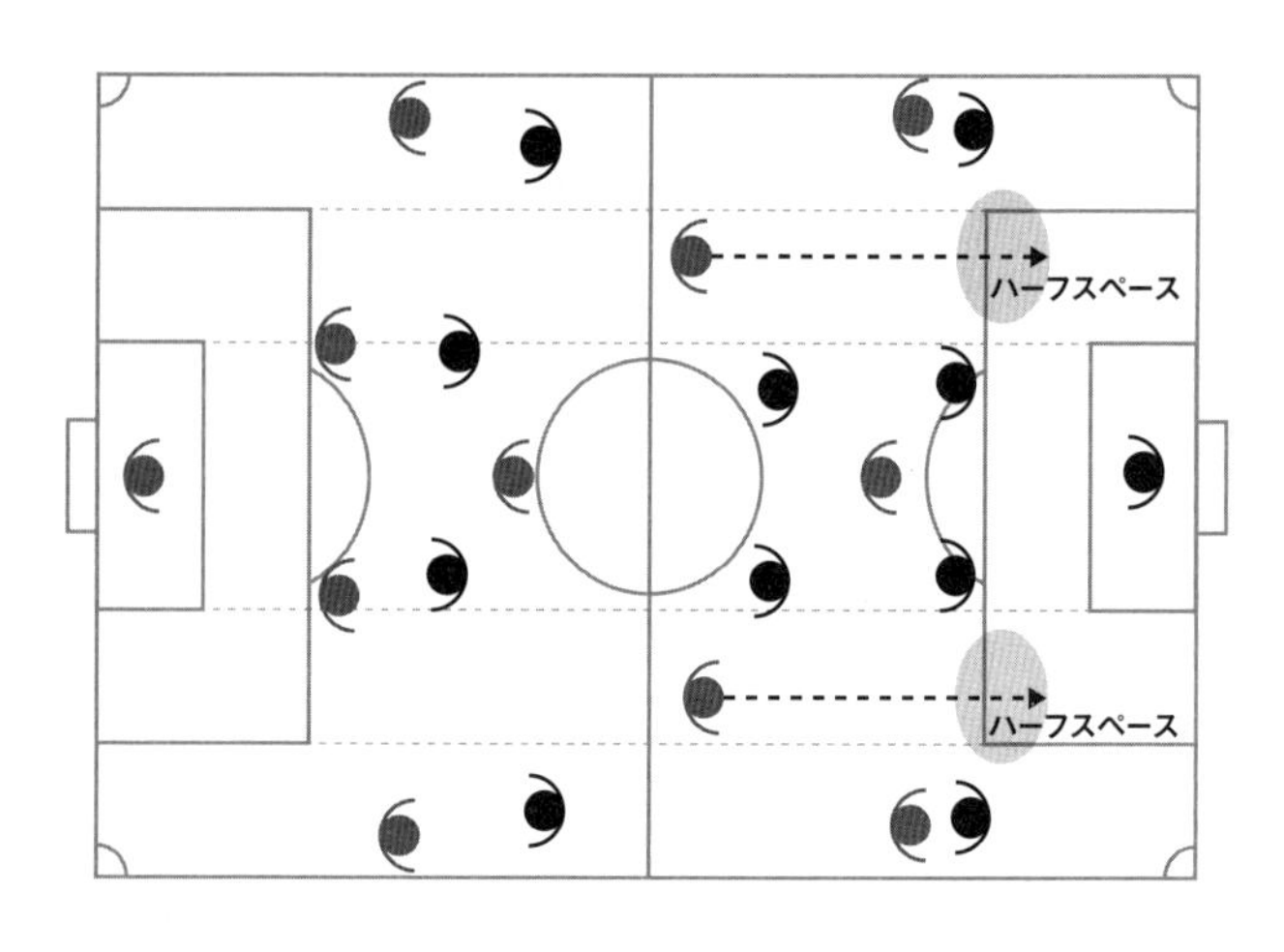

（図6）「ハーフスペース」を突くインサイドハーフ

クライフの4－3－3は3トップの独力突破を前提とした、いわば「3レーン」のサッカーである。クライフにとってのIH（インサイドハーフ）とはあくまでFWが突破した後のクロスに合わせるための人員か、こぼれ球を回収するサポート要員に過ぎなかった。

ペップも4－3－3の時は、両サイドのタッチライン目一杯にロッベンとリベリーを開かせる。ここまではクライフと同じだ。しかし相手の守備が両タッチラインに人数を割くのならばその背後、レーンとレーンの間にスペースが出来る。ここをIHに走らせたらどうなるか（図6）。自分の背中を走られるSBとしては、そうそう思い切ってタッチライン際まで出ていきづらくなるはずだ。ＳＢが出てこられないならスペースを与えられたロッベンとリベリーは躍動出来る。もしＳＢが構わず出てくるのなら、今度は走らせたインサイドハーフがフリーになるのでなお良し。

ペップはこのレーンとレーンの間を「ハーフスペース」として可視化し、言語化した。レーンの考え方を「３」から「５」に増やしたのだ。すぐさまバイエルンの練習場には５本の線が引かれ、選手はプレーしながらハーフスペースと５本のレーンを自然と認知していくようになる。

それまでも、例えばクライフバルサであっても選手の閃きでハーフスペースを突くプレーは単発的にはあったはずだ。しかしペップはこれを言語化し、可視化することで誰もが出来る再現性のある〝型〟へと昇華させてしまった。天才クライフが持ち得なかった、秀才ペップの才能である。

選手の「判断」にメスを入れる

その後、プレミアリーグのマンチェスター・シティに移籍したペップはこの敵陣ラスト30

mの整備をさらに進化させていく。新天地にはロッベンやリベリーといった強烈なウインガーがいない。そこでペップは、サイドを人が入れ替わりながらローテーションで攻める型を導入している。ウイングを固定しないことでマークのズレを狙ったのだろう。人が入れ替わりながらも、いるべきポジションには「誰か」が入っている、そんな流動性すらもパターン化してしまったのだ。さらに前線がそれでも膠着（こうちゃく）した際には、偽SBの位置からハーフスペースを突くような動きもオプションに加えた。あくまで被カウンター時のリスク管理要員だったはずの「偽SB」もアップデートさせている。

そして近年のペップの進化における最たるものとして、ついに選手の「判断」の領域にメスを入れ始めたことが挙げられる。それはサッカーを「数式化」させていくとでも呼ぶべき、先鋭的なアプローチだ。

敵陣ラスト30mを崩す戦術のパターン化に成功したペップは、続いてひとまずの完成を見ていたラスト30mまで運ぶビルドアップの方をさらに進化させることに着手した。勝利への道を突き詰める求道者ペップらしいといえばらしい姿だ。

ポジショナルフットボールにおけるビルドアップの考え方はシンプルだ。正しいポジションを取り、正しい時間感覚のタイミングで、持ち前の技術を発揮しボールを運ぶ。理論的にはそうなのだが、それでもサッカーに事故はつきものだ。3チームを歴任したペップのサッカーに対する周囲の研究も進み、自陣に亀のように引き籠もるだけでなく、果敢に前線からプレスをかけてくる挑戦者も増えてきた。

繰り返すがペップは「常に」勝っていたい男なのだ。安定的な勝ちを手にするために全ての戦術アップデートは行われている。だからペップは、敵陣にボールを運ぶ過程の事故を極限まで減らしたいと考えたに違いない。極論すればゼロにしたい、と。

技術的には申し分のない選手を揃えている、正しいポジションも取れている。それでも起こるミスはどこに原因があるのか。ペップが導き出した結論は、選手の頭の中でミスが起きているというものだった。試合中、選手が何を見て、そこからどのようなプレー判断を下すのか。「認知」と言われる領域をペップはコントロールしたがったのだ。

それはさしずめ、ピッチ上に11人のペップ・グアルディオラを並べたい欲と言い換えてもいいかもしれない。確かに現役時代のペップは、この「認知」というインプットと「判断」というアウトプットにおいて極めてミスの少ない理知的な選手であった。

クライフがラスト30mをクライフがいることを前提に戦術を組み立てたように、ペップは自陣からの70mをペップがいることを前提にして組み立てたいと考えたのは興味深い類似点と言えるだろう。

相手の立ち位置で次の行動は決まる

ペップは早速改革に乗り出し、自陣からのビルドアップにおいて見るべきものと、そこから下す判断を可視化、言語化していった。

以前、ペップはインタビューで「理想のサッカーは?」と聞かれ、「私にとってのいいプレーとは相手の動きからプレーの決定を下していくもの」という主旨の発言をしている。彼にとって「どこにパスを出すのか?」は決してその場の思いつきであってはならない。そこには理由があり、それは「相手が決めてくれる」からだ。

あなたがもしシティのCB(センターバック)として試合に出ているとしよう。今、ボールが足元にある。目の前からは相手の選手がボールを奪おうと迫ってきている……さて、どうする? トップレベルの試合では、ここで次のプレーを考えているようではもう遅い。相手のプレッシャーにより、すでに選択肢は大幅に削られている。

しかし、ペップのチームは違う。あなたが次にすべきプレーは予め定められており、迷う必要がない。なぜならそれは相手が決めてくれるからだ。迫ってきているのがWG（ウイング）ならばSBがフリーになっているのでサイドにボールを出すべきであり、1トップのFWであれば隣でフリーになっているCBを使うべきだ。

この時、右足を使うのか左足を使うのか、それともボールを一度運んでからパスをするのか。その方法はあなたに託されているが、ボールを届けるべき目的地は定まっている。ペップのチームでプレーする境地とはおそらくこういうことだろう。

サッカーにおいてフィールドの大きさと選手の数は決まっている。決まっていないのはスペースで、スペースとは選手が移動した後に現れては消えていく蜃気楼（しんきろう）のようなものだ。だがペップに言わせればスペースは確実にある。なぜならボールを動かせば相手も動くから。

ペップにとって「悪いプレー」とは生まれているスペースに気付かず思いつきでプレーし、わざわざ窮屈なエリアにボールを運ぶことだ。だが味方と相手のポジションがわかっていれば、「ここにいる」「そこが空く」という感覚でプレー出来るので、ピッチには秩序が保たれる。一つひとつのプレーとその集合体である90分間は極めて再現性の高いものとなり、必然的な勝利につながると考える。

このペップの思考は、もはやサッカーのプレーを数式化するアプローチに近い。実際に就任5シーズン目を迎えたシティでは、試合中のビルドアップに極めて高い再現性を見て取ることが出来る。選手個々に特徴の差こそあれど、誰が出ても同様の判断を下せるようプログラミングされたチームになってきた。

ちなみにカンテラ（下部組織）出身の選手が主力を形成していた頃のバルセロナでは、育成によってこの判断の統一がすでにインストールされた状態でトップチームに選手が上がってくることが強さの秘訣であった。長年、同じサッカーフィロソフィーで育成され、その中から選抜された選手たちは、同じものを見た時には同じ判断を下せるようになっている。これが阿吽の呼吸と呼ばれる連携につながるのだろう。

ただバルセロナの例は、世界でも特例中の特例である。したがってペップが今シティでやっていることは、これを育ちの違う者たちが集まったチームにおいても再現しようという試みなのだ。「育ちが違う」ということは、違う言語体系でサッカーを理解している、と言い換えてもよい。サッカーを学んできた環境、何が良いプレーで何をしたらいけないのか、その根本的なところが千差万別なのだ。ペップはこの言語体系を一致させ、共通言語を自ら作り出し、彼らの間に阿吽の呼吸と呼ばれるそれに近いものを人工的に作り出している。

ペップ自身はもっと別の言い方で表現しているかもしれないが、例えば「偽SB」や「偽

9番（0トップ）」と改めて言葉で定義することで、チーム内での共通言語が生まれていく。これは耳から入る情報で選手たちの脳内にアプローチする手法と言えるだろう。

視覚も重要だ。例えば5レーン。見るものを同じにしてしまえば、そこに共通理解が生まれる。だからこそペップはグラウンドにわざわざ物理的にレーンを引いてまで可視化にこだわったと考えられる。レーンを引いてしまえばルール化もスムーズに進みやすい。例えば同じレーンには2人以上入ってはいけないであるとか、誰かがこのレーンに入ったら最初からいた選手は隣のレーンに移動する、といったルールを作ってしまえばいい。言葉で認知させ、視覚で認識させ、ルールによって動きの共通理解へと昇華させるのだ。

数式化されたサッカーゆえの脆弱性

長期戦となるリーグ戦においては、ブレのないパフォーマンスで安定的な勝ちを得られるチームほど強いものはない。シティがプレミアリーグの歴代最高勝ち点記録を更新したのは、ペップのこうした精密なプログラミング化の賜物(たまもの)と言ってよいだろう。

だが一方で、悲願となっているCLでは一度も優勝出来ていないだけでなく、4シーズン連続でベスト8の壁を破ることが出来なかった（20／21シーズンは準優勝）のはなぜか。

繰り返すようだがペップのアプローチは長期的に見て、勝ちを取りこぼさないアプローチとしては全くもって正しい。なにせ、バルサ、バイエルン、シティを歴任した過去10シーズンで7回のリーグ優勝という成績は現代サッカーにおいて比類なき数字である。

しかし、トーナメントの一発勝負（ホーム＆アウェイ）となれば話は別だ。欧州のカップ戦というのはよく考えられたルールになっており、例えばどの試合でもセカンドレグのラスト20分ともなれば、目の前のスコアは同点でも2試合合計ではだいたいどちらかのチームがリードをしている、という状況になっている可能性が極めて高い。

これがリーグ戦ならばこのままお互い勝ち点1も算段に入れた慎重な試合運びにもなりがちなところ、負けたらそこで終わりのトーナメント戦において、リードされている側に失うものはない。したがって、極端にリスクを負った総攻撃というのもCLではめずらしくない光景だ。平時に強いペップのチームも、このイレギュラーなスクランブル状態では、いつもの正確な判断の積み重ねだけでは相手の勢いに呑まれてしまうケースもある。

こういう時に強いのは、むしろ戦術的な決めごとがあまりない、余白の多いチームである。ジネディーヌ・ジダン監督のレアル・マドリーがCL3連覇（15／16〜17／18）の偉業を達成した時のチームはまさに「決めごとのないチームの強さ」が存分に発揮された好例と言えるだろう。

これが、選手の判断の領域にメスを入れるというアプローチの裏面だ。不確定な事象を限界まで削り、毎試合を再現性の高いパターン化に持ち込むということは、それ以外のイレギュラーな部分を捨てていることと表裏一体である。プログラムが精密なら精密なほど、いったん歯車が崩れると歯止めが利かなくなってしまう。ペップがトーナメント戦で負ける時に、なす術（すべ）もなく大敗するパターンが多いのはそのチーム作りからくる必然ではないだろうか。

だからこそペップは試合で不測の事態が起こらないよう、特にトーナメント戦になるといつも以上に徹底的に相手を分析する。試合で起こりうるあらゆるケースを事前に想定し、それに備えた解答をプログラミングしておかないと気が気でないのだろう。そういう意味で、究極のところペップは選手を信頼していない、と見ることも出来るかもしれない。

だが実際はペップの練りに練った分析の結果から生まれた奇策が、大外れの結果に終わることも多かったりする。熟考に熟考を重ねた結果、行き着いた先が常人には到底理解しえない斜め上の発想で、相手の前に自分たちの方が混乱している。そうした本末転倒な試合はファンにとっても黒歴史として記憶されていることだろう。

【ペップの奇策失敗例】

13／14　CL準決勝　バイエルン・ミュンヘン　0－4　レアル・マドリー

選手たちからの進言もあり、システムを4－2－3－1に変更するも全く機能せず。マドリーのカウンターから大量4失点。

19／20　CL準々決勝　マンチェスター・シティ　1－3　リヨン

ずっと4－3－3で戦ってきたシティだが、この大一番でいきなりシーズン初の急増3バックで臨むことに。だが攻守に全く機能せず、60分にいつもの布陣に戻してから勢いを取り戻すも時すでに遅し。

20／21　CL決勝　マンチェスター・シティ　0－1　チェルシー

アンカー（「4番」のポジション）にこれまでレギュラーで使われてきたフェルナンジーニョ、ロドリではなくイルカイ・ギュンドアンを抜擢。さらにボール保持時の可変システムもいつもとは違う4－3－3から3－4－3への可変で臨んだ。結果的にギュンドアンは全く持ち味を出せずに途中交代。３－４－３の可変もかえってチェルシーの守備にハマってしまった。

しかし、思いっきり裏目に出た惨敗の試合でさえ、ペップの場合はそこから狙いを読み解く面白さに満ちている。負け試合も考察に値するエンターテインメントの一つと言える数少ない監督だ。ペップも完璧ではないからこそ人間であり、サッカーには予測不可能な余白がまだまだ残っていることの証(あかし)でもある。そして、それこそがフットボールの魅力なのだろう。

第2章 「打倒ペップ」で読み解く戦術史

戦術の進化はいかにして起こるのか？

戦術の進化とはいかにして起こるのか？　この問いの答えを探るべく戦術史を眺めてみると、それは「戦術と戦術のせめぎ合い」が生んだ産物であるということがよく分かる。誰かが意図的に戦術を進化させようとして起こしているわけではなく、勝ちへの道筋を必死に模索する中で生まれた知の副産物と言った方が、より現実に近いのではないか。この章ではそんな戦術のせめぎ合いを、直近10年の動きにフォーカスして振り返ってみたい。

２０１０年代の戦術の歴史を振り返る時、その幕開けとなる10／11シーズンにレアル・マドリーとバルセロナの伝統の対決「クラシコ」４連戦、「クワトロ・クラシコ」が組まれていたのは非常に示唆的である。

08年にペップ・グアルディオラが就任して以降のバルセロナは獲得タイトルという結果に

おいても、披露してきたサッカーの質においても他を圧倒する一傑であった。バルサを倒さずして時代の覇権は獲れない。それは当時、世界中のサッカーチームにおける共通認識だった。欧州中の全てのチームが「打倒バルサ」一色に染まっていたと言っても過言ではなかっただろう。

そして「打倒バルサ」の筆頭とも言える存在が同じスペインの雄であり、バルサに最も近い存在であるからこそ、最もその黄金期を苦々しく見つめていたレアル・マドリーであろう。時の会長フロレンティーノ・ペレスは打倒バルサの、否、打倒ペップの切り札としてジョゼ・モウリーニョに白羽の矢を立てる。ペレスとすれば前年のCLにおいてインテル・ミラノを率いてペップバルサを鮮やかなカウンターで葬り、ビッグイヤー（優勝カップの通称）の栄冠に導いた指揮官を自チームに招聘することは当然の帰結ともいうべき選択であった。

潤沢な資金でバルサに対抗出来うるスター選手を揃え、監督という頭脳にはペップキラーのスペシャリストを配置。このレアル・マドリーで勝てなければいよいよペップバルサ一強の時代を覚悟しなければならないという気運が高まっていた。

ペップ（ボール）vs.モウリーニョ（スペース）

ペップとモウリーニョ。10年代前半の戦術史を語る上で外すことの出来ない2人は、実に対照的な哲学でサッカーという競技を捉えている。

ペップにとってサッカーとは、まずボールありき。ボールを支配下に置くことで相手を支配し、ひいては試合そのものを支配しようという考え方である。

一方のモウリーニョは、スペースを支配することで相手と試合を支配しようと考える。それは彼の幾多の発言からもうかがい知ることが出来るだろう。「中盤でボールを回すほど相手にボールを取られる確率が高くなる」「我々はボールを持つことを望んでいなかった。彼らにプレゼントしたのさ。彼らはボールを持つことに幸せで、我々はスペースを閉じたんだ」。モウリーニョのこういった発言は枚挙にいとまがない。

ボールを支配し、思いのままに動かせればスペースは自分たちで作り出すことが出来ると考える前者に対して、スペースさえ封じておけば、最終的にボールは奪えると考える後者。ペップとモウリーニョの凌（しの）ぎ合いは、とどのつまりボール支配とスペース管理の戦いと言えるだろう。

迎えた10／11シーズン。シーズン序盤戦に組まれた両者の初顔合わせ、リーガ第13節のクラシコは挨拶代わりの手合わせというべき内容に終始した。モウリーニョはバルサ用の対策を一切用意することなく、真正面からガップリ四つに組む戦い方を選択。まずはお手並み拝見といったところだろうか。その結果、マドリーは0トップのメッシに対しDFラインと2列目のラインの間、いわゆるバイタルエリアで広大なスペースを明け渡し、終始バルサがバルサらしく試合を支配。終わってみれば5－0でレアルは完敗した。これはスペースの管理に人一倍気を使うモウリーニョらしからぬ大敗と言えよう。

しかし識者の間では、これはほんの前哨戦に過ぎないという見解で一致していた。モウリーニョがこのまま引き下がるはずがない、と。この衝撃のクラシコから5カ月後、満を持してのリベンジマッチとなるはずだったリーガ第32節には運命のイタズラか日程の妙も働き、この試合の後に国内カップ戦のコパデルレイ決勝、さらにCL準決勝の同カードが重なる。結果、わずか2週間あまりの期間に4つのクラシコが集中する異常事態が発生。「戦術と戦術のせめぎ合い」という観点からすれば、これ以上ない格好の舞台が整えられた。

第1ラウンドとなったリーガ第32節では早速モウリーニョが手を打ってきた。前回対戦時、メッシが自由を謳歌したスペースを封鎖するために、普段は置かないアンカーのポジションにチーム一のフィジカルを誇るペペを配置。さらにアンカーのペペが捕まえきれない時はCBが持ち場を離れてでもメッシを捕まえに出る第2の矢を用意。徹底してメッシが使いたいスペースを封じる「メッシ対策」を用意した。

しかし、結果的にこの「クワトロ・クラシコ」はモウリーニョにとって厳しい現実が待っていた。争っていた3つのタイトルのうち、最も優先順位の低いコパデルレイこそマドリーが一矢報いたかたちとなったが、最も重要なCLはバルサが勝ち抜けて、そのままビッグイヤーを獲得。さらに国内リーグも勝ち点差が8あり、それを維持するドローで充分だったバルサが狙い通りに引き分けて勝ち点1を積み上げると、そのまま悠々とリーグ優勝を決めている。数字だけ見ると1勝1敗2分けの五分であるが、両者の明暗は明らかであった。

戦術的に見るのであれば、ボールを支配するペップバルサに対して、スペースを閉じて対抗しようとするモウリーニョの構図であった。しかし、ボールを縦横無尽に動かされ続けると、人と人の動きで埋められるスペースには限界がある、という現実が世界中に知れ渡った4試合でもあった。つまり、ボール支配を通じて試合を支配したいと考えるペップに対し、はなからボールを明け渡すような「受け」の戦術は自殺行為に他ならなかったのだ。

この結果を受け、00年代の戦術史をリードしてきたモウリーニョは主役の座から降り、以降トップシーンから徐々にフェードアウトしていくことになる。

変わって台頭してきたのは奇しくもこの「クワトロ・クラシコ」が行われていたその裏で10年振りのブンデスリーガ優勝を果たしたボルシア・ドルトムントの指揮官、ユルゲン・クロップであった。

ペップ（秩序）vs.クロップ（無秩序）

時代が求めていたのはペップに対し「ゴール前にバスを停める」ような戦術で対抗するのではなく、ペップから「ボールそのものを取り上げる」戦術だった。ドルトムントの指揮官クロップが提唱した「ゲーゲンプレス」は戦術進化の必然だったとも言えよう。ペップの一強支配という時代背景はクロップにスポットライトを当てさせることになる。

ペップがボールを、モウリーニョがスペースを支配しようとしたのに対し、クロップの戦術は時間を支配しようと目論むものである。彼の持論では「サッカーではボールを失った瞬間が最も無防備」であり、翻ってそれは「ボールを奪った瞬間こそが最もチャンスである」ことを意味した。そしてこれはサッカーが持つ一面の真実を確実に捉えている。

ペップのサッカーに対し、はなからボールを明け渡してしまえば、ペップが望むテンポと秩序によって試合が支配されてしまうことは火を見るより明らかだ。リアクションを強いられる相手はペップが望むようにひたすら走らされ、いつまで経ってもボールは奪えず、いつしか試合からオミットされ、ピッチには「バルサしか存在しなくなる」のだ。このペップの鉄板とも言える勝ちパターンを崩すには、彼らの秩序を打ち破り、フットボールが本来持つ無秩序（カオス）を取り戻す必要があった。

サッカーにおいて最も無秩序な瞬間、つまり攻守が切り替わる瞬間。クロップはこの瞬間を支配しようと考えた。無名であっても若くて走れる選手を集め、ボールを失った瞬間に即座に奪い返してカウンターを繰り出す。そのような特殊なトレーニングを徹底的に積むことで、切り替えの局面に特化したチームを作り上げたのである。

そもそもこのゲーゲンプレスの発想自体は、クロップもペップバルサから着想したと語っている。実際にペップのサッカーにおいても、この切り替えの局面はポゼッションとセットになって重要視されているものだ。それは局面が無秩序になる前にボールを奪い返すことで、すぐさまポゼッションへと移行し、試合に秩序を取り戻そうとするペップ哲学の肝でもあった。

一方、クロップは秩序を取り戻そうとするペップとは異なり、この無秩序が続くことを望んだ。試合が無秩序であればあるほど、その局面に特化したトレーニングを積んできている自分たちが有利であるからだ。その徹底ぶりはすさまじく、しばらく自分たちのボール保持が続き、試合が秩序的になってくるや意図的にマイボールを手放すようなプレーまで選手に徹底させていたほどである。必要以上にボールを回すぐらいなら「いっそ失った方がマシ」というわけだ。つまりペップとクロップの凌ぎ合いは、秩序と無秩序を巡る攻防に他ならない。

そのクロップとペップの対峙は思った以上に早く巡ってくる。ペップがバルサで全てをやり遂げた後、新天地に選んだのはドイツ、ブンデスリーガの舞台であったからだ。ペップがバイエルンの指揮官に就任した13／14シーズン、その初となる公式戦の相手がクロップのドルトムントであった（DFBスーパーカップ）。この試合はまだチームに就任して間もないペップに対し、チームの完成度で一日（いちじつ）の長があるクロップが勝利する。これが現在にまで続く、因縁の2人の初対決であった。

その後、ペップのバイエルンは急激に完成度を上げていく一方、すでに就任4年目となっていたクロップのドルトムントは明らかに衰退期に入っていった。ドイツの2強で実現した両者の対戦成績はクロップの3勝4敗1分けで終わっている。

ドイツでの手合わせを序章とするならば、両者の本編は舞台をイングランドのプレミアリーグに移してからであろう。ペップ率いるマンチェスター・シティとクロップ率いるリバプールは、プレミアリーグはもちろん、CLにおいても度々顔を合わせては激闘を演じている。

中でも印象深いのは、17／18シーズンにプレミアリーグの勝ち点記録を更新して優勝するなど圧倒的強さを誇っていたシティをリバプールが2試合合計5－1で葬り去ったCL準々決勝の2試合だろう。以降、文字通りペップからボールを取り上げるほどの激しいプレッシングでシティとの試合をカオスに持ち込み大勝するリバプールという構図は度々見られるようになっていく。両監督がプレミアに移ってからの対戦成績はクロップ6勝、ペップ5勝（21年時点）で、クロップの方がやや優勢だが今後どうなっていくだろうか。

このように直近10年における戦術トレンドの推移を振り返ってみると、単なる「ボール」と「スペース」の奪い合いという構図から、試合における「秩序」と「無秩序」を巡る攻防へと、より戦略的に、よりメタ的に進化してきたことが分かる。

「次世代のシャビ」の市場価値が高騰するも……

先述の通り10／11シーズンに行われた「クワトロ・クラシコ」で打倒ペップの最右翼だったモウリーニョが事実上敗北したことにより、世界のサッカートレンドはペップ（バルサ）一強の時代へと突入していった。その流れは多くのペップ信者、バルサ原理主義者を生み出し、世界中でバルサの模倣を志すチームが後を絶たなくなった。

だがこれにより一つの残酷な事実が露わになってしまう。端的に言って、「次世代のバルサ」を目指したポスト・ペップたちが全く勝てなかったのだ。一見、ポジションはしっかり取れている、ボールも回っている、だがなぜか試合には負けている、という案配である。

しかも、彼らがやられる時のパターンは判で押したように同じであった。自陣からしっかりボールを回すので、自陣でのポゼッション率はどんどん上がる。だがなかなか敵陣までボールが進んでいかない。バックパスと横パスによるやり直しを繰り返している内に次第に相手のプレスに追い込まれ、ボールを失うとそこは自陣ゴール前……。数字を見るとボール支配率だけは上がっているが、自陣でのロストからの失点が増え、敵陣にボールが行かないのだから得点は減る。シャビ、アンドレス・イニエスタ、メッシらの特別な才能を持たないチームによるバルサのコピーは劣化版バルサにすら至らず、道半ばにして散っていった死屍累々の山が築かれることとなる。

11年にモウリーニョ時代の栄光からモダンサッカーへスタイル変更を図るため、当時新進気鋭の若手監督だったアンドレ・ビラス・ボアスを招聘したチェルシー（8カ月で解任）。12年に、その2年前までプレミアリーグの昇格チームに過ぎなかったスウォンジーにポゼッションスタイルを導入し旋風を巻き起こしたブレンダン・ロジャースを招聘してスタイル変更を図ったリバプールも同様のケースに該当するだろう。次の戦術パラダイム・シフトにはバルサのコピーではない別の〝何か〟が必要なのは明白であった。

バルサのサッカーを支える哲学を提唱したクライフは言った。「ボールを動かせ。人はボールより速くは走れない」と。……なら、もしボールより速く走れたら？　これに真っ向から挑んだのが先程取り上げたクロップである。

むろん、人がボールより速く動くのは物理上の法則から言っても無理筋である。しかし、サッカーにおいては何も物理的にボールとかけっこをする必要はないのだ。サッカーでは人から人にボールが渡る際、ボールをコントロールする時間、次のプレーを判断する時間、パスを蹴るためのアクションを起こす時間等々がそれぞれ加算される。クロップが狙い撃ちにしたのはまさにこの「間」であった。ボールとボールの間に「人」が介在する限り、人がボールより速く走れる余地はある。そう考えたのである。世界中がバルサの（クライフの）教えに則って、いかにボールを「動かすか」に目を向ける中、クロップは全く別の方向を見ていた。

バルセロナの試合ではピッチ上でシャビが、メッシが、イニエスタが、華麗なボールさばきを見せてゲームを作っていた。すると各国クラブは一斉に、彼らの代わりになるようなゲームメイカーや「次世代のシャビ」を血眼になって探し始める。それは一時的にこの手のタイプの選手の市場価値の高騰というかたちで露わになった。

【移籍例】

13年　アシエル・イジャラメンディ（レアル・ソシエダ→レアル・マドリー）

移籍金は3000万ユーロ以上。しかしほとんど出番がなく2シーズンで古巣へ返却

14年　ファン・マタ（チェルシー→マンチェスター・ユナイテッド）

※当時のユナイテッドの移籍金最高額

14年　ジョー・アレン（スウォンジー→リバプール）
「ウェールズのシャビ」と呼ばれたアレンがブレンダン・ロジャース監督と共にリバプールへ移籍。移籍金1500万ポンド（約18億円）は当時のスウォンジーからの移籍選手としては超高額

14年　セスク・ファブレガス（バルセロナ→チェルシー）
移籍金は推定3000万ポンド（約51億円）

「崩す」のが難しければ「崩れてもらう」

しかし現実にはバルセロナの育成機関において長い時間と厳しい競争、そして特別な才能と才能が掛け合わさって完成した、彼らに匹敵する選手を市場から見つけ出すのは至難の業であった。自分たちもバルサのようなサッカーがしたい。しかし、シャビやメッシは大金を積んでも買えない上、短期間で作ることも出来ない。多くのクラブにとってこれは頭の痛い

問題であった。

そんな時勢下、クロップは明快にこう笑い飛ばす。「ゲーゲンプレスこそが最高のゲームメイカーだ」。クロップはシャビやメッシを必要としていなかった。彼はこう言う。「10番の選手（ゲームメイカー）が得点を演出する決定的なパスを出す、そんな状況を作り出すために一体何本のパスが必要になるか考えてみるといい」「ゲーゲンプレスならたった1本のパスで決定機を作り出せる。世界中のどんなゲームメイカーよりも理想的な状況をね」

クロップは、相手を「崩す」という発想自体を転換し、崩すのが難しいなら相手に「崩れてもらう」状況を作り出せばよい、と開き直ったのである。

サッカーにおいて「守ろう」と意思を統一させている状態の相手を攻め崩すのは容易ではない。得点の多くがカウンターから生まれるのはそのためだ。意識を「さあ、攻めよう」と攻撃に転じた瞬間にボールを奪われると、チームは最も無防備な状態を晒すことになる。どんなに守備が堅いと言われるチームでも、この攻守が入れ替わった瞬間だけはアッサリと失点を許してしまうことがある。それは「崩されて」いるのではなく、自分たちが守備を整える前の段階、つまり「崩れている」瞬間に攻撃を受けているからだ。クロップが掲げるゲーゲンプレスはドイツ語の「ゲーゲン」、すわなち「カウンター」のプレスという意味でまさにその刹那を狙う、サッカーの構造をクリティカルに突いた戦術であった。

ボールを奪うという観点からも、この攻守が入れ替わった瞬間は都合が良い。パスを回している時は文字通り、ボールも人も、そして思考も動き続けている。ところが一度ボールを失い、守備のために人と思考が動き始めた後、いざ再びボールを奪えた瞬間はまだ思考が攻撃に切り替わっていないことがサッカーではままある。人間の思考が止まれば、ボールの動きも止まる。クロップのチームはこの瞬間を予め狙って動き出しておくことで、束の間、人がボールより速く動ける好機が到来するのである。

選手編成の上でもクロップの戦略は大変時代に即したものだったと言える。先述の通りペップバルサの衝撃ゆえボール扱いに長けた選手の市場価値が高騰する中、クロップのチームが狙うのはボール扱いに多少難があっても若くて走れる、強度の高い選手たちである。これは当時の移籍市場におけるブルーオーシャンであったため、非常に安価で適材を集めることが可能だった。実際、ドルトムントの中心選手だったイルカイ・ギュンドアンとロベルト・レバンドフスキが約6億円、そして香川真司に至っては何と約4000万円のバーゲン価格で獲得に成功している。ビッグネームの移籍金が100億円を下らないことを考えると、まさに掘り出し物である。

「ゲーゲンプレス」の着想はバルサから

　ここで改めてユルゲン・クロップの遍歴を振り返ってみよう。クロップの指導者としてのスタート地点は選手時代、当時ドイツ2部のマインツから始まっている。ここでアリーゴ・サッキの影響を受けた監督の下、ゾーンプレス戦術を選手として叩き込まれたところが彼の原体験だ。クロップは後年、当時の監督から「サッキのビデオを何百回と見せられた」と語っている。

　選手を引退した01年、すぐにマインツの監督に就任するとプレッシングサッカーをチームに叩き込み、クラブを1部昇格に導いている。その後、06年ドイツW杯のTV解説者として的確かつユーモラスな解説で一躍時の人に。そして08年より当時低迷を極めていたボルシア・ドルトムントの監督に就任した。奇しくもこの年はペップ・グアルディオラがバルセロナの監督に就任したのと同じタイミングである。

　クロップがゲーゲンプレスの着想を得るのはこの後のことだった。そのきっかけは本人も後に語っている通り、バルセロナの試合を繰り返し見ていたら彼らがボールを失った後にいつもすぐ奪い返していることに気付いたのだそうだ。

普通、サッカーの試合ではいくらポゼッションが巧みなチームでも1試合のボール支配率が70％や80％という値を超えることはまれである。しかし、当時のバルサはこういった異常値を度々記録していた。その秘密は、ボールを保持する巧みさ以上に、実は失ったボールを即時奪回出来るその奪取力にこそあった。

ペップのサッカーはパスを回しながら自分たちの距離感を保ち、攻撃しながら守備の準備を整えることにその秘訣がある。この下準備があるからこそ、仮にボールを失っても、すぐに複数人で相手を囲い込み、あっと言う間にボールを奪い返すことが出来るのである。

クロップはこの「即時奪回」のメカニズムだけであれば、シャビやメッシがいなくても再現可能と見込んだのであろう。むしろ意図的に試合でこの状況を何度も作り出すことで、相手が崩れている瞬間を狙い撃ちにすることに勝ち筋を見出した。

ペップは奪回したボールをすぐ失わないよう再びポゼッションを整える傾向が強かったが、クロップはむしろ奪ったボールですぐさま勝負をかけるやり方を好んだ。仮にそこで失ってもまたすぐゲーゲンプレスで奪い返すチャンスが巡ってくる、そう考えたのだ。両者に決定的な違いがあるとすれば、この一点に集約されると言っていいだろう。

クロップはこのゲーゲンプレスを代名詞にドルトムントで数多くのタイトルを獲得。黄金期を築いた後、15年にプレミアリーグの名門であるリバプールの監督へ就任する。リバプールのサポーターはもちろんのこと、世界中のサッカーファンがクロップに期待したのはプレミアリーグという新天地にゲーゲンプレスを輸入してくれることである。

しかし当初、クロップはゲーゲンプレスの移植に手間取ることとなる。その原因はドルトムントとリバプールの違いにあった。端的に言えば選手構成が大きく異なっていたのだ。クロップが求めるハイテンポなサッカーに適応出来る、若くて走れる強度の高い選手が当時のリバプールには絶対的に不足していたのである。

しかしクロップにとって幸いだったのは、リバプールの選手編成を司るスカウティング部門が非常に優秀なチームであった点だ。彼らはクロップが求める人材をすぐさま理解すると、的確な補強によってまだまだブルーオーシャンだった市場から強度の高い選手を集めていく。

クロップ就任初年度を8位という成績で終えたリバプールは、2年目にはサディオ・マネ、ジョルジニオ・ワイナルドゥム、ジョエル・マティプらを補強し、ユースチームから18歳のトレント・アレクサンダー＝アーノルドがトップに昇格。すでにこの頃、後にビッグイヤーを掲げる黄金期のメンバーが顔を揃え始めている（ロベルト・フィルミーノはクロップ就任初年度にすでに加入していた）。

そして翌3年目となるシーズンには満を持してモハメド・サラー、アレックス・オックスレイド＝チェンバレン、アンドリュー・ロバートソン、さらに冬の移籍でフィルジル・ファン・ダイクが加入。ついに最強メンバーが顔を揃えることとなり、前線はフィルミーノ、マネ、サラーによる脅威の3トップが完成した。

リバプールの「外切り」守備のメリット

クロップはドルトムント時代とはまた違った優秀な選手を数多く手に入れたことで、自身のサッカーをさらにアップデートしていく。リバプールの4－3－3は、中盤に世界でも最強の強度を誇るゲームブレイカーたち（ジェームズ・ミルナー、ジョーダン・ヘンダーソン、ワイナルドゥム、チェンバレン）を配せるようになっただけではない。前線の3トップもスピードと突破力に優れたサラーとマネ、その2人を活かすワンタッチパスの技術に長けたフィルミーノと、3枚だけでショートカウンターを完結させるに充分な陣容が揃った。

守備のやり方自体もドルトムントの時とは微妙に変えている。サッカーの守備では通常、ピッチの中央エリアを閉めながら相手を外へ追いやってボールを奪うやり方が一般的である。

それはゴールのある中央から物理的にボールを遠ざけるという狙いが一つ。もう一つは、サイドのエリアにはタッチラインが存在するので逃げ場がなく、相手を追い込みやすいという構造からきているものだ。

しかし見方を変えると、これはいざボールを奪った時、自分たちもタッチライン際の狭いスペースから攻撃を始めなければならない。何よりせっかく奪おうと足を出したボールがタッチラインを割ってしまい、カウンターに至らないというケースにもつながりやすい。

繰り返すが、クロップはボールを奪った瞬間をチャンスに変えたいのである。したがって、この構造を変えるために、中央を閉めて外に追い出すのではなく、外を切って中央に誘い込むやり方に変えたのだった（図7）。この「中切り」とは真逆の発想である「外切り」の利点はいくつかある。

まずボールを奪うという観点から考えると、タッチライン側からはアタック出来ないサイドのエリアと比べて360度全方向からボールに襲いかかれる。リバプールは中盤の中央エリアに個々でボールを奪える最強のボールハンターを揃えている。したがって、この猛獣たちの住むフィールド中央に相手の攻撃を誘い込むことは罠を張っているに等しい。

次に、ボールを奪った瞬間にゴールが近いという点。カウンターの成功率はどこのエリア

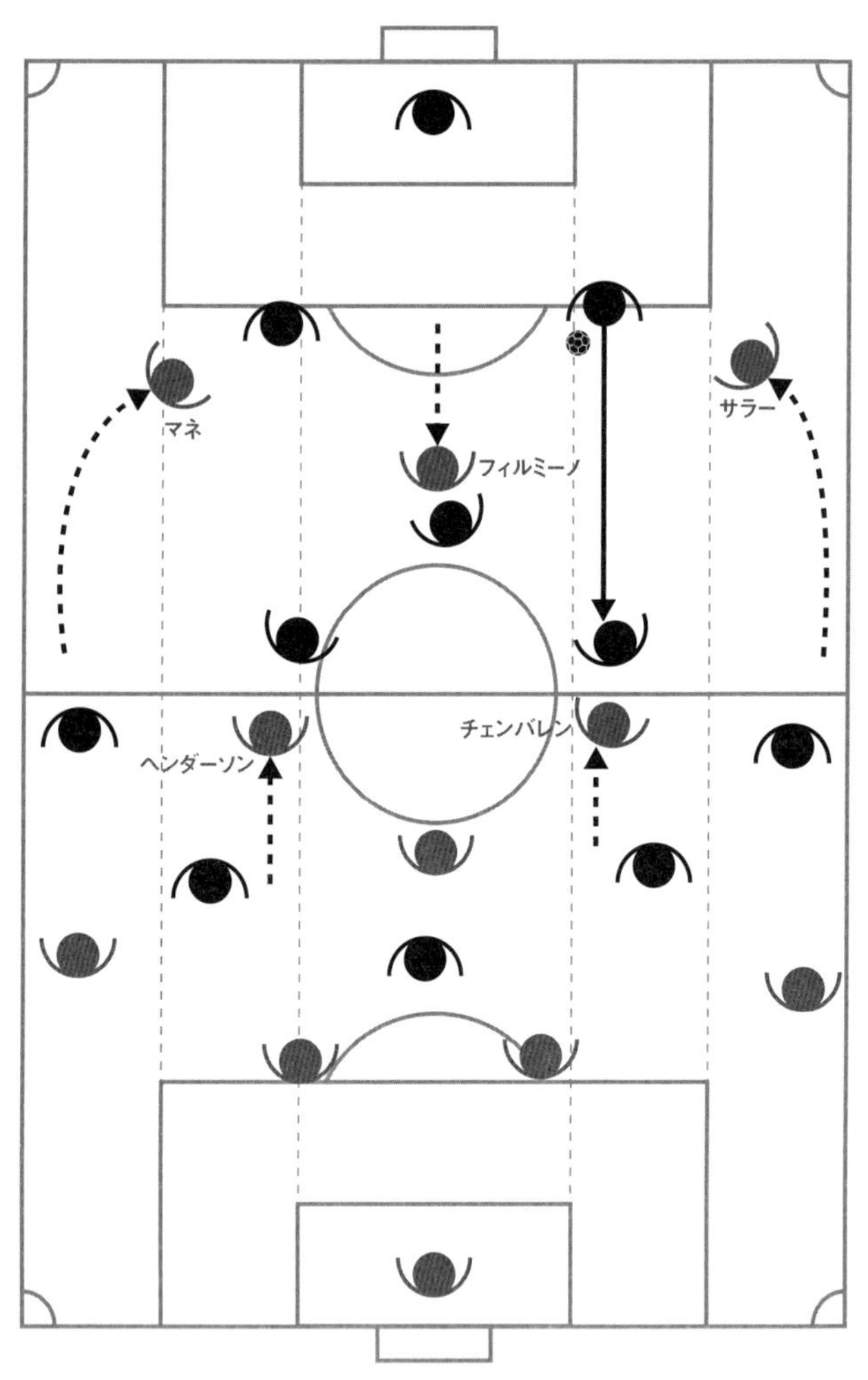

（図 7）リバプールの「外切り」守備

でボールを奪えたかに大きく依拠し、当然サイドよりも中央で奪えた方がフィニッシュまでにかかる時間も手数も少なくて済む。現代サッカーではボール保持時に両SBを高い位置まで張らせてCBからボールを持ち運ぶ戦術が一般化され、多くのチームで取り入れられているが、これもクロップからすれば大変都合がよろしい。なぜならボールを奪えた瞬間、相手は2バック（または3バック）になっていることを意味するからだ。リバプールは両WGに高い位置で外切りをさせて中央に出させたボールを奪う。その瞬間、相手の2バックに対し、自慢の強力3トップは3対2の数的優位で対峙出来るわけである。

さらに、前線の体力を温存出来るという点も見逃せない。サイドの選手であっても中央に絞って守備をしなければならない中切りは、そこからいざサイドにボールが出された際にはFWが二度追いしなければならない。これに比べて外切りは両サイドのFWがサイドに張ったまま、背中でパスコースを消す。それでもサイドに出されてしまった場合は、これを追う役目はFWではなく後ろの中盤が担うことになっている。つまり、FWが比較的高い位置に留まったままで守備が出来るという利点があるのだ。その結果、ボールを奪った後にカウンターで仕留めてほしい彼らの体力を攻撃のために温存出来るのは大きい。

むろん、その分中盤3枚の運動量増加とプレー半径の拡大という反作用はある。しかし、だからこそリバプールはこの中盤のポジションに一人で3人分は走れようかという選手しか獲得していない。もし相手がリバプールのプレスを嫌がって中盤を飛ばしたロングボールを蹴ってきた際にはＤＦラインの出番だ。これを確実に跳ね返せるファン・ダイクを中心とした強固なＤＦラインが待っている。このように選手の個性と戦術が絶妙にマッチした構成になっているのが、クロップが作り上げたリバプールの強みであろう。

「ゲーゲンプレス封じ」封じ

一方でクロップのリバプールが抜きん出た存在になっていくと、必ず彼らに対抗した戦術が出てくるのもサッカーの常である。ペップは「クロップのチームとの対戦でボールを保持するのは大変危険な行為になる」と明言しているが、次第にリバプールと対戦する多くのチームは、まともにボールを保持しなくなっていった。ボールを持っていなければゲーゲンプレスで奪われることはない。そう言わんばかりにボールの保有権を最初から手放し、リバプールにボールを持たせるよう仕向けるチームが増えていった。

先に述べたようにリバプールの選手構成には、「ゲームブレイカー」はいても「ゲームメイカー」はいない。そんな彼らにボールを押し付けることで試合のテンポを落とし、クロップが望むハイテンポな試合展開には乗らない、という対抗策である。

　こうなるといくら前線目掛けたロングボールから強引にゲーゲンプレスの機会を作ろうとしたところで、相手は最初から自陣深くに引いている。リバプールがボール周辺に作りたい密集以上の密度で、すでにそこには敵がひしめいている状況だ。次第にリバプールは不慣れなボール保持から攻撃が行き詰まり、膠着状態の試合が増えていく。クロップ就任以降、3シーズン連続で二桁の引き分けを記録しているのは、この試合構造を抜け出せないリバプールの苦悩を如実に物語っているものである。順位も8位↓4位↓4位とCL出場圏内には食い込むものの、プレミアリーグ優勝を狙うにはこの勝ちきれないドローゲームを何とかする必要があった。

　前任のドルトムント時代にもこうしたゲーゲンプレス対策が進んだ結果、急激に失速していった過去がある。チームの限界を誰よりも理解しているクロップは次第にボールポゼッションの改善にも乗り出していく。宿敵ペップがポジショナルプレーと呼ばれる戦術で編み出した「5レーン」や「偽SB」なども積極的に取り入れ、ボールを持たせても怖いチームへ。トータルフットボールへの進化が始まった。

ボール保持時の進化に大きく貢献したのがＤＦラインだ。特にＳＢはフィールドを広く使ったサイドチェンジと中盤でのゲームメイクにも参加。ＣＢのファン・ダイクは極めて精度の高いロングフィードで、局面を一発で変える展開力を示した。これまで縦に狭く攻めていたクロップのサッカーに横の広さが加わったことで、相手のＤＦ網は自然と広げられてしまう。そして広がったスペースでは自慢の３トップが再び猛威を振るうようになっていった。

この成果は数字にも如実に表れており、クロップ就任４シーズン目となる18／19シーズンには引き分けが一桁の７（負けは１敗！）まで減っている。このシーズンは優勝したマンチェスター・シティと勝ち点差１の２位に泣いた（２位としては史上最高の勝ち点数）。そして迎えた５シーズン目にはわずか３分けで２位に18ポイント差をつけた独走を見せ、悲願のプレミアリーグ優勝を果たしている。優勝に届かなかった過去のシーズンも負け試合の数自体は５～６敗と、例年の優勝チームと比較しても遜色のない数字を残していた。つまり、これまで引き分けで終わっていた試合をいかに勝ち試合にするかが優勝へのターニングポイントだったのである。

チアゴの加入が意味するもの

プレミアリーグ優勝を経て迎えたクロップ就任6シーズン目、リバプールは大英断の補強に踏み切る。バイエルン・ミュンヘンから世界でも屈指のゲームメイカーであるチアゴ・アルカンタラを迎えたのだ。

チアゴはあのＦＣバルセロナの育成機関（カンテラ）で純粋培養されたミッドフィルダーであり、ポゼッションサッカー原理主義で育ってきた選手である。若手時代にペップバルサの黄金期を経験しているだけでなく、その後ペップが就任したバイエルンにも引き抜かれて中盤の王様として君臨してきたキャリアがある。タイプとしてはブスケス、シャビ、イニエスタらと比較すると最も攻撃的かつリスキーなパスを通す選手だ。明らかに既存のリバプールにはいないタイプで、頑なにゲームメイカーを置かず、「ゲーゲンプレスこそが最高のゲームメイカーだ」と豪語していた男がこの選手を獲得したことの意味は大きい。

クロップがこの決断に至った真意は、チアゴがチームを次のステージに導くために必要不可欠なピースだと判断したからに違いない。ボールを持たされる展開が増えるのなら、そこに強みを持つ選手を加えればよい。中盤にチアゴを置くことで、ＤＦラインからだけでなく、中盤からも上質なパスが3トップへ届けられることになるはずだ。当然、パスの起点が増えれば増えるほど守る側の対応は難しくなり、リバプール自慢の3トップも躍動するはずとクロップは考えたのだろう。

そのチアゴはチーム加入当初こそ、これまでのスタイルと正反対のサッカーに馴染むのに時間を要していたようだが、徐々にその真価を発揮しつつある。特に相手にボールを持たされた時の遅攻ではクロップの期待通り、チアゴがボールを操りチームの攻撃を指揮している。狭いスペースでもスルスルとボールを運べるチアゴのスキルは守りを固めた相手のブロックを崩すための、現在のリバプールになくてはならない武器になりつつある。

一方でボールを奪った瞬間の速攻の場面では、ボールが中盤のチアゴを越えて直接前線の3トップに送られることが多いため、今ひとつチアゴの活かし方がまだ定まっていないようにも見える。クロップもそれを理解しているのか、ボールを持たされることが予想される格下相手ではチアゴをスタメン起用するが、カウンターを狙う強豪相手との試合では後半からのジョーカーとして使い分けているようだ。おそらく今後はボールを奪った瞬間においても、カウンター一本槍ではなく、時にチアゴを経由することでボールを保持する選択肢もチームとして持とうというのが本当の狙いなのではないだろうか。

過去にバルセロナのサッカーを「退屈だ」と一刀両断にしたこともあるクロップだが、必要とあれば躊躇（ちゅうちょ）なくチアゴだって獲りに行く。これこそが現代サッカーにおける戦術のせめぎ合いの厳しさを示す一つの証左とは言えまいか。

これまで忌み嫌っていた戦術であろうと、宿敵が生み出した選手であろうと、勝つためには貪欲に取り入れ、世界中の戦術をトータルに網羅していかない限り生き残れない時代がすでに到来しているのかもしれない。

進化と原点回帰のバランス

10年代中盤から続く、ポジショナル対ストーミングのせめぎ合いはその時々において優勢、劣勢を繰り返しながら未だ進化の過程にある。

しかしこのせめぎ合いが延々繰り返されると、次第に自分たちの勝ちパターンや相手の強みは、もはや公然の事実となる。したがって、お互いがお互いの手の内を知り尽くした膠着状態へと局面は陥る。この膠着状態を打破するために、両者は相手の強みをも吸収しようと、進化の可能性を模索し始める。それは勝利を貪欲に求めるペップとクロップならばある意味必然と言えよう。

その両者の模索をそれぞれ見ていこう。まずはクロップから。彼は混沌を生み出し、混沌の中でこそ強さを発揮するチームを作りが特徴だ。しかし相手が混沌に巻き込まれるのを嫌い、あえて自分たちにボールを持たせてきた時の対応には頭を悩ませてきた。そこで近年は、シティのように自分たちでもボールを運べるポジショナルフットボールの要素を貪欲に取り入れている。それは過去5シーズンにわたるリバプールの1試合平均パス本数の推移を見ても明らかであろう。

【リバプールの1試合平均パス数推移】（ワイスカウト調べ）

15／16シーズン……499本
16／17シーズン……573本
17／18シーズン……562本
18／19シーズン……582本
19／20シーズン……619本

クロップがリバプールの監督に就任した初年度と比較すると、19／20シーズンには1試合平均で100本以上パスが増えている。しかし、その結果として彼らの最大の強みであったはずのカウンターの鋭さと縦への推進力が次第に失われていったのは皮肉であった。今やリバプールの平均ボール保持率は60％を越えており、これはもはやポジショナルフットボール型のチームに軸足を置き換えたと言っても過言ではないだろう。これまでであればボールを奪った瞬間に躊躇なく前線にロングボールを入れ、混沌に身を委ねていたチームが、秩序を求めて時間を作る割合が明らかに増えている。

そうして迎えた20／21シーズンは怪我人の影響もあるが、このバランスの分水嶺がついに臨界点を越え、優勝したシティからは勝ち点差17をつけられた3位となっている。このシーズンの終盤戦、リバプールは少し、ボールを持ち「過ぎ」てしまっていたのではないか。むろん、先述したチアゴのフィット具合によっては、この課題は緩やかに解決に向かう可能性も否定出来ないが。

一方のペップはシティの4－3－3が研究され、アンカー（ヘソ）の両脇のスペースを狙われたカウンターと、失点増に悩まされていた。本来、アンカー脇のスペースを防ぐためにペップは「偽SB」を使う。しかし19／20シーズンにジョアン・カンセロを補強出来るまでペップを満足させる適任者は不在だった。

　そして偽SB自体も万能ではない。レーンとレーンを移動して可変するまでの「空白の時間」を狙い撃ちにされる危険性があったからだ。これに対処するため、ペップは予め中央を厚くした2ボランチを採用する試合が次第に増えていく。4－4－2でガップリ四つに組み合って、カウンターのリスクを抑えながら自分たちもカウンターから勝ち点を取るようなスタイルも導入していったのだ。

　しかし前線を1枚削ってボランチを2枚にするということはペップの代名詞でもあった5レーンで相手4バックに優位性を作る、という根幹を揺るがす選択でもある。前線が4枚の4－4－2では5レーンを形成することは難しく、4レーンの攻撃では4バックと噛み合せた時にはそのままつかまってしまう。このため、ポジショナルフットボールの強みは次第に影を潜めていった。4レーンで相手のディフェンスを崩すには相手より多く走ってマークを外したり、守備が整う前にカウンターから得点を狙う攻撃を増やす必要がある。それは、これまでリバプールが得意としていたような攻撃のパターンである。

　歴史的な勝ち点で優勝した17／18シーズンと翌18／19シーズンはほぼ4－3－3に固定して戦い、2ボランチを採用したのはシーズン全体の4％と6％に過ぎなかった。しかしこれが19／20シーズンでは一気に27％へと倍増し、20／21シーズンは32％と、3試合に1試合は2ボランチで戦っている計算になる。
結果的にこの19／20シーズンは首位に17ポイント差をつけられ、20／21シーズンは開幕から深刻な不振に陥ってしまう。聡明なペップはここで原点回帰を決断。そこから破竹の連勝で復調するのだが、ペップ自身がその要因を次のように語っている。

「我々が変わってきたのは走る量を減らしたことだ。これまでは多くの試合で走り過ぎていた。ボールがない場合は走らなければならないが、ボールを持ったらポジションにとどまり、ボールを走らせる。人じゃないんだ」

まさにクライフの教えに基づいた原点回帰である。

第Ⅱ部

現代サッカーを更新する智将たち

第3章 ジョゼ・モウリーニョ　～一時代を築いた「スペース管理」～

スペースを埋めてピッチを掌握する

古今東西、サッカーのピッチの大きさは概ね世界共通である。ならば105m×68mのピッチ上を完璧に掌握することが出来れば、それはこの競技の必勝法と呼べるのではないか。先にも紹介したモウリーニョが2000年代を通じて一時代を築けたのは、ピッチ上のスペースを管理するその精度の高さゆえだった。

80年代の終わりからゾーンプレスとセットで使われ始め、一気に世界中で基本システムとなった4－4－2。その利点はピッチ上のスペースを均等に分担出来る、配置の特性にあった。各自が均等にエリアを受け持つことで、スペースを守るゾーンディフェンスの運用を効率化させやすいシステムだったと言えよう。

しかし00年代に入ると攻撃の進化によって、この4－4－2も次第に盤石ではなくなって

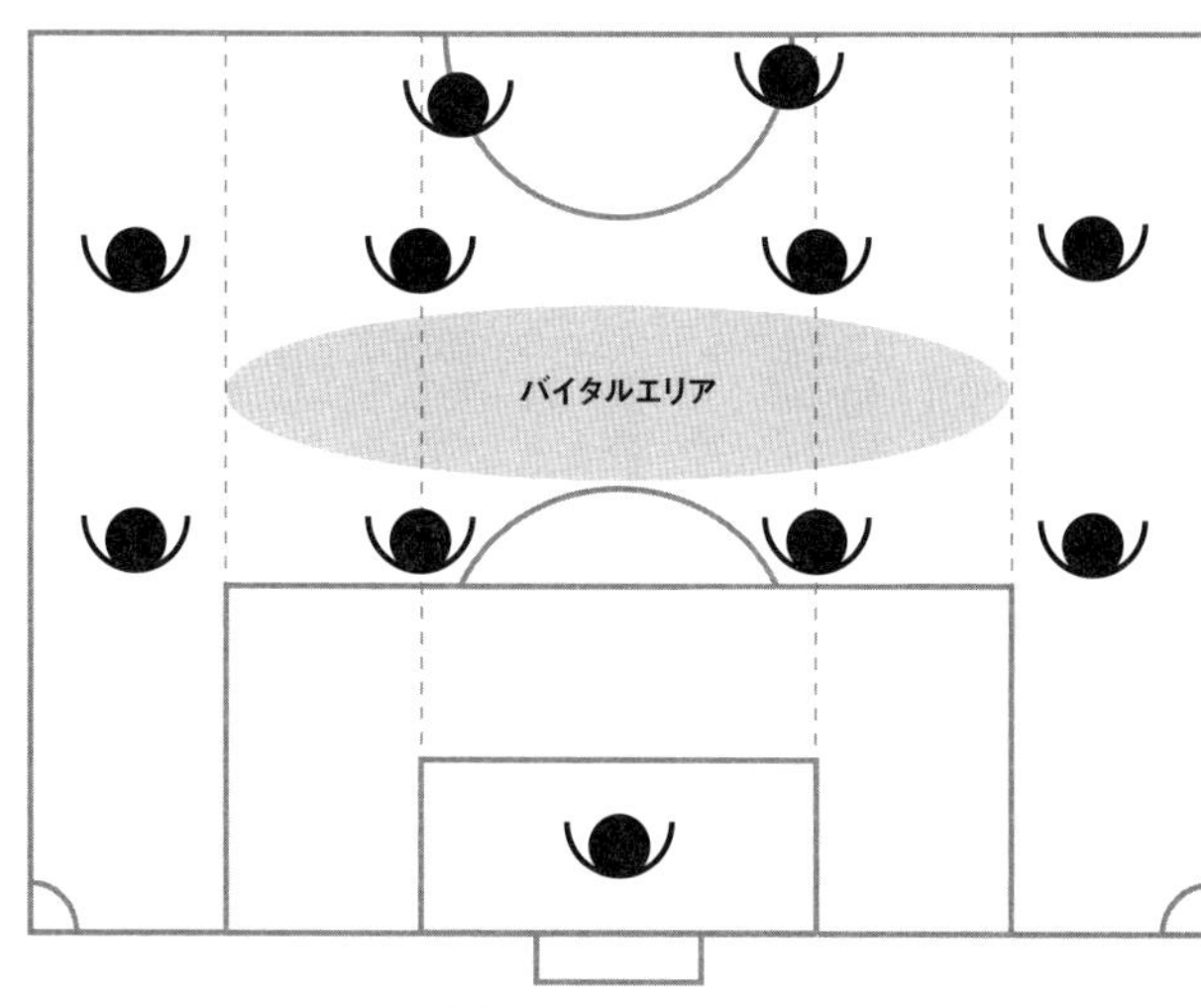

（図8）バイタルエリア

いく。ＤＦラインの「4」と2列目の「4」がフラットに等間隔で並ぶからこそ、今度はその「間」を逆に狙われ始めたのだ。ピッチの横幅68ｍを4人が並んで守る限り、物理的に生まれる人と人の間。この間をパスで通し、受ける技術の精度が一般化されるにつれ、4－4－2の優位性は相対的に低下していく。狙われたのはゴール前のバイタルエリア、つまりＤＦとＭＦの2ライン間に出来るスペースだ（図8）。

4－4－2のゾーンディフェンスを攻略する際にポイントとなるのは、いかにバイタルエリアへボールを運ぶかだ。逆に守備側の視点で見れば、2人のボランチの「間」をいかに閉じるかが鍵となる。「間」を通されバイタルエリアで敵に前を向かれた瞬間、守備側は致命的な状況に陥る。ボールを奪いにDFラインが前に出れば、その裏にみすみすスペースを与えてしまう。かと言ってズルズル下がるだけだと狙いすましたシュートを打たれかねない。つまり人と人の間をピンポイントのパスで通せる技術の高い相手と対峙する場合、4－4－2というシステムはバイタルエリアが致命的な弱点になり得ることが露呈したのである。

モウリーニョはまず、このバイタルエリアへの攻め筋を閉じるために、2ボランチの間にもう1枚選手を配置した。相手がボランチの間を狙ってくるのならば、そこに予め人を置いてしまえばよい。そう考えたわけだ。この考え方はモウリーニョのスペース管理概念において基本を試すものである。後に何度も出てくる考え方なので、覚えておいていただきたい。

ボランチ間に配置された選手はそのポジション名のごとく「アンカー（錨）」の役割を果たす。これで、ボランチ間を通ってバイタルエリアに侵入するボールは排除可能となった。システムの並びを数字で羅列するならば4－5－1となるだろうか。

しかし通常の4－5－1システムは孤立した1トップが相手に狙い撃ちにされ、今度はカウンター攻撃がままならないという弱点がある。したがって昔は、耐えて引き分けでもよしとする弱小チーム御用達のシステムだった。だがモウリーニョからすると守備の安定はもちろん、同時に攻撃力も落としたくない。そこでこの問題を、前線のタスクと運動量によって解決するメカニズムを編み出した。

システムは4－3－3を基本としながらも、ひとたび守備の場面になれば3トップの両サイドのFWがそのまま2列目の中盤まで下がる。これで中央の3枚のMFを動かすことなく、中盤が3から5に可変する。つまり守備の時だけ4－5－1にするわけだ。モウリーニョはこの可変システムによって、真ん中とサイドのスペースを同時に閉じることに成功したのだった。そしていざボールを奪ってカウンターとなれば、一度中盤まで下がった両サイドのFWは再び前線に上がって3トップを形成する。その様は、まるで13人で試合をしているのかと錯覚させるようなサッカーだった。

しかし、それだけ上下動するのだから両サイドのFWは運動量が倍増する。中にはこの役割に露骨な不満を隠さない選手（例えばインテル時代のサミュエル・エトー）もいた。だが、モウリーニョは結果でこれを黙らせていく。04年から率いたチェルシーではこの可変システムを完成の域まで高め、当時のプレミアリーグ最高勝ち点記録を塗り替えるなど圧倒的な成績を残した。

ただしモウリーニョは一つのシステムに固執する監督ではない。事実、イタリアのインテルに移ってからは、システムに微調整を加えている。当時のセリエAにはプレミアリーグにあったスピーディーなサイド攻撃がなく、それゆえ強烈なサイドアタッカーも不在だった。モウリーニョはそのようなリーグ特性を見抜き、サイドにFWを置かない代わりに中央を厚くした4－3－1－2を採用している。セリエAを勝つには中央のスペース管理こそが最適解、それが彼の見立てだったのだろう。結果は2年連続のリーグ優勝によって証明されている。一方で、同じインテルがCLを戦う時は両サイドにFWを置くシステムに変更する柔軟性も見せていた。すでに戦術的に遅れを取り始めていた当時のセリエAと欧州列強相手との差分を、システムの微調整によって埋めていたわけである。

このようにリーグや相手によって埋めるべきスペースの構造を見抜き、ピッチ上を掌握していく手腕によってモウリーニョは一時代を築いたのである。

選手構成のパッケージ化

モウリーニョは自身のやりたいこと（スペース管理）がはっきりしていたがゆえに、選手に求める能力も明快だった。彼が率いた歴代のチームを振り返ってみると、必ず似た役割を託された選手がいたことに気付く。それはもはやパッケージと呼んでも差し支えないほどにパターン化されている。

まずはCBから見ていこう。自陣に引いて守る戦術上、そこで優先されるのはスピードよりもパワーに秀でた潰し屋だ。最後尾でチームを統率するメンタリティと、奪ったボールをすぐさまカウンターにつなげるロングフィードの技術もあればなお理想的である。ポルト時代のリカルド・カルバーリョ、チェルシーのジョン・テリー、そしてレアル・マドリーのセルヒオ・ラモスらはその理想形として指揮官から全幅の信頼を寄せられていた。

中盤3枚の中央（アンカー）には、自分の定位置を守り、決してチームのバランスを崩さない黒子役を必須とした。ポルトのコスチーニャ、チェルシーのクロード・マケレレ、インテルのエステバン・カンビアッソらはその代表的な選手たちである。

アンカーの両脇にはピッチを幅広く動けるだけでなく、ボールを奪って攻撃に転じるユニバーサルな能力が求められる。マニシェ、フランク・ランパード、マイケル・エッシェン、デヤン・スタンコビッチ、サミ・ケディラといった選手たちはまさに適材だった。

そしてモウリーニョの可変システムの鍵を握る両サイドのＦＷ。このポジションに求められるのは、独力でサイドを突破する力と、守備で2人分働く運動量である。先述のエトーに加えダミアン・ダフ、ゴラン・パンデフ、アンヘル・ディ・マリアらがこれに該当する。

こうしてモウリーニョは常勝のパッケージを完成させていくわけだが、特徴的なのは既存の戦力をそのまま活かすところと、補強によって補うところとの見極めが非常に的確なことだ。就任初年度でチーム構成を見極め、足りないパーツをリストアップする。そして的確な補強によってその穴を埋めて次のシーズンに臨む。このサイクルはどのチームを率いてもほぼ変わらない。キャリアを通じて就任2年目にそのパッケージが完成を迎え、最高の成績を残すことが多いのも、このサイクルが確立されているからだろう。

手腕を象徴する「青い監獄」

そんなモウリーニョの「スペース管理のセンス」が存分に発揮された試合をここで振り返ってみたい。09/10シーズンのCL準決勝でインテルを率いて、ペップバルサに完勝した試合である。当時、すでに「欧州最強」との呼び声も高かったペップバルサを完全に袋小路に追い込んだこの試合は、彼の名声を確固たるものにした。

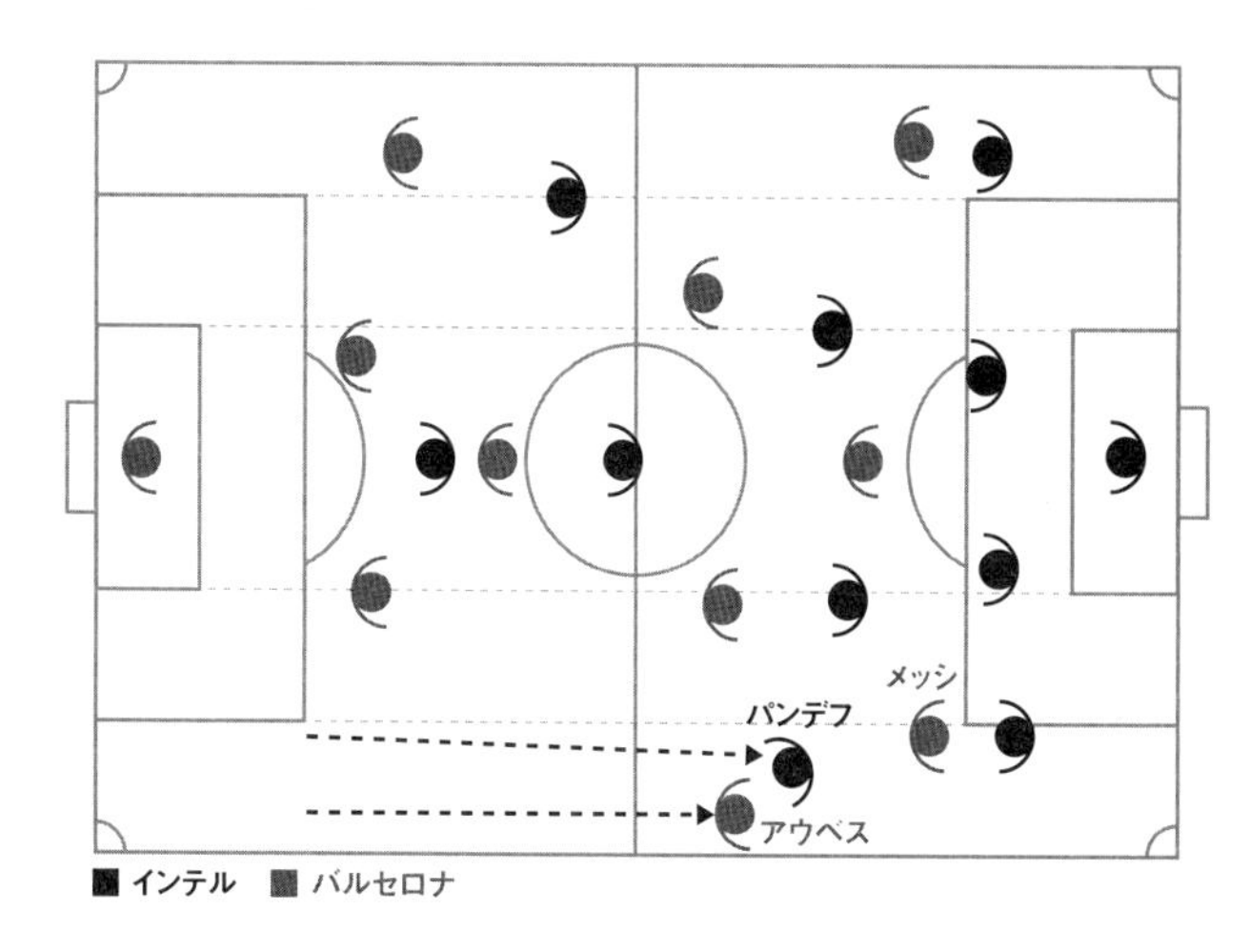

（図９）アウベスに付いて守備に戻るパンデフ

　モウリーニョはこの試合、バルサ最大の強みとなっていた右サイドを抑える専用シフトを組んでいる。当時、バルサの右サイドは、ＦＷのメッシと超攻撃型ＳＢダニエウ・アウベスのコンビが繰り出すコンビネーション攻撃で欧州中を震え上がらせていた。まずはこの２人の連携を断ち切らなければいけない。そう考えたモウリーニョはこの試合４－２－３－１の布陣を基本としながら、アウベスの攻め上がりに際しては左ＳＨのパンデフに付いて行って対応することを求める（図９）。まずはアウベスを消してメッシを孤立させることを狙ったのだ。重役を担ったパンデフだが、時にはＤＦライン

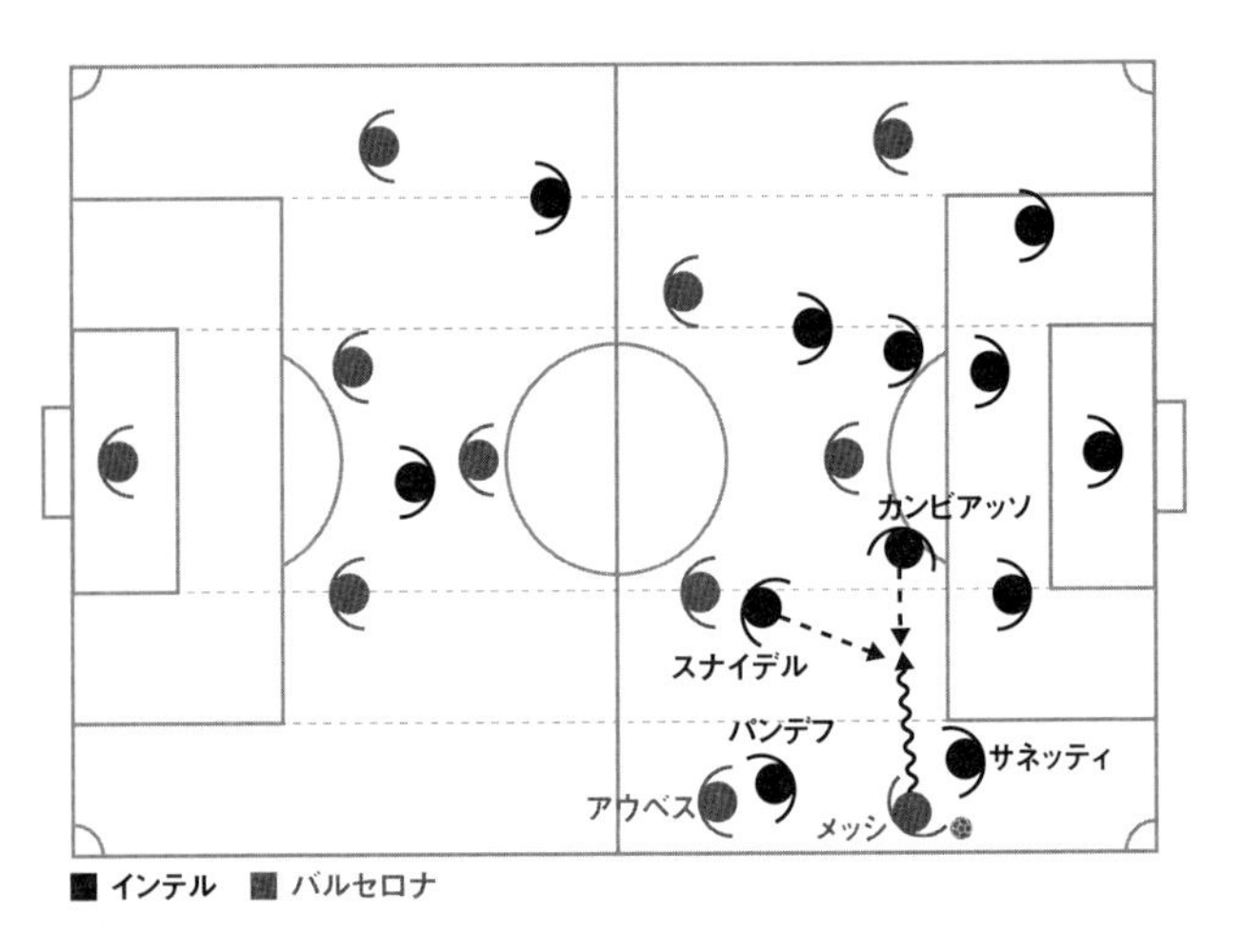

（図10）メッシのカットインに対するインテルの守備網

まで下がることも厭わない守備を見せ、メッシとアウベスの分断に成功する。

孤立させたメッシに対しては1対1の対応に優れたSBのハビエル・サネッティが縦の進路を切り、中へのカットインには左ボランチのカンビアッソが迎え撃つ。それでもメッシは強引に中をこじ開けてカットインしてくるはずだ。それがモウリーニョの読みであり、そのための対策も万全だった。

メッシは右45度からカットインしてくる瞬間が最も危険なアタッカーだ。カットインから左足でファーに巻いたシュートに加えて、そのシュートをフェイントにしたドリブル、スルーパスもある。1

対１ではとても対応しきれない。したがってカットインしてきた場合には右ボランチのチアゴ・モッタを加勢させるだけでなく、トップ下のウェズレイ・スナイデルにも後ろから挟撃するよう指示。メッシが一番得意としていたカットインに対して、その動線に順々と人を配置した。このスペース管理こそモウリーニョの真骨頂と言えるだろう。単にボードにマグネットを置くだけの静的な配置論を越えた、試合の動きに即した動的な視点が他と一線を画している（図10）。

実際、この試合でメッシはどこに行こうとしてもインテルの青い檻に囲まれ沈黙を余儀なくされている。その様を、イタリアのマスコミは「メッシ専用の監獄」と表現し、モウリーニョの見事な策を称賛した。

ペップバルサに対する「完勝」が与えた影響

この監獄によりメッシを孤立させるのには成功した。では、その連携相手であったアウベスはどうだったか。実はこのアウベスへの対処こそ、スペース管理の達人モウリーニョの手腕が冴え渡っていた局面である。攻め上がってくるアウベスを利用して面白いように、中央

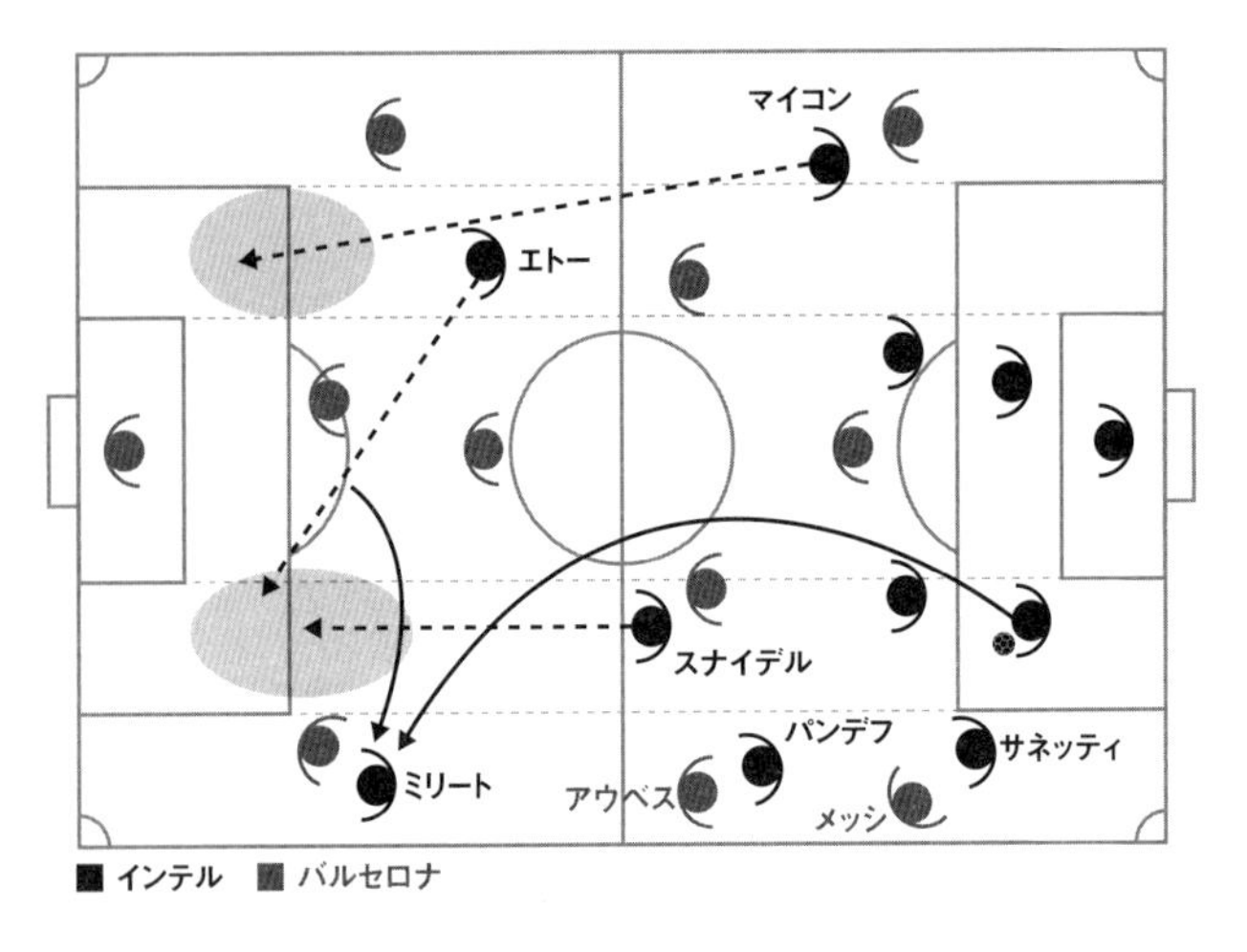

（図11）インテルのカウンター

のスペースを制圧したのだ。

アウベスが少しでも高い位置にポジションを取れば、インテルは1トップのディエゴ・ミリートが空いたサイドのスペースへ流れる。するとバルサのCBは彼に対応するため意識もポジショニングも右サイドへ向かいがちとなる。手薄になるのは中央だ。そこへエトー、スナイデル、パンデフ、そしてSBのマイコンまでが一気に雪崩込む。しかも圧倒的な走力で（図11）。狙い澄ましたカウンター攻撃でバルサを翻弄し、インテルはこの試合を3－1で完勝。セカンドレグこそ0－1で落としたが合計スコアで上回って決勝へと駒を進めた。

この準決勝ファーストレグのインパクトは絶大で、続くCL決勝にも大きな影響を及ぼしている。決勝の相手はオランダ人監督ルイス・ファン・ハールが率いるバイエルン。彼もペップ同様、クライフのサッカーに強く影響を受けた人物の一人である。その彼がバイエルンで体現していたのもポジショナルフットボールと呼ぶにふさわしいものであった。しかしファン・ハールのバイエルン相手にも、モウリーニョはピッチ上のスペースを完璧に管理することで、機能不全に陥らせている。

バイエルンは4－3－3の布陣で、右サイドに世界屈指のウインガーであるロッベンがいる。そして彼もメッシと同様、右からのカットインを最大の武器とする選手だったのである。

当然、モウリーニョはロッベンに対しても「監獄」を用意した。しかも、バイエルンはいつもならロッベンの援護に駆けつけるSBラームを迂闊に上がらせることが出来ない。バルサ戦において攻撃参加するSBアウベスの裏を散々に突いたインテルの残像はそれほど強烈だったのだ。こうなるともはや完全にモウリーニョの思うツボだ。孤立したロッベンは試合から完全に消されてしまう。元々、ロッベンの突破という仕上げがあるからこそ、ファン・ハールのポジショナルフットボールは機能していた。最後の突破がなくなればただのパス回しに終始するのみである。

数字を見るとボール保持率はバイエルンが66％と圧倒している。しかしそれはモウリーニョによって巧みにボールを「持たされて」いたに過ぎなかった。チャンスを作るのは常にインテルで、シュート数は24対7とインテルの圧勝だったのだ。２－０のスコアも極めて順当な結果で、ある意味、バルサを完封した準決勝の威光で、決勝はもらったも同然だったと言えよう。

ロナウドを使った「肉を切らせて骨を断つ」罠

その後、モウリーニョはレアル・マドリーに移ってからも同様の手腕を発揮する。マドリーはインテルと違い、サイドのＦＷには守備に戻らないクリスティアーノ・ロナウドという大駒を抱えていた。だが、モウリーニョはそんなロナウドの特性を逆に利用する。

システムは４－２－３－１と４－３－３を併用したが左サイドのＦＷロナウドが戻らない分、右のＦＷディ・マリアを走らせて中盤の数合わせを補った（実質４－４－２への可変）。相手からするとロナウドが守備を放棄したマドリーの左サイドを突けば、自動的にボールを敵陣まで運べてしまうように感じられる。そこでチャンスとばかりに攻めるのだが、これが罠だった。

実際はロナウドがついてこないだけで、ディ・マリアがその分を補填し、最低限守る算段は立っていたのだ。さらに、マドリーは仮に数的不利に陥ったところで、個の能力で対処可能な質の高いDFを揃えている。ゆえにロナウドをさぼらせていても最終的には守れてしまう――否、むしろロナウドに守備をさせない方がチームとして得る利益は大きいとさえ言える。

ボールを奪った瞬間、サイドのスペースにフリーで「攻め残っている」ロナウドは相手にとって最大の脅威だ。スペースという滑走路さえ与えれば、ロナウドは独力でシュートまで持ち込める力がある。守備に参加しないことでスペースを得たロナウドは水を得た魚のように躍動し、ゴールを量産していった。

つまり、一見すると簡単に奥深くまで攻め込めそうであるマドリーのサイドのスペースは、その実、カウンターの呼び水になっていたのだ。自ずとマドリーの試合はお互いがカウンターを打ち合うオープンな展開になる。そして行ったり来たりを繰り返しているうちに両チームの布陣は自然と縦に間延びしてしまうのだ。そして、この間延びこそがモウリーニョが望んでいた展開なのである。

味方の選手同士の距離を離し、相手に組織でまとまって守ることを回避させる。そうしてお互いが個で守り、個で攻める展開に持ち込めばタレントの質で上回るマドリーの優位は自明の理であろう。あとは試合の勝敗をカウンターの精度と決定力の差に収斂（しゅうれん）させ、必勝パターンに持ち込むだけで済む。守備が出来ないロナウドのような大駒を利用した「肉を切らせて骨を断つ」采配もまた、モウリーニョが得意とするところである。

時代に対する二つの顔

問題はバルサとのクラシコだ。バルサ戦では、09／10シーズンから時を経てポジションをサイドから中央のＦＷへと変えていたメッシをいかに抑えるかが課題だった。0トップと呼ばれるメッシのポジションは、通常のＦＷよりも少し下がった中途半端な位置をとる。守る方からするとＣＢが捕まえづらいポジションだ。

これに対しモウリーニョは、ならばメッシが下がって受けるエリアに最初からＣＢを置いておけばいい、という対抗策を打ち出す。4－3－3システムの中盤中央に屈強なＣＢぺぺを配置し、相手が狙いたい攻め筋に予め人を配置した。このあたりはモウリーニョの一貫した姿勢が垣間見える。

ところがこの時のバルサはすでに、メッシさえ抑えればどうにかなる相手ではなくなっていた。確かにインテル時代に対戦したバルサは、右サイドのメッシとアウベスを抑えておけば攻撃力が半減するチームであった。しかし「中盤が主役」のチームに生まれ変わっていたバルサは、マドリーが閉じたと思っていたはずのスペースでシャビ、イニエスタ、ブスケスらのMFが躍動する。その結果、メッシに気を取られるばかりだったマドリーの中盤は無残に蹂躙（じゅうりん）されていく。しかも、中盤の劣勢を見たDFがたまらずカバーに出れば、今度はメッシがフリーになってしまうという悪循環まで生まれていた。モウリーニョの「監獄」は完全に破綻してしまったのだ。

この頃からモウリーニョのチームは次第に二つの顔を見せるようになっていく。一つは「ポジショナル対ストーミング」のせめぎ合いへと時代が移行していく過程で、その流れから徐々に取り残されていく一面である。ペレス会長のバックアップのもと、潤沢な資金で世界有数のスター選手を買い集め「ニューギャラクティコ（新銀河系軍団）」と言われたレアル・マドリー。しかしその戦術はすでに最先端ではなくなっていた。そして、最先端を行くクロップやペップのサッカーと対峙した時にそれを止める術もなかった。スペースの概念を根底から覆(くつがえ)したかのようなペップのポジショナルフットボールを相手にすれば、ミス待ちの守備ではボールが奪えない。嵐のように迫りくるクロップのストーミング相手には自慢のカウンターが繰り出せない。そんな状況に陥る。結局モウリーニョはマドリーでの3年の任期中、ついぞ会長が悲願としていたCL優勝を果たすことはなかった。

一方でまだ最先端の波には乗れていない、その他多くの凡庸なチームには相変わらず無類の強さを誇っていた。これがもう一つの顔である。ペップバルサのようなチームは真似しようと思ってもそうそう量産出来るものではなく、多くのチームはまだ従来の基準でサッカーをしていた。そうした、スペースを閉じさえすれば行き詰まる相手にはモウリーニョの強さもまだまだ健在だったのである。

この、従来の手法が通じる相手には絶対的な優位に立てる構造を活かして、マドリーでも勝負の2年目はリーガ・エスパニョーラを序盤から独走した。バルサとのクラシコさえ何とか1勝1敗の五分で凌いでしまえば、あとは格下を確実に狩るのみ。そんな割り切った姿勢を貫き、リーグ終盤はバルサに猛追されるも危なげなく逃げ切って優勝を飾っている。

「3年サイクル」の消費期限

迎えたマドリーでの3年目のシーズン。心労を理由にペップがバルサの監督を退いたこの年は、本来であればモウリーニョにとって絶好のチャンスになるはずだった。

しかしCLはおろか、国内リーグでも取りこぼしが目立ち、もはや打倒バルサどころの話ではないシーズンをモウリーニョは過ごすハメになる。勝ちパターンがスペイン中のクラブに周知された結果、相手は誘いに乗らず、攻めてこなくなった。つまりこの頃になると「肉を切らせて骨を断つ」戦略は完全に研究されていたのである。3年も同じサッカーをやっていればある意味、当然の結果ではあるが……。相手が対策を見つけると、「ボールを持たされた」局面に弱いモウリーニョの限界が見え始めた。マドリーは、今度は自分たちがスペースを閉じられる側に回ってしまったのである。スペースがなければ狭い局面を得意としていないエース、ロナウドの威力は半減してしまう。もはやスペースがなくても躍動するバルサとは決定的な差が生まれた。

何もなかった3年目のシーズンを終えて、マドリーを解任されたモウリーニョ。次なる行き先は、過去に名声を確固たるものにしたチェルシーへの帰還であった。

彼にとってこのタイミングでのプレミアリーグ復帰は二つの面で都合が良かった。一つは、チェルシーのサポーターはいまだ「スペシャル・ワン」と呼ばれた過去のカリスマ監督を絶対崇拝していたことだ。スペインでは失墜したかに見えたモウリーニョの威光も、ロンドンではいまだ健在だったのである。

もう一つは、プレミアリーグのサッカーは弱小チームであっても基本的に引いて守ることを良しとしない文化があったことだ。つまりスペースの封鎖が通用し、オープンなカウンターの打ち合いがあるプレミアリーグならば、まだ勝てる余地が十二分に残されていたのである。当時はペップもクロップも英国上陸前だったのでなおさらだった。

チェルシー復帰初年度の13／14シーズン、モウリーニョはチームに足りないパーツの見極めに費やした。そして勝負の2年目で大量補強を敢行。カウンターを得意とするストライカーであるジエゴ・コスタを獲得し、かつての教え子ディディエ・ドログバを呼び戻す。このあたりは実にモウリーニョらしいチョイスと言えよう。しかし3人目の大型補強はこれまでと明らかにテイストが異なっていた。何と、宿敵バルセロナから技巧派のMFセスク・ファブレガスを獲得したのである。

これはおそらくスペインでの経験から、プレミアでも同様の対策が立てられることを懸念してのものだったのだろう。モウリーニョのサッカーは根本的に人の配置が全てである。カウンターが打てなくなった時に手詰まりになるのは、戦術以前に、それに適した人材が配置されていないからだ。これを解消するにはバルサのエッセンスを取り入れてしまうのが手っ取り早い。そう考えたのではないだろうか。

望み通りの戦力を整えた2年目のモウリーニョはやはり強かった。このシーズンはプレミアリーグを独走して、キャピタル・ワン・カップとの二冠に輝いている。だが、やはりと言うべきか、相手も研究してくる3年目になるとチームは崩壊した。シーズン中盤の第16節を迎える段階になってもチームが16位と低迷する中、モウリーニョは解任される。いくら「スペシャル・ワン」といえども、この成績では途中解任も致し方なかったであろう。

モウリーニョは、自身が初めてビッグクラブを率いたチェルシー以降、任期2年目で最高の成績を残し、そして3年目に崩壊するサイクルを繰り返しているようにも見える。唯一の例外はビッグイヤーを手土産に2年目で辞任したインテル時代だけだ。まるで消費期限でもあるかのように、3年目以降チームは袋小路に入り込んでしまうケースが目立つ。果たしてモウリーニョには「消費期限」でもあるのだろうか？

選手も本能には逆らえない？

あるいは本当にあるのかもしれない。というのも、彼のサッカーは多分に選手の犠牲によって成り立っている側面があるからだ。特に前線の選手は守備でも多大なる献身が求められる。その献身がなければ彼の代名詞でもあるサイドのFWが二役を兼務する実質「4－5－3」となる4－3－3可変システムは実現しない。結果に飢えているうちはそれでもよいだろう。しかし最高の成績を残した後、翌年も永続的に過重労働を強いられたらどうか。どんな選手だって我慢には限界がある。モウリーニョの厳しい要求はチーム崩壊の一因になってもおかしくはない。

また、それ以上に根源的な問題も潜んでいる。それはボールをはなから明け渡し、ひたすら罠を張るモウリーニョのサッカーはプレーする選手たちにとって受動的に過ぎる、という側面だ。サッカーが本来持つ能動性とはかけ離れた思想と言ってもよいだろう。そもそもサッカーとはそのシンプルなルールゆえ、全ての選手に自由な判断が許される圧倒的な能動性を有している。全てのサッカー選手は本能的にボールを欲しているし、ボールを有すれば今度はそれを保持したまま前進していく欲求から自由になることは出来ない。自らボールを明け渡したい選手なんてそうそういないのだ。監督モウリーニョの栄枯盛衰を考える際、選手たちの持つその根源的欲求を見逃すべきではないだろう。モウリーニョは自身のカリスマ性と、勝利という結果によって選手たちからの反動をコントロールしていた側面があったはずだ。

初めてボールを蹴った少年時代の楽しさを理性で抑えられる年月。それが、もしかすると2年という、長いようで短い時間なのかもしれない。ハードワークで肉体をすり減らし、精神的にも忍耐を強いられるその限界点こそが2年だとしたら、我々見ている側からすると、まるでモウリーニョの消費期限が2年であるかのように映ってもおかしくはない。思わずそんな連想を可能にしてしまうぐらい、モウリーニョのチームは、はっきりしたサイクルを見せる傾向がある。

第4章 ディエゴ・シメオネ ～新時代のモウリーニョ～

「2強」に食らいつく闘将

徹底したスペース管理を基に現代サッカーで一時代を築いたモウリーニョ。その彼を一世代若返らせ、同等の存在感を見せつけたのがアルゼンチン人の監督、ディエゴ・シメオネであろう。シメオネが体現するサッカーには、モウリーニョとの共通点が数多く見受けられる。そんなシメオネのサッカーを詳しく見ていく前に、まずは彼の経歴を振り返ってみたい。

シメオネは現役時代、「闘将」と呼ぶのがふさわしい武闘派のボランチとして活躍したことでも有名だ。98年フランスW杯のイングランド戦では、目下売り出し中の若手だったデヴィッド・ベッカムをファウルすれすれのダーティーなプレーで削り続け、これにキレたベッカムを報復行為からの退場に陥れるなど、実にしたたかな選手であった。

そんなシメオネだったが06年に現役を引退してすぐに指導者へと転身すると、メキメキと頭角を現していく。母国アルゼンチンでエストゥディアンテス、リーベル・プレートといったクラブを率いてリーグ優勝に導くなど、当初から監督としての力量は確かだった。そして11年、その実績が評価され、スペインの名門アトレティコ・マドリーの監督に就任した。

アトレティコはスペインではバルセロナ、レアル・マドリーの2強に次ぐ2番手グループの存在であるが、「2強とそれ以外」と呼んでいいほど、名実ともに歴然とした差があった。しかしシメオネは就任3年目のシーズン、圧倒的存在の2強を退け見事リーグ優勝を果たす。クラブの選手人件費の予算規模はレアル・マドリーのおよそ半分以下。それでも挑戦者としてトップの2クラブへ果敢に食らいついていく様は、まさに現役時代さながらである（レアル＝約610億円　アトレティコ＝約280億円）。

さらにシメオネはチームを国内だけでなく、欧州でも一際存在感を放つ集団へと生まれ変わらせている。二度のEL（UEFAヨーロッパリーグ）優勝やCL準優勝はクラブの予算規模から考えれば快挙と呼ぶほかない。

シメオネはいかにして、このような数々のアップセットを演じてきたのだろうか。彼が自身のことを語る時によく使う「超現実主義者」という表現にヒントがあるように思う。モウリーニョと同様、シメオネはボールを持つことに一切の執着がない。この点で2人は極めて似ており、それを彼らの言葉で表現するなら「現実的」ということなのであろう。過去の2人の発言からもそれはうかがい知ることが出来る。

「つまるところ、ボールがあるために私たちの心をつかんで離さないこの球技は、ボールのない競技なのである」（シメオネ）

「ボールポゼッションには興味がない。もし、明日の試合結果がポゼッション率で決まるのであれば、我々はもう負ける準備をしなくてはならない」（モウリーニョ）

仮にボールを持っていても、スペースが空いていたら、みすみすカウンターの好機を相手に与え続けているに過ぎない。それは自らを危険に晒している行為でしかない。彼らが言いたいのはそういうことだろう。反対にボールがなくてもスペースさえ管理出来ていれば、相手の自滅を待てばよい。シメオネもモウリーニョ同様、ボールではなくスペースを管理することから勝ち筋を見出す考え方の持ち主だったのである。その思想、つまり極めて現実的な「スペース管理」の考えが最も色濃く現れたのがやはり、ペップバルサとの試合だった。

「外」を捨てた割り切りのスペース管理

11年からリーガ・エスパニョーラを戦っているシメオネは、ペップバルサと何度か激戦を繰り広げている。シメオネのペップバルサに対するアプローチ方法は非常に独特だった。スペース管理にあたって特定のエリアを「捨てた」のである。ペップバルサに対し、その全ての攻め筋を抑えようとするのは現実的に無理だと踏んだのであろう。ピッチ全体のスペースを管理しようとすれば自然と、人と人の距離は遠くなってしまう。バルサの技術の高さを考えると、必ずどこかに綻(ほころ)びを作られてしまい、決壊する。モウリーニョのように――。

そう考えたシメオネは思い切った決断に出る。それはサイドのスペースを放棄する、というものだった。バルサがメッシの0トップという、そもそも「ゴール前」のスペースをあえて空き地にしておく戦術をとっていたことに加え、当時のバルサには前線にも中盤にも180cm以上の長身選手が少なかった。したがって、彼ら相手ならばサイドからいくらクロスを上げられたところで怖くはないという算段がシメオネにはあったのだろう。

実際、シメオネの目論見通り、バルサ相手にサイドを捨てる戦術は功を奏す。4－4－2を基本とするアトレティコは自陣で守備を行う際、10人全員がちょうどペナルティエリアの

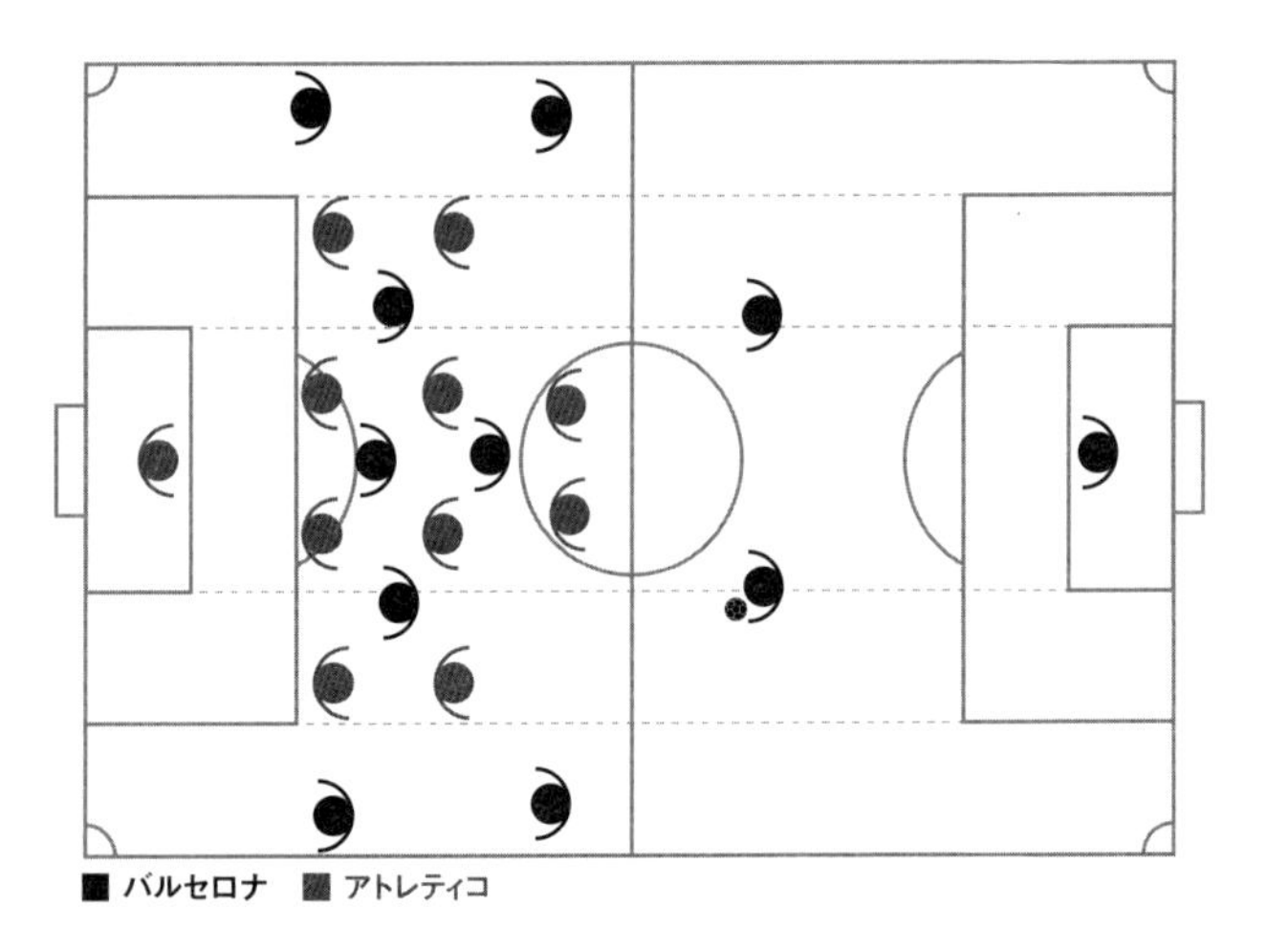

（図12）外を捨てるアトレティコの守備

横幅に収まるよう配置された。つまりペナ幅より外のエリアの守備は半ば放棄したのである。サイドのスペースに対しては「出させてから守れば良い」「いざとなればクロスを上げさせてもOK」という割り切った構えでペップバルサに対峙したのだ（図12）。するとバルサはこのシメオネブロックを前に、明らかに攻めあぐねる様子を見せる。

当時のバルサは左右の両サイドいっぱいにFWを張らせてはいた。だが、その狙いは相手の注意を「外」に引き付けて守備ブロックを横に広げること、まであった。ペップの本当の狙いは広げておいた「中」のスペースでメッシ、イニエスタ、シャビらを躍動させ、中央を割っていく方にあったのだ。前章で述べた通り、守備側がピッチの横幅68ｍのスペースを埋めようとすれば、物理的に生まれる隙間でバルサは自由にプレーすることが可能だからである。

しかし、シメオネのように思い切ってペナ「外」のスペースを捨てるということは、この横幅が約40ｍにまで短縮されることを意味する。この狭い横幅で密集されると、さすがのバルサと言えどパスと技術で打開するのは困難だったのだ。

もちろん、その分サイドのエリアは空いているので、バルサは自由に進入が可能だ。しかし、バルサが外から高いクロスを上げたところで得点が望めないことは、彼ら自身が一番よく分かっていた。結果、バルサ対アトレティコの試合ではペナ幅で守るアトレティコに対し、ペナ幅で攻めるバルサという奇妙な現象が毎度起きていた。両軍がサイドのスペースには目もくれず、中央の狭い幅に人がひしめき合う超スモールフットボールである。外からのクロスという選択肢がないペップとすれば、当時はそれでも中央をこじ開けるしか手がなかったのだ。

シメオネは、バルサの攻め筋から致命傷につながるスペースだけに狙いを絞って封鎖した。これはモウリーニョと似て非なる点だ。フィールド全体のスペースを掌握しようとしたモウリーニョに対し、シメオネは明らかに割り切りがあった。これは2人の相違点だと考えていいだろう。

当然、立場の違いもある。バルサ相手でも常に勝利を求められたモウリーニョのスペース管理は、あくまでボールを奪ってカウンターを狙うがゆえのものだ。一方、バルサ相手には元々引き分けでも御の字というのがアトレティコを率いるシメオネの立場である。だからこそ、はなから11人全員を守備に動員するような割り切った判断も可能だったのだろう。

ストライカー+ファンタジスタに固執するわけ

スペースを管理した後のボールの奪い方にも両者には明確な違いが見られる。シメオネの狙いはシンプルで、なるべく高い位置で奪えるなら奪ってしまいたいというものだ。

モウリーニョは相手が出てくるのを待って誘い出す狙いが明確だった。一方でシメオネは、ボールの位置に応じて自分たちの守備ブロックを変化させる。相手が自陣深い位置でパスを回しているのであれば、積極的にハイプレスもかける。中盤までボールを運ばれたなら、今度は後退しそのエリアでブロックを築いて守る。

その違いにもやはり、チーム事情が関連しているのではないだろうか。アトレティコにはロナウドやロッベンなど、一人でロングカウンターを成立させられるような大駒はいない。モウリーニョが率いるビッグクラブと異なり、シメオネは飛車角抜きでも点を取らなければならない。だからこそ個の能力に頼らず、つまり手数をかけず、フィニッシュまで持ち込めるショートカウンターがチームにとって重要な得点パターンとなった。

守備だけでなく攻撃においても、シメオネはモウリーニョのパッケージングの考え方と類似した特徴を持っていた。だが、同時に差異も見て取れる。特に前線2トップに関しては必ず「ストライカー＋ファンタジスタ」の組み合わせを基本にしてきた。これは選手時代、セリエAで長くプレーしてきた経歴とも深い関係があるのではないか。イタリアでは枚数を割かないカウンターを基本に、2トップだけで点を取る考え方が根強く残っている。数的不利の苦境をファンタジスタの閃きで打開し、相棒のストライカーがピンポイントで得点を決めるのだ。これならたった2枚の関係性だけでも点が取れる。イタリアのサッカーはいわゆる「カテナチオ」と呼ばれる守備の文化が支配する環境下で、攻撃に枚数を割かないことでリスクの軽減を最優先に考えている。シメオネの攻撃設計も基本的にはこのイタリアの考え方を踏襲していると言ってよいだろう。

アトレティコでも就任初年度（11／12シーズン）を当時ＥＬ２年連続得点王のストライカーだったラダメル・ファルカオ（ストライカー）とブラジル人のファンタジスタ、ジエゴの組み合わせでスタートさせている。以降もジエゴ・コスタ（ストライカー）とアルダ・トゥラン（ファンタジスタ）や、アントワーヌ・グリーズマン（ファンタジスタ）とストライカーのフェルナンド・トーレス、ケヴィン・ガメイロというシメオネの「基本パッケージ」を踏襲したチーム作りをしている。

シメオネがいかにこの２トップパッケージを重要視しているかは、19年のジョアン・フェリックス獲得劇にもよく現れている。この年、５シーズンにわたってファンタジスタ枠で固定されてきたグリーズマンがバルセロナに引き抜かれた。するとアトレティコは、ポルトガルのベンフィカで頭角を現していた次世代のファンタジスタであるフェリックス獲得のために、破格とも言える移籍金約１５４億円というオファーを提示している。クラブ史上最高額であると同時に、歴代のサッカー選手の中でもトップ5に入る金額だ。（21年4月時点）。常々、「マネーゲームで戦うつもりはない」と言っていたシメオネのチームにおいて過去に例のない大型補強と言える。欠けたファンタジスタ枠を埋め、パッケージを保つことはシメオネにとってそれほど重要だったのだろう。

フェリックスはアトレティコに加入して最初のシーズン、なかなか新たな環境に馴染むことが出来なかった。周囲からは「最大の期待外れ」という声も聞かれ、「スペインリーグはまだ早すぎた」という批判も相次いだ。しかしシメオネは辛抱して使い続け、移籍2年目となるシーズンにはチームへ徐々にフィットさせることに成功している。特に攻撃に関しては完全な自由を許し、成長を促した。期待の現れだろう。

フェリックスの持ち味は規定のポジションに縛られない、自由なプレースタイルだ。あらゆる局面に顔を出しながらボールに関わり、類いまれな閃きから状況を打開する。当初はアトレティコの選手たちもフェリックスの動きを理解出来ていなかったフシがあるが、逆に言えばこれは相手からしても非常に捕まえづらい選手である。今ではアトレティコの選手たちもフェリックスの自由なプレーを活かす術を見出してきており、特にボール保持時からの遅攻ではフェリックスにボールが自然と集まるようになってきている。

ここからも明らかなように、シメオネは攻撃に関して、欠けている要素を、それを埋められる選手を取ってくることで解決を図る。モウリーニョと同じように――。ただし、モウリーニョと違い、彼のクラブはすでに完成されている大駒は取れない。だから未来の大駒を取ってきて自前で育て上げるという選択になる。シメオネにとってのフェリックスはつまり、モウリーニョにとってのセスクだったのだ。

長期政権を可能とする「背中」

11年よりアトレティコの指揮をとっているシメオネはすでに任期10年目のシーズンを迎えた。今や欧州でもめずらしい長期政権を築いていると言えるだろう。任期という点で見れば、モウリーニョが3年周期でチームを移っているのとは実に対照的である。

シメオネのサッカーも選手にハードワークを課すという意味では、激しい消耗を伴うものだ。「バスを停める」のではなく、積極的に「バスを動かしながら停める」戦術であることを考えると、むしろモウリーニョのサッカーよりも厳しいとすら言えるかもしれない。高い位置でプレスをかけたかと思えば、次の瞬間には全員が自陣ゴール前に帰陣してブロックを形成する。その可動範囲の広さは選手を消耗させ、本来ならばモウリーニョ政権のようにいつ限界が来てもおかしくないはずである。

ではなぜ、シメオネが長期政権を築けているのか。それはベンチのシメオネ自らがチームの誰よりも戦っているからではないだろうか。もし試合中のシメオネにGPSを付けたとしたら、試合に出場しているＧＫ（ゴールキーパー）よりも走行距離で高い数値が出てしまうのではないか。本気でそう思えるぐらい、試合中のシメオネを見るとピッチ脇のテクニカルエリアを縦横無尽に駆け回っている。選手たちの闘志溢れるプレーを鼓舞し、チャンスを逃せば頭を抱え、納得のいかないジャッジには先頭に立って審判に食らいつく。ホームスタジアムの観客を煽るのもお手の物だ。その様は現役時代「闘将」と呼ばれた姿そのものである。

アトレティコの試合を見ていると、選手たちが苦しい時、ベンチの方に視線を投げかけるシーンに気付くはずだ。言うまでもなく、視線の先ではシメオネが全身全霊をかけて戦っている姿がある。

シメオネは選手時代と同様、監督としても決して器用なタイプではない。だが、そんな不器用な男の背中に選手たちは付いていく。もはや時代遅れと言われそうなシメオネのマネジメントが異例の長期政権につながっているのは、実に興味深い事例である。

時代の要請＝5レーン対策

マネジメントにおいてやや時代遅れとも感じられる古風な香りを漂（ただよ）わせるシメオネだが、

戦術の最先端トレンドに対しては意外にもかなり敏感だ。それはポジショナルフットボールへの対応でも顕著に見て取れた。10年代も後半になると、欧州のトップシーンではペップのシティを発端としたポジショナルフットボールが広く浸透していく。彼らポジショナル勢との対戦では、4バックの弱点を突く5レーン攻撃へいかに対応するかが鍵を握っている。

シメオネは当初4－4－2のシステムを崩さずに対応していたが、苦戦を強いられていた。ペップのシティをはじめ、ポジショナル勢の多くは外からの攻撃でも相手に致命傷を与えることが出来る。ペップバルサの時と同じ「外を捨てる」戦法は、外からも崩してくる5レーン相手には使えない。かと言って、外にも対応しようとすると、今度はハーフスペースと呼ばれる、大外より一つ内側のスペースを突かれてしまう。むしろ相手を外に釣っておいてハーフスペースを強襲することこそが、ポジショナル勢の真の狙いだ。

ポジショナル勢に4－4－2では対応しきれないと判断したシメオネは、システム変更を決断する。10年代が終わり、2020年を迎える頃になると、シメオネは5レーン対策として5－3－2を導入した（図13）。5－3－2の特徴は、ハーフスペースに予め多く人を配置出来ることである。相手が使いたいスペースには予め人を配置して管理する。実にシメオネらしい対応だった。

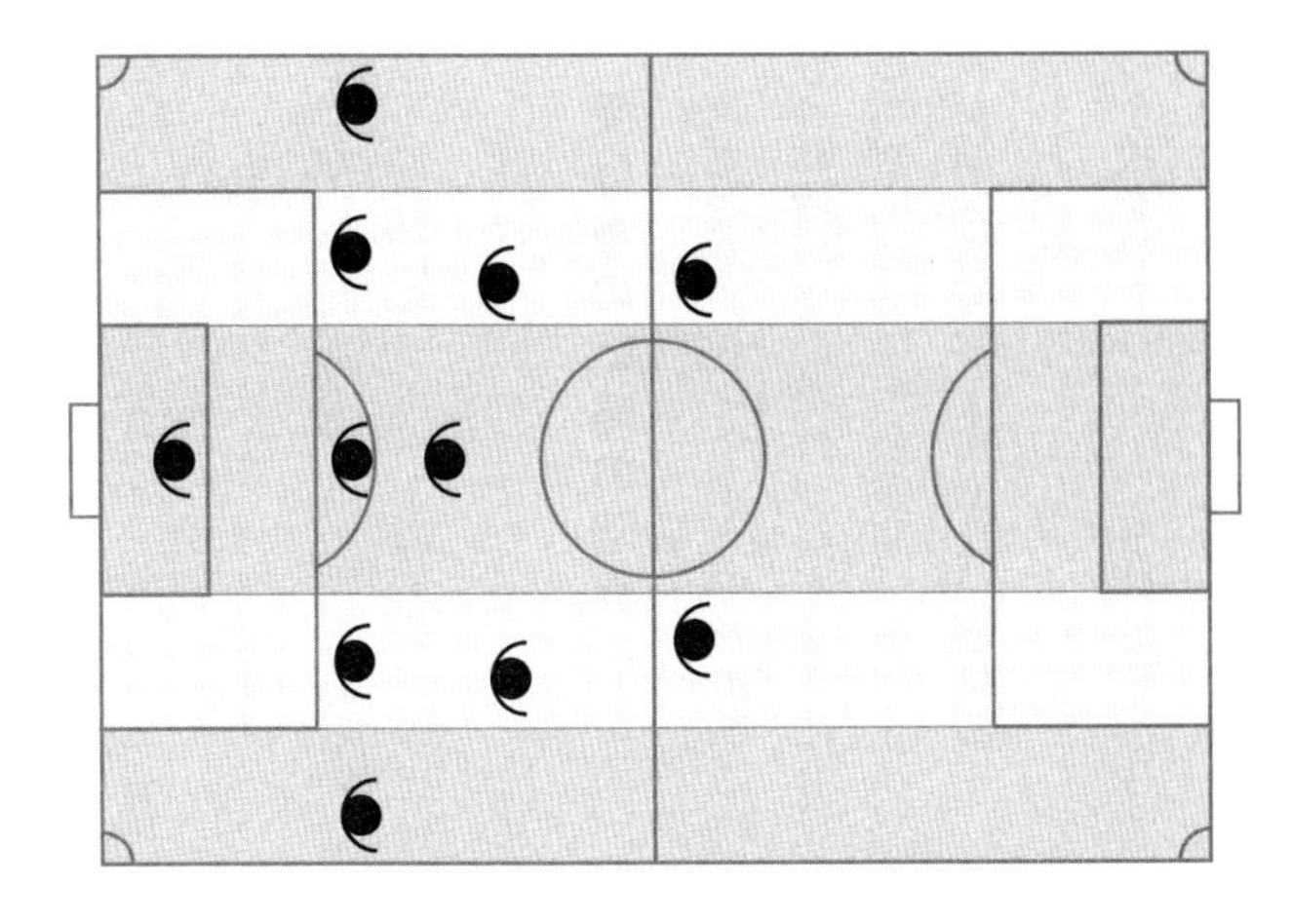

（図13）シメオネが「5レーン」対策に導入した5-3-2

しかし、いくら5バックにしたところで「外」も「中」も同時に抑えるのは難しい。ペップバルサの攻略は思い切って「外」を捨てたことに、戦略の妙があった。だが、進化を遂げたポジショナル勢の企む「外」「中」両取りに抗うことになったシメオネは結局、モウリーニョと同様に「どこも捨てられない」守備に追い込まれている。

その戦略の限界は、5レーンに対して5バックで人数を合わせても、相手のレベルが上がると守り切れないところにある。個々の局面は数的同数。すると個の質で劣勢に立たされたらカバーが間に合わない。数的優位が作れない以上、当然だ。特に20年代に入って、国内での対２強やＣＬでの強豪相手に劣勢を強いられているのはこのためである。

追い込まれたシメオネの解決策は一つしかなかった。「人を配置してスペースを消す」。これしかないのである。５枚で守れないなら６枚にするしかない。現在シメオネのチームが強豪相手に時に６バックを導入せざるを得ないのは、ある意味当然の帰結であった。

受け身の戦略の限界

シメオネのアトレティコでの10年にわたる変遷は、現代サッカーへ必死に食らいつきながら徐々に置いていかれつつある姿にも見える。ペップバルサに対してあくまで４－４－２を崩さず対応していた全盛期から、５バックを導入して５－３－２へ。５－３－２では中盤の３枚が横幅をカバー出来ないと見るや、２トップのうち１枚を下げて５－４－１へという過渡期もあった。そして５－４－１でも強者の５レーンに対しては劣勢と見るや、今度は中盤から１枚をＤＦラインに下げて６－３－１へ。結局、前の人数を削って後ろに充てる、その繰り返しだったとも言える。

モウリーニョとシメオネ。彼らは「人を配置してスペースを消す」という受け身の戦略で、一つの時代を築き上げた。だが、もはやその戦略も限界を迎えつつあるのではないか。時代が求めているのは攻守において（攻守という区分自体がもはやナンセンスかもしれないが）自らが積極的に仕掛けていく戦略である。

これから取り上げる2人、マルセロ・ビエルサとジャン・ピエロ・ガスペリーニはその時代的要請に応えた積極的な戦略を遂行するマエストロとして捉えることが出来るだろう。彼らと、モウリーニョを筆頭とする「スペース管理派」の違いは何か。それがなぜ同時代的であるのか。考えてみよう。

第5章 マルセロ・ビエルサ　～狂気のサッカーヲタク～

「人」を基準にした能動的な守備

現代サッカーにおいてスペースを管理するだけの守備はもはや通用しない。その背景には、選手全体の技術的なレベル向上があった。特に90年代まではあまり技術的な素養を重視されてこなかったディフェンスの選手も、展開力が劇的に底上げされている。その結果、10年代も半ば頃になると後方から中盤を一列飛ばして前線に直接パスを供給出来る能力が、トップレベルではマストになってきた。いくらスペースを基準に守ったところで、技術レベルの高い選手たちに、自由にボールを扱う余地を与えてしまったら抑えることは難しい。逆に言えば、スペース管理が有効だった時代はまだ選手個々の技術レベルに大きなバラつきが存在していた。

今求められる守備のスタイルは、相手に高い技術を発揮させる、その前に勝負する積極的なものである。そこでにわかに注目されたのが「スペース」ではなく「人」を基準に守るマンツーマン戦術だ。元々サッカーの守備方法としては大きく「スペース」を管理するゾーンと「人」を管理するマンツーマンに二分されていたが、時代のトレンドが再び「人」を管理する守備戦術を求め出したと言えよう。この戦術の利点は各人がマークする相手を決め、人が人に付くことでボールを受ける前からプレッシャーをかけられる点にある。つまり技術を発揮させる前に守備側からのアタックが可能なのだ。ボールが出てから対応するスペース基準の守備に比べると、マンツーマン戦術は格段に「能動的」な守備と言える。

もう一つの利点として、特にポジショナル勢と対戦する際、ラインとラインの「間」という概念が消失することが挙げられる。ゾーンディフェンスと違い、人を基準にポジションを取るマンツーマンには中盤やＤＦにも横のラインで守るという概念がない。人と人の「間」のスペースを崩しの起点として考えるポジショナルフットボールにとって、マンツーマンディフェンスは天敵と言える存在かもしれない。

00年代初頭から現在に至るまで、このマンツーマンをベースにしたサッカーで異彩を放ち続けてきたのがマルセロ・ビエルサだ。アルゼンチン人のビエルサは南米の指揮官としてはめずらしく、欧州をはじめ、世界中のサッカー事情に精通していた。それもそのはず、彼は

「超」が付くほどの生粋のサッカーヲタクだったのだ。世界中から取り寄せたサッカーのビデオを収集し、「ラボ」と呼ばれるサッカー観戦専用の別邸までこしらえている。まさにサッカーヲタクにとって夢のような環境だ。そしてこのラボでの何万試合という分析から独自の戦術を研究している、まさにヲタクの第一人者なのである。

中でもビエルサが感銘を受け、同時に傾倒していたのがオランダのアヤックスが繰り広げる攻撃的サッカーであった。つまり彼もまたペップらと同様、オランダとヨハン・クライフに強く影響を受けた男だったのである。ビエルサの場合は攻撃サッカーという「理想」を貫く姿勢に、クライフからの影響を色濃く見て取れる。前章までに紹介したモウリーニョ、シメオネが「超現実主義者（リアリスト）」だとするならば、ビエルサは間違いなく「超理想主義者」である。

ビエルサの理想は攻めて、攻めて、攻め続ける姿勢にあった。勝利も大事だが、同時に〝いかにして勝つか〟という「過程」も重要視したのである。ビエルサは言う、「攻撃を全くせず、相手のミスだけを待つようなチームは勝利にふさわしくない」と。そして攻撃を構築することなく、相手のサッカーを破壊することだけを目的にプレーし、安易な「近道」を選ぼうとする昨今の風潮に対しても彼らしい表現で警鐘を鳴らす。

「〝近道〟は必ずしも目標に辿り着かせてはくれません。花壇を避けずに近道しようとする人は、早くは着きますが、花を踏んでダメにしてしまいます。花壇を避け、遠回りした人は、その分時間はかかりますが、花壇には美しい花が咲いているのです」

ビエルサはボールを保持し、パスをつなぎながら攻撃し続けることに強いこだわりを持っている。ゆえに相手にボールを奪われた際は1秒でも早くボールを奪い返すべく、逆算して守備を考える。ボールがなければ攻撃は出来ないからだ。つまりビエルサは「攻撃」のために「守備」をするのだ。そこには、モウリーニョやシメオネが持っていたような「待ち」の姿勢は微塵もない。そして、自分たちからボールを奪いに行くのであれば、スペースを埋めるのではなく、ボールと相手にアタック出来るマンツーマンの方が合理的だ。ビエルサがマンツーマンをベースにしたサッカーを20年以上も続けてきたのは、その攻撃的思想ゆえであった。

弱者のマンツーマンを担保する仕組み

前述したように、マンツーマン守備の利点は「攻撃的な守備」との相性の良さにある。一方で当然、弱点もある。個々が数的同数で対応するため、抜かれた際にカバーが利かないことだ。ビエルサは過去の経歴を見ても強者よりは挑戦者側のチームを率いることが多い（W杯ではチリ代表、スペインでは中位のアスレティック・ビルバオ、イングランドではプレミアリーグ昇格前後のリーズ・ユナイテッドなど）。普通に考えれば、個々の選手の質で劣るチームがマンツーマンをベースとするのは自殺行為にもなりかねない。だが、ビエルサは2つの方法によってこの問題を解決している。

一つは最後尾で必ず「＋1」の数的優位を確保するメカニズムだ。ビエルサは自軍のフォーメーションを相手に合わせて選択する。相手が2トップであれば「＋1」を作れる3バックを選択するし、相手が1トップであれば2CBの4バックを選択する（図14、図15）。最後尾で「＋1」を確保しているので、仮に1対1で抜かれた場合は、即座に近くの選手が自分のマークを捨ててカバーに急行しても人数合わせは足りる計算だ。

もちろん、最後尾で「＋1」を確保する分、どこかで「−1（マイナス）」の数的不利を受け入れな

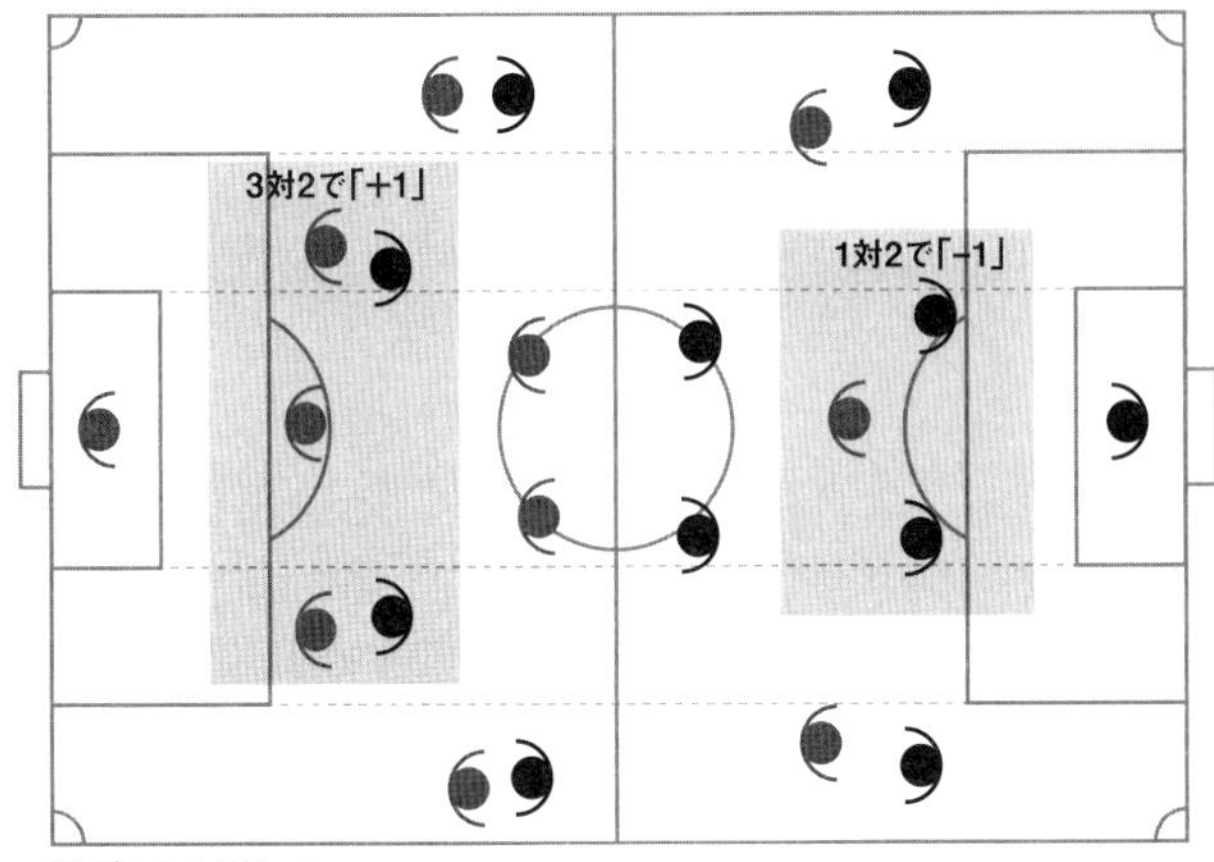

（図 14）ビエルサのマンツーマン（相手が 2 トップの場合）

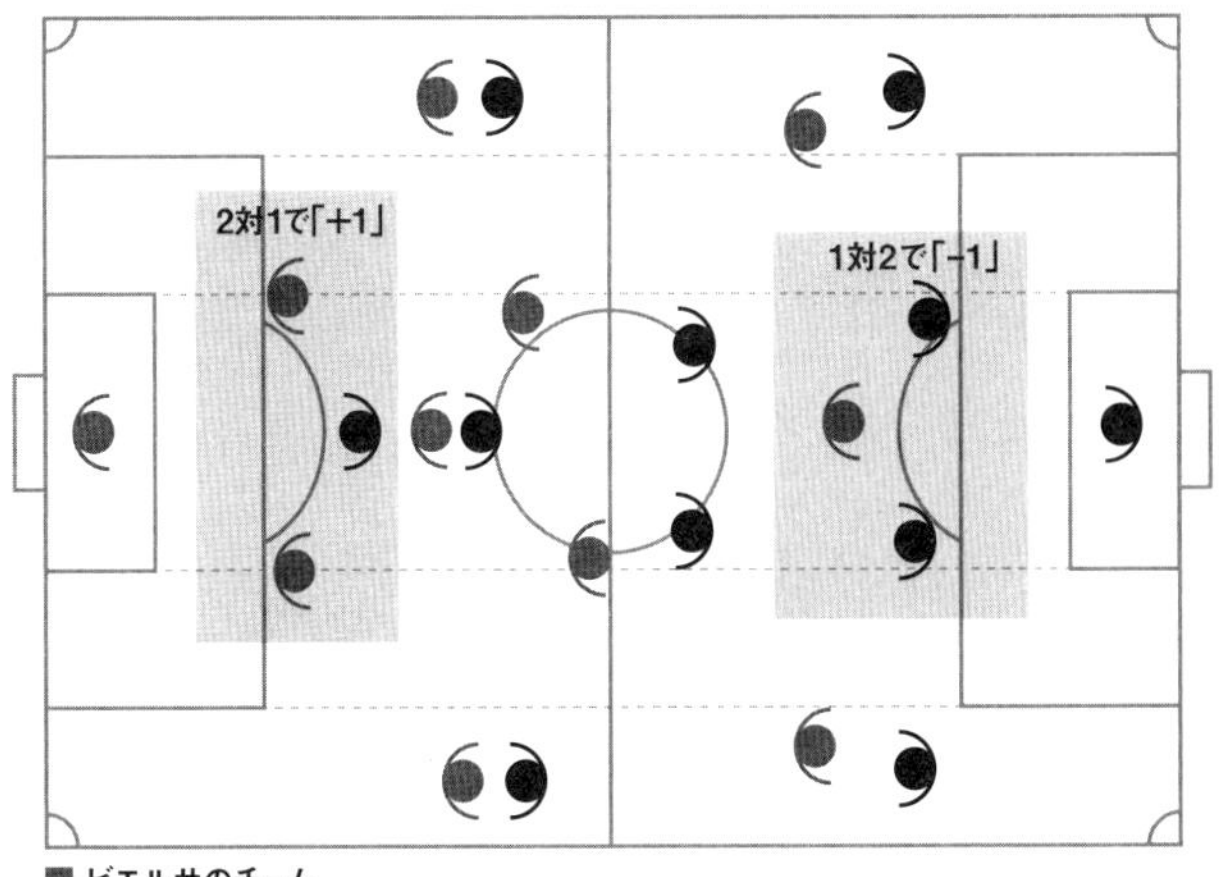

（図 15）ビエルサのマンツーマン（相手が 1 トップの場合）

ければならない。通常、この数的不利は自軍のゴールから一番遠いＦＷが請け負うことになる。つまり最後尾で「＋１」の数的優位、最前線で「－１」の数的不利、残りは全てマンツーマンで捕まえる、という構図でバランスを取っているのである。

もう一つが、鍛錬された強度と走力で「抜かれても追う」ことを個々に徹底させることである。この走力が前提にあるので、たとえ抜かれてもカバーが相手の攻撃を遅らせている間に、抜かれた選手が戻ってきて数的優位を作ることを可能にしている。

そもそもマンツーマンという戦術自体、相手に走り勝つことを前提にしたものである。それはいざボールを奪った後の攻撃を考えても明らかであろう。マンツーマンで守備をしているということは、攻守が入れ替わった時、つまりボールを奪った瞬間、全員が相手との距離が近い状態（マークに付かれていること）を意味するからだ。この状況を打破して攻撃を成立させるにはどうしたらよいか？　答えは簡単。全員が相手より多く走ってマークを引き離せばよい。

「伝説の試合」バルセロナvs.ビルバオ

このビエルサの攻撃的なマンツーマン戦術は、時に世界中を驚かす。代表的な試合はこれもやはりペップバルサとの対戦である。ビエルサは11年から2シーズンにわたり、スペインのアスレティック・ビルバオの指揮をとった。そしてペップと初対戦になるホームでのバルサ戦で、後に「伝説の試合」と語り継がれる壮絶な打ち合いを演じたのだ。

当時は世界中のチームが、メッシ、シャビ、イニエスタらの名手が狭いスペースで繰り出す超絶技巧を止める術を見出せずにいた。そんな情勢下、ビエルサは当然のように彼らをマンマークで潰す戦術で真っ向勝負に打って出る。このマンツーマン戦術により本来、バルサの名手たちが躍動する「間」のスペースがフィールドから消失。バルサはどこにボールを入れても、パスの先にはマークがピッタリと付いている状況だった。自然と中盤は体と体がぶつかり合う戦場と化していく。

むろん、メッシを1対1で抑えるのは至難の業だ。そこで、ビエルサは前段階であるパスの供給源を断つことでメッシの存在感を最小化させることに成功している。それでもメッシにボールが渡ってしまった場合には2人目、3人目のディフェンダーを、マークを捨ててでも急行させた。ペップバルサに対して挑戦者のビルバオが一歩も引かず、ギリギリのところでつばぜり合いを繰り広げる様は、まさに機略縦横の智将相まみえる壮絶な一戦となり、見応え充分であった。

試合が動いたのは前半20分。ビルバオが攻撃的なハイプレスからバルサ陣内でボールを奪うとショートカウンターで先制する。奪った位置、サイドからゴール前までの運び、フィニッシュ、いずれもビエルサの狙い通りだった。すぐにバルサも同点とするが、その後もビルバオが優勢に試合を進める。そして迎えた後半15分、攻撃の手を緩めないビルバオを前に、ペップは大きな決断を下さざるを得なかった。中盤のフィジカルバトルで潰され続けていた司令塔シャビに見切りをつけ、ベンチに下げたのだ。代わりにピッチへ送り出されたのはスピードが武器のアタッカー、アレクシス・サンチェスであった。ペップにティキタカを捨てさせて、1対1のバトルに誘い込むこと自体、ビエルサの作戦勝ちと言えよう。試合はその後打ち合いの様相を呈していくが、最終的には2－2の引き分けに終わっている。

試合後、ペップの口からは敵将ビエルサを称賛する言葉が溢れ出た。「あなたは私よりバルサのことをよく知っていた」「戦術的に信じられない試合だった。私の人生においても最も美しい試合だった」

規格外の選手が育つ理由

ビエルサはたとえ相手が格上だろうと、攻め続けるという理想を決して捨てない男である。その理想のために、選手には過酷とも言えるハードワークを課す。彼の有名なトレーニングに「マーダーボール」（殺人ボール）と呼ばれるものがある。このマーダーボールは45分間、11人対11人でＦＫ（フリーキック）もなし、常にインプレーの状態で走り続けながらゲームを行う。一見、非常識にも思えるがビエルサが求める、走れて、戦えて、攻守にわたってプレーし続ける選手を育成する方法としては理に適って（かな）いた。実際、過去にビエルサのチームからは何人もの規格外の選手が生まれている。特に、プレーエリアを均等に区切るゾーンの概念からは到底考えられないような、広大なエリアを1人でカバーするアンカーはビエルサ産の専売特許である。

ビエルサが育てたアンカーとしてその筆頭株に挙げられるのがハビエル・マスケラーノだろう。リーベル・プレートの下部組織でプレーしていたプロ契約前の17歳の少年をA代表としてデビューさせてしまったのが、当時アルゼンチン代表監督を務めていたビエルサである（当たり前だが、プロ契約前の選手のフル代表デビューは世界でも異例中の異例だ）。

マスケラーノの「個」でボールを奪える強さはマンツーマンにうってつけだった。そして無尽蔵のスタミナを活かしてプレーエリアを制限されることなく、その才能を開花させている。同じようにチリ代表のアルトゥーロ・ビダル（現インテル）、アスレティック・ビルバオのアンデル・エレーラ（現パリ・サンジェルマン）もビエルサの薫陶を受けて世界トップクラスのアンカーへと飛躍した。21年現在、ビエルサが指揮官を務めるリーズでアンカーを任されているカルバン・フィリップスも待望のイングランド代表デビューを果たしている。

このようにマンツーマン戦術は時に、セオリーから逸脱した選手を育てる一面がある。この後で取り上げるガスペリーニもビエルサ同様マンツーマン戦術の使い手だが、彼が育成監督として高い評価を受けているのも、その戦術と無関係ではないだろう。

また、マンツーマン戦術を使う監督といえば日本でも有名な人物が思い当たる。元日本代表監督のイビチャ・オシムだ。そのオシムの薫陶を受けた門下生の阿部勇樹や羽生直剛は、やはりその戦術が育てた個性と言えるだろう。

ヲタクゆえのシステマティック過ぎるアプローチ

ここまで主にビエルサの攻撃的な守備メカニズムを見てきたが、彼の真骨頂はやはりその攻撃にある。オランダとクライフに影響を受けたビエルサはペップバルサが欧州に登場するその10年も前に、南米でポジショナルフットボールを導入しているのだ。

アルゼンチンやメキシコのクラブで実績を積んだビエルサは、98年にアルゼンチン代表監督に就任した。すると早速、アヤックスの3－4－3システムとポジショナルフットボールをアルゼンチン代表に導入する。3トップの両サイドのFWをタッチラインいっぱいまで開かせ、規則正しいパス回しによって徹底したサイド攻撃を繰り広げる。その様はまさにクライフのサッカーそのもので、ビエルサのアルゼンチンは一際異彩を放っていた。

当時の南米サッカーはまだ、ゆったりしたテンポと選手個々の閃きを大事にしていた時代だ。4年後の02年日韓W杯で優勝することになるブラジルが「3R」（ロナウド、リバウド、ロナウジーニョ）と呼ばれた天才たちの閃きに攻撃のほとんどを依拠していたのがそれを象徴している。そんな当時の南米の常識とは一線を画すサッカーに、私は魅了されずにはいられなかった。

ビエルサが作るアルゼンチン代表の3－4－3は実にシステマティックに組み上げられていた。中盤のコンダクターであるファン・セバスティアン・ベロンが得意の中長距離パスを左右に散らし、サイドをドリブラーのアリエル・オルテガとスピード自慢のクラウディオ・ロペスが突破する。背後からは運動量豊富なファン・パブロ・ソリンとサネッティも駆け上がってくる。そしてサイドからのクロスをゴール前で仕上げるのはCF（センターフォワード）のガブリエル・バティストゥータ（もしくはエルナン・クレスポ）だ。各ポジションの役割が明確に決まっている。

入れ物（システム）が明確に決まっているので、ビエルサの選手起用も一切の迷いがなかった。当時のアルゼンチンにはバティストゥータとクレスポという世界屈指のストライカーがいた。普通の監督だったらこの2人を同時併用する2トップからチームを組み立てていてもおかしくない。だが、ビエルサの中でCFのポジションは予め一つと決まっている。したがって、スタメンで使われるのはどちらか一人しかいないのだ。

さらに、ストライカーだけでなくゲームメイカーにも当時はパブロ・アイマールとファン・ロマン・リケルメという才能豊かなタレントがいた。だが、スタメンはベロンで固定されていた。ゲームメイカーの役割とポジションは、3－4－3にはトップ下の1枚しかないからだ。アイマールはベロン交代時の2番手、パーツ交換扱いでのみ出場可能という待遇が続き、結局それはW杯本大会まで変わらなかった。リケルメに至っては、ショートパスとワンツーを中心とした中央突破にこだわるそのプレースタイルから、そもそもチームを構成するパーツから外されている。ビエルサにとっては球離れが良く、ショートパスよりも中長距離のパスを左右に振り分けられる〝マシーン〟ベロンこそ理想のトップ下パーツだったのだ。

このビエルサのシステマティックな趣向は、サッカーという競技の構造を徹底的に解析してきた結果であると考えられる。彼は自身の研究成果を次のように語る。

「自分はこれまで2万5000試合のビデオを分析したが、サッカーの歴史上戦術というものは28種類しかなく、パターンは125通りに分けられる」

常人には何を言っているか到底理解が及ばないが、ビエルサは持論に絶対の確信を持っていた。それは独自のトレーニング構築法にも表れている。彼はサッカーの局面を部分的に切り取り、その局面ごとにパターン化された動きを徹底的に叩き込むことでチームを作り上げていく。局面を細切れにして、DFも付けず、コーンとポールを目印にひたすら繰り返されるパターン練習。それは傍から見ると、何をやっているのか全く理解出来ないと言われる。ビエルサのもとには世界各国から指導者たちがトレーニング見学にやってくるが、そんな彼らが一様に頭に「?・」を浮かべながら帰っていくことも少なくないらしい。

そもそもトレーニングしている選手自身、「当初は練習の意図を全く理解出来なかった」と答えているぐらいである。だがビエルサはそんなことお構いなしだ。自分の頭の中に完成図はあるので、それでよい。そう考えているのだろう。実際、ビエルサのチームは細切れでトレーニングしてきた各局面が試合の中でつながり始める頃（チーム始動から4～5カ月）になるといきなり勝ち出すのが特徴である。選手たちがビエルサの意図を理解し始めて、面白いようにボールが回り、自然とサイドを崩せるようになるのだ。サッカーのメカニズムを知り尽くしたヲタク監督の本領発揮である。

日韓W杯の苦い失敗

ビエルサはサッカーの構造を理解し過ぎているがゆえに、選手個々の閃きや才能を過大評価しない。当然、スター選手揃いのアルゼンチン代表では当初反発もあった。だが、圧倒的な結果がビエルサを後押しする。当時の南米諸国はビエルサのチームのテンポの早いボール回しとポジショナルフットボールに全く対応出来ず、アルゼンチンはW杯南米予選を13勝4分け1敗の独走で突破したのである（2位エクアドルとは勝ち点差12）。当然、W杯本大会でもビエルサのアルゼンチンは優勝候補最右翼として注目されるようになっていく。

しかし02年の日韓W杯は、ビエルサの長いキャリアの中でも最も苦い経験となってしまった。イングランド、ナイジェリア、スウェーデンと同居する「死の組」に入ってしまったとはいえ、1勝1分け1敗でまさかのグループリーグ敗退に終わったのだ。敗因としては、南米予選で披露したビエルサのサッカーがあまりに衝撃的だったがゆえ、本大会を迎える頃には世界中から研究し尽くされていた点が挙げられるだろう。オルテガは徹底マークとファウルも辞さないタックルに潰され、スピード自慢のロペスはスペースを与えてもらえなかった。さらにゲームメイカーのベロンが本大会に入ると絶不調という不運も重なった。

また、南米予選では猛威を振るったポジショナルフットボールも、クライフのサッカーを経た欧州勢にとっては特段目新しいものではなかった。ビエルサが重視するサイドからのクロス攻撃はイングランドとスウェーデンという長身ＤＦをゴール前に揃える両国にとって、最も対処しやすい攻め筋だったとも言えるだろう。数字を見てもアルゼンチンはイングランド戦で25本、スウェーデン戦で32本のクロスを上げているが、味方につながったのは2試合を合計してもわずか9本に過ぎない（成功率約16％）。ビエルサのチームを研究し、ゴール前に大男を並べる相手に向かってひたすらサイド攻撃を繰り返したアルゼンチン。緻密に組み上げられたマシーンは、緻密であるがゆえに一度機能不全に陥ると脆かった。

皮肉だったのはイングランド戦の後半、不調のベロンに変わって出場したアイマールの溌剌としたプレーぶりである。それまでサイド攻撃一辺倒だったところに現れたファンタジスタは、単調だった攻撃のリズムを一変させた。ビエルサにとってアイマールはそれまで、一種のバグのような存在だったかもしれない。しかし、アイマールのドリブルと中央突破こそが最も効果的にイングランドを慌てさせていた。もしベンチにもう一人のファンタジスタ、リケルメがいてくれたならば……。アルゼンチン国民でなくとも、そう思わずにはいられない試合がイングランド戦であり、一筋の希望となったのがアイマールの奮闘であった。

結局ビエルサは最後までバティストゥータとクレスポの両ストライカーを併用することもなかった。最後まで自身の組み上げたシステムに固執し、個に頼ることなく散ったのだ。その負け方もまた、実にビエルサらしいと言えばそうなのかもしれない。

ファンタジスタの共存へ

日韓W杯後、ビエルサは汚名返上をかけて2年後のアテネ五輪にアルゼンチンU－23代表を率いて挑んでいる。アルゼンチンは6戦6勝、17ゴールを挙げる圧倒的な成績で金メダルを獲得した。やはり歯車が噛み合って機能した時のビエルサは異常なまでに強かったのだ。アテネ五輪で持論の正当性を証明したビエルサは代表監督を辞任し、3年の休養期間を取っている。おそらくこの期間を日韓W杯の敗因分析と最先端のサッカー研究に充てたのではないか。そう考えるのは、この休養期間以降に率いたチームでの采配にかなりの進化がうかがえるからだ。

ビエルサは休養明けの07年、チリ代表監督に就任した。するとすぐチリ代表を、マンツーマンを基本としたハイプレスとポジショナルフットボールが融合したお馴染みのスタイルに染め上げてしまう。生まれ変わったチリは南米予選をブラジルに次ぐ2位という好成績で突破する。そしてビエルサは自身2度目のW杯に挑むこととなった。

問題は、当時のチリにも才能溢れる2人のファンタジスタがいたことである。06年に南米最優秀選手賞にも輝いたマティアス・フェルナンデスは高い技術とスピード溢れるドリブルを武器にしたトップ下の俊英だ。プレースタイルもどこかアイマールを彷彿とさせる。もう1人のファンタジスタであるホルヘ・バルディビアは、ゆったりとしたテンポのパス回しと抜群のキープ力で攻撃に「溜め」を作り出す古典的なタイプのトップ下だった。そのプレースタイルはまさに「チリのリケルメ」といった趣（おもむき）である。

ビエルサはこの2人を常に代表に招集し、対戦相手と試合展開によって上手く使い分けた。前半はフェルナンデスのスピードでかき回すと、後半は一転してバルディビアでリズムを変え相手を翻弄する。そんな具合である。時には2人を同時に併用する思い切った采配も見られた。かつてのビエルサからは想像も出来ない起用法だ。日韓W杯では叶わなかったアイマールとリケルメの共演が、チリ代表で代演されたのである。

迎えた10年の南アフリカW杯本大会、スイス戦でもビエルサの采配は冴え渡った。大男を揃えた欧州の古豪スイスに守りを固められ、試合は膠着したまま0－0で前半を折り返す。それは02年を彷彿とさせる光景だった。だが、ビエルサはハーフタイムにバルディビアを投入し、フェルナンデスとの「ダブル・ファンタジスタ」システムへと舵（かじ）を切る。この采配は見事に的中。後半30分のチリの決勝点はバルディビアの天才的なスルーパスによるアシストから生まれている。最終的にビエルサはこの大会でチリをベスト16まで躍進させたのだった。

5レーンの先にある「レーンずらし」

10年以降もビエルサの戦術は絶えずアップデートされている。その後指揮をとったアスレティック・ビルバオ、リーズいずれの場合においてもそれは同様だ。特に、ゴール前を固められた際のサイド攻撃に関しては変化が顕著だ。一例としては、深くサイドをえぐってからのグラウンダーのクロスが上げられる。無闇にクロスを上げるシーンが影を潜め、グラウンダーでマイナスに折り返すかたちが明らかに増えている。高さだけでは防げないクロスのパターンを意識的に取り入れる必要があったからであろう。

サイドを崩すパターンに関しても「5レーン」というワードが巷(ちまた)に出回るずっと以前から、ビエルサはハーフスペースの有効性に気が付いていた。それは10年のチリ代表が内側のレーンを繰り返しインナーラップで突く攻撃パターンからも、すでに見て取れる。20年代になると、ペップがバイエルンとシティで5レーン攻撃を世に広め、その対策も広く普及していく。するとビエルサは指揮をとるリーズで5レーンのさらにその先を突くような攻撃パターンを見せる。それは言うならば「レーンずらし」とでも呼ぶべき攻撃だ。

詳しく見てみよう。通常、5レーン攻撃ではハーフスペースをＩＨ（インサイドハーフ）

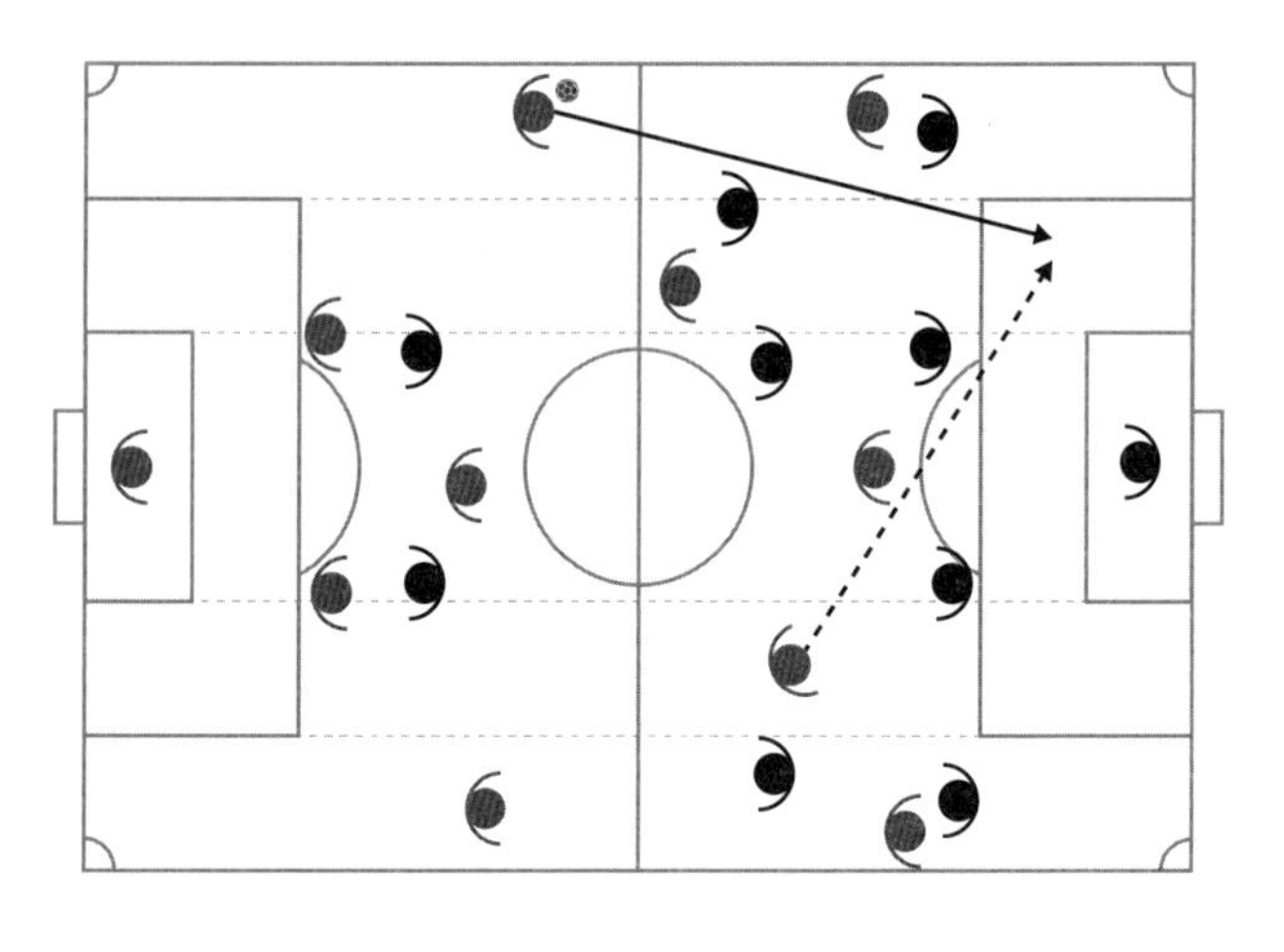

（図16）ビエルサの「レーンずらし」

が突く。しかしビエルサはその発展型として、逆サイドのＩＨを反対側のハーフスペースから斜めに走らせるパターンを多用する（図16）。守る側からするとＣＢの死角から走ってこられる上、ずらされたレーンには瞬間的に数的不利が発生する。したがってこれを完璧にケアするのは大変難しい。

しかし驚くべきは、そこではない。この「レーンずらし」は、10年前ビエルサが指揮をとったアスレティック・ビルバオですでにその原型を見て取れるのだ。常に研究とアップデートの円環に身を置くビエルサならではの進化と深化。それを象徴している一例が「レーンずらし」

だと言えよう。

そしてこの現実から導き出される結論は、ビエルサの過去の発想は常に最新のサッカーと確実に繋がっているということである。ならばビエルサのサッカーを見るという行為は、サッカーの未来図を見るということではあるまいか――。ビエルサがビエルサたる所以、それはこの時制すら軽々と越える未来を透徹した超越性にある。そう言い切っても決して過大評価ではないはずだ。

第6章　ジャン・ピエロ・ガスペリーニ　〜プロビンチャの雄〜

「持たざる者」のお手本

ゾーン全盛の時代にマンツーマン戦術を「弱者の兵法」として使う者もいる。それがイタリアの地方クラブに過ぎなかったアタランタを欧州カップ戦の常連に生まれ変わらせたジャン・ピエロ・ガスペリーニだ。２０１６年にアタランタの監督に就任したガスペリーニは就任初年度からクラブを史上最高位の４位に導き、ＥＬの出場権を獲得した。以降も４シーズン連続で欧州カップ戦に出場させているだけでなく、18年からは2年連続で欧州最高峰の舞台であるＣＬにチームを導いている。そのＣＬでも19／20シーズンは念願の決勝トーナメントへ進出した上にベスト8に駒を進めるなど近年、アタランタの存在感は増すばかりだ。

ちなみに19／20シーズン、ＣＬベスト4をかけた試合の相手は潤沢なオイルマネーを背景にスター選手をかき集めたパリ・サンジェルマンだった。パリのエース、ネイマール１人の年俸で、アタランタはチーム全員分の年俸をまかなえるという圧倒的な資金力差の戦いである。しかしアタランタは果敢に食らいつき、ホーム＆アウェイの180分を消化して1点リードというところまでパリを追い詰めていた。最終的にはパリがアディショナルタイムに個の質を見せつけて、わずか3分間での逆転劇を成功させている。しかし敗れたとは言え、アタランタのその勇敢な戦いぶりには世界中から惜しみない賛辞の声が送られた。ホームスタジアムの収容人数がわずか2万5000人にも満たない「持たざる者」のあるべき姿として、ガスペリーニのアタランタは一つのお手本と言えるだろう。

ガスペリーニのこれまでのキャリアを見ると、下部組織の育成監督として評価を高めた後、主にイタリアのプロビンチャ（地方都市のクラブ）で実績を積んでいる。そのキャリアが彼に「弱者の兵法」を培わせたことは間違いないだろう。

ガスペリーニがアタランタの監督に就任した16年当時は、ほとんどのチームがゾーンディフェンスを主体にしたサッカーを実践していた。そして、そのゾーンディフェンスの構造をクリティカルに突いたポジショナルフットボールが猛威を振るい始めていた頃である。アタランタのような小さいクラブが、彼らと同じ土俵に立っても勝負にはならない。そう考えたガスペリーニの解答は明快だった。時代の主流がゾーンなら、その逆をいく「マンツーマン」を戦術の中心に据えること。強者と別の土俵で勝負する時に弱者の活路は初めて開かれるのである。

「＋1」すら捨てたオールコートマンツーマン

ガスペリーニが採用したマンツーマンもまた、思い切ったものであった。あのビエルサでさえ、最終ラインの「＋1」を確保した上でマンツーマンを採用していたが、ガスペリーニは「＋1」を捨てたオールコートマンツーマンを採用している。技術レベルの高い選手を揃えた格上相手に受け身になってボールを持たれたら勝ち目がないと考えたのだろう。相手が自陣で6枚を割いてビルドアップするのであれば、アタランタは敵陣に6枚をブチ当てに行く。その強気な姿勢の背景にはもちろん、ガスペリーニなりの計算もあったはずだ。

ゾーンディフェンスが全盛の時代に育成されたアタッカーは、つまりゾーンを打ち破る術に長けた選手だと言える。シャビやイニエスタ、ダビド・シルバや香川真司などはゾーンのわずかな隙間でプレー出来る名手たちである。しかし一方、マンツーマンで相手に張り付かれてしまった場合の対応はそれほど得意としていない。対ゾーンディフェンスでは小さい隙間で小回りが利く体格が優位性を発揮していたが、最初から身体をぶつけられる対マンツーマンでそれは逆に作用するからだ。

時代のトレンドに合ったアタッカーは移籍市場では高額で取引され、それはすなわち潤沢な資金を持つビッグクラブにエリートが集まることを意味する。格下を率いるガスペリーニが格上を倒すため、時代の逆をいくマンツーマン戦術をとることは理に適っていた。これこそ「弱者の兵法」と言えよう。

もちろん、強気の「オールコートマンツーマン」には大きなリスクも伴っている。例えば相手のＦＷが中盤の低い位置まで落ちた際は、基本的にマークするＣＢはどこまでも付いていくことになる。すると守りの中央部がぽっかりスペースとして空いてしまうので、一見かなり危なっかしくも感じられる。しかしマンツーマンの考え方では、スペースは敵が使いたくても使えないただの「空き地」に過ぎない。各々がマークを捕まえて「一人一殺」を遂行していれば、相手は誰一人として勝手にスペースへ進入することは出来ないからだ。

とはいえ、それはあくまで理想論であって、試合では中央のスペースを使われて決定的なピンチを招くことも必ずある。だがそれを上回って余りある恩恵をアタランタは受けているのだ。数的同数のプレスはフリーの敵を作らず、常にパスの出先にチャレンジ出来ることを意味する。つまり、それはインターセプトとカウンターの機会を最大化させていることにほかならない。ガスペリーニにとって最終的な収支は見合うものになっているのだ。

加えて、マンツーマンの利点は選手から実力以上のパフォーマンスを引き出せることだ。2人以上がペアになってチャレンジとカバーを分担するゾーンと違い、オールコートマンツーマンは基本的にカバーがいない。つまり、自分が抜かれたらすなわちチームがピンチを招くことを意味する。だが、アタランタの守備を見ていると、かえってこの緊張感が選手に120%の集中力をもたらしているように映る。各々から「最終的に相手を掴んででも止める」という気概のようなものを感じるのだ。サッカーではよく2対1の数的優位で守っている時に案外、中途半端な対応になって間を抜かれることがある。しかし、全てが自分の責任に帰結するマンツーマンでは仲間を頼って気を抜くことが許されない。

対戦相手の目線に立っても、オールコートマンツーマンは相当なやりづらさがあるはずだ。例えば通常、自陣からのビルドアップは「＋1」の数的優位を前提に組み立てられている。普通、守備側は自陣最後尾に「＋1」を確保するため、前線はその分、「－1」の人数でプレスをかけざるを得ない。したがって、攻撃側はビルドアップの際に自陣の最後尾で生まれる「＋1」をうまく利用しながらフリーな選手を使ってボールを敵陣まで運ぶ。だが、ガスペリーニは初手からそれを数的同数に持ち込んでいるのだ。

フリーな選手が存在しないので相手は自力でマークを剥がす必要がある上、もし自陣でボールを失えば即、得点機を与えかねない。アタランタは常に喉元に刃を突きつけるような守備で相手の集中力を削るのである。その緊張感をパリのエースであるネイマールはＣＬでアタランタと対戦した後に、こう語っている。

「非常に厳しい試合だった。アタランタはグラウンドのあらゆるゾーンでプレッシャーをかけてきた。アグレッシブでものすごいサッカーをする」

常識外れのＣＢによる奇襲攻撃

ガスペリーニは守備もアグレッシブだが、攻撃もその例に漏れない。彼の攻撃戦術はビエルサ同様、ポジショナルフットボールを基本としている。「マンツーマン＋ポジショナル」の組み合わせは、現代サッカーにおける新たなトレンドになっていくのかもしれない。

ガスペリーニのポジショナルフットボールは、アタランタからさかのぼること10年前にその源流を見ることが出来る。ガスペリーニが06年から指揮をとり、セリエＡに旋風を巻き起こした地方クラブ、ジェノアである。ガスペリーニは当時4バックが主流だったセリエAではめずらしい3－4－3をジェノアに導入している。むろん、これも主流と逆を行く「弱者の兵法」だ。

ガスペリーニの狙いは明確だった。それはサイドに2枚の選手を置く4バックの布陣相手に、サイドに3枚置ける3－4－3をぶつけて数的優位を作ること。当時、格下は引いて守ることが定石とされていた時代だったが、ガスペリーニは格上相手にいかに優位性を作って攻め込むかを考えていた。サイドでのトライアングル形成と、そこから発展させたダイヤモンドで数的優位を作り、徹底したサイド攻撃を仕掛ける（図17）。

ジェノアの常識外れとも言える攻撃的なサッカーはセリエAを席巻した。昇格初年度を10位という昇格組としては大健闘の成績で終えると、積極的な補強を敢行して2年目を迎える。すると、数的優位の前提に個々の「質」も上積みされたジェノアは一気にブレイクスルーを果たす。このシーズンはユベントス、ローマ、ACミランといった強豪を次々と撃破するアップセットを演じて5位という望外の順位にまで躍進。しかし躍進したがゆえに、シーズン終了後にエースのミリートや司令塔モッタというチームの背骨が引き抜かれてしまった。以降、ジェノアは低迷期を迎えている。

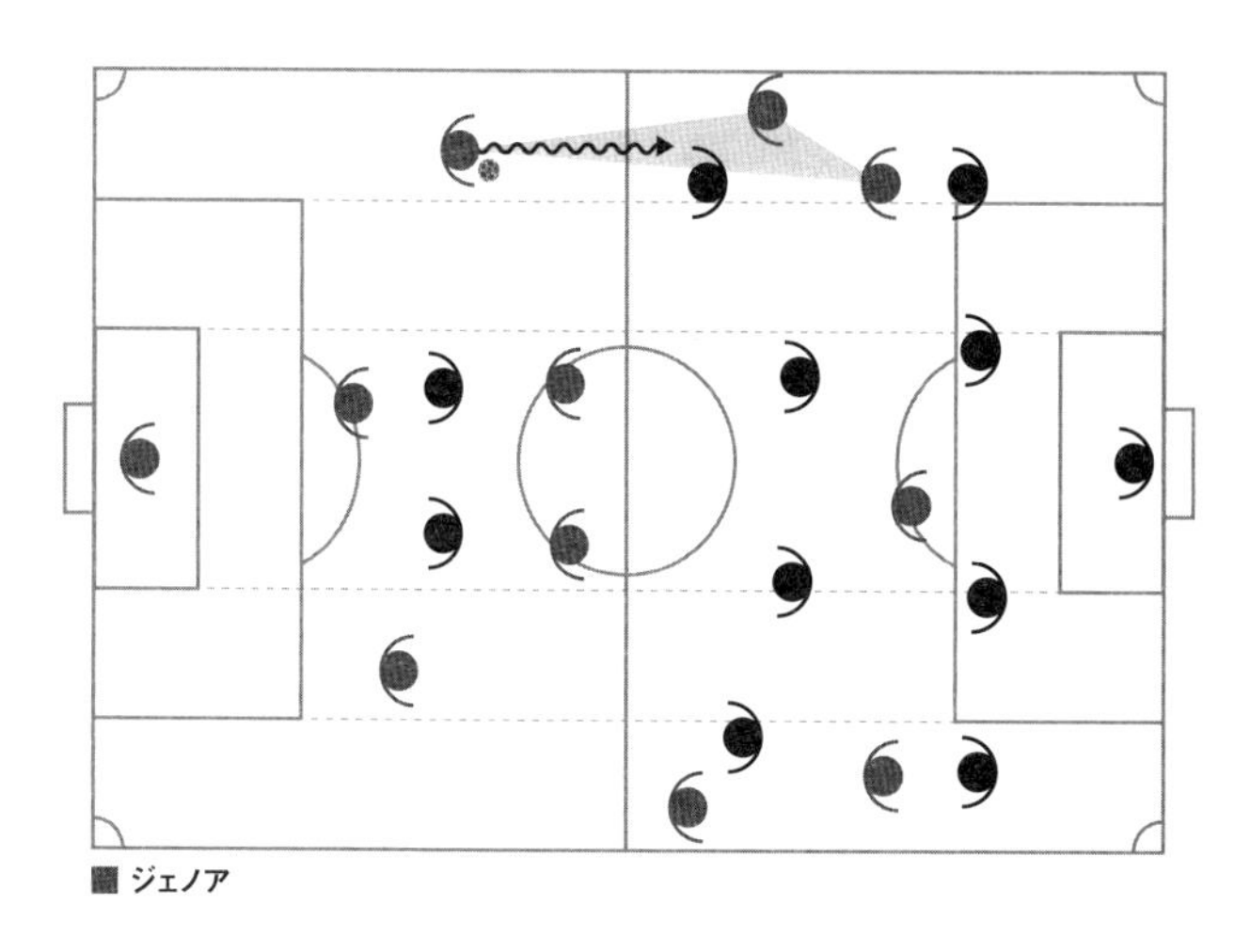

（図17）ジェノアのトライアングル形成

ジェノアでの功績が認められたガスペリーニは名門インテルに引き抜かれるが、戦術以前にスター選手たちのマネジメントが求められる環境は彼の望むところではなかったのかもしれない。時間をかけて徐々にチームを作り上げていくスタイルなので、早急な結果を求めるフロントやサポーターとの相性も決して良いとは言えなかった。シーズンのスタートで4敗1分とつまづくと、わずか3カ月あまりの任期で解任となっている。

やはりガスペリーニの真骨頂は「持たざる者」たちのレジスタンス（反体制軍）を率いた時にこそ発揮されるのだろう。16年から指揮をとるプロビンチャのアタランタでガスペリーニは鮮やかな復活を果たす。インテルのおよそ4分の1といわれる選手人件費しか持たないこのクラブを率いて19年より3年連続のチャンピオズリーグ出場は快挙という他ないだろう。

アタランタにおいても攻撃戦術の基本はジェノアと同じである。3バックを用いてサイドで数的優位を作る狙いも同様だ。ただしシステムは3－4－3と3－4－1－2を併用している。なぜならアタランタにはセリエAでも屈指のファンタジスタ、アレハンドロ・ゴメスがいるからだ。彼を活かすためにトップ下のポジションを用意したのである。アタッキングサードでの最後の仕上げを担うのがこのゴメスだ。彼のドリブルと一発で局面を変えるキラーパスはチームにとって代えの利かないアクセントになっていた。

だが、「個」に頼る攻撃ではビッグクラブに中心選手を引き抜かれた時にジェノア時代の二の舞になる恐れがある。そんな折、ある試合で指揮官ガスペリーニと王様ゴメスが激しい対立を起こしてしまう。ことの発端はガスペリーニの戦術的な指示をゴメスが無視してプレーを続けたことだった。良くも悪くもチーム内での影響力が大きい王様プレイヤーは次第にエゴも増大してしまうことがある。やがて2人の関係が修復不可能なところまで深刻化すると、クラブの決断は迅速かつ聡明だった。それまでチームの絶対的な王様だったゴメスを放出し、ガスペリーニ支持の姿勢を明確に打ち出したのだ。クラブのこの判断が正しかったことは後の結果が証明している。ゴメスを放出したアタランタは新たな領域へと一歩を踏み出し、チームの好調が揺らぐことはなかった。

王制の解体により、チームの戦術は進化している。まず守備では明らかに前線からのハイプレスの強度が向上した。守備をサボりがちな上にチーム戦術の一つの歯車として組み込むのが難しいゴメスがいなくなったことで、チームは以前より高い位置でボールを奪えるようになったのだ。ゴメスが作り出す「溜め」がなくなった代わりにショートカウンターと縦に早い攻撃が増えている。そして遅攻では欧州の主流になりつつあるポジショナルフットボールへ完全に舵を切ったようだ。トップ下のような特別なポジションを用意しなくても済むので、自然と5レーンを埋められるフォーメーションを採用出来るようになったことも後押しになったのだろう。

さらにガスペリーニはサイド攻撃のメカニズムもアップデートさせている。ハーフスペースへの守備対応の進化に伴い、前線5枚で5レーンを専有する従来型の威力が減退する兆候を見て取ると、新たなハーフスペース攻略の型を用意した。それが、CBが後ろからハーフスペースを突く攻撃である（図18）。改めて考えてみれば確かに3バックの左右のCBは最初

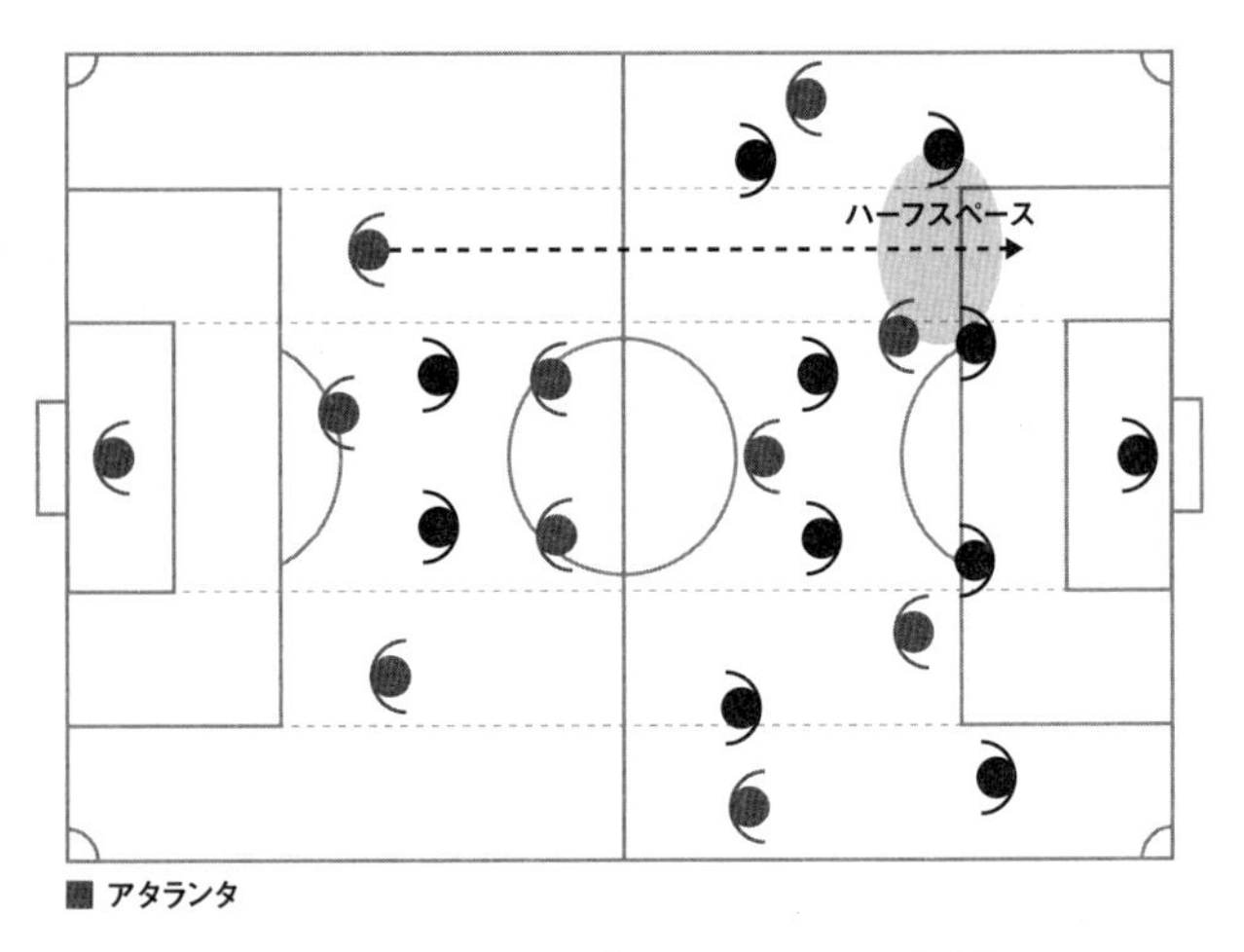

（図18）アタランタの「ハーフスペース」攻略法

からハーフスペースのレーンに位置している。そのまま攻撃に上がって来れば自然とハーフスペースを突けるという理屈だ。守る方としては最後尾から上がってくるＣＢにマークを付けることは難しく、基本的にフリーでの侵入を許してしまう。無理やりマークを付けようとすればエース格のＦＷを付けて自陣まで下げるしかなく、今度は攻撃力が削がれてしまうだろう。

もちろん、アタランタもＣＢを敵陣まで上げるリスクを伴うが、これまで見てきた通り、ガスペリーニは「肉を切らせて骨を断つ」戦略を躊躇なくとれる男である。ＣＢを攻撃参加させることで、相手にFWを下げさせるかどうかの二択を迫っているのだ。ビエルサの「レーンずらし」同様、ガスペリーニの「CBの攻撃参加」はハーフスペースを巡る戦術的攻防の賜物と言えるだろう。

特定の選手に攻撃の多くを依拠するリスクは、引き抜かれた後に跳ね返ってくる。それをジェノアで痛感したガスペリーニは、抜かれる前に手放すことで特定の個に頼らない攻撃の構築へ舵を切ったように見えてならないのだ。

いずれにしろ、常に時代に合わせたアップデートを繰り返すガスペリーニ（とビエルサ）が、現代サッカーにおいて多くのアップセットを演じているのは必然と言えるかもしれない。

マンツーマン時代に求められる「知性」

今後ポジショナルフットボールがさらに浸透していくにつれ、対抗手段としてのマンツーマンディフェンスはますます有効な戦術になっていく可能性が高い。ゾーンディフェンス主流の時代からマンツーマンへの揺り戻しは充分に考えられるトレンドである。19／20シーズンのCL王者バイエルンが実践しているプレッシング手法もその流れにある戦術だ。彼らはゾーンでプレスをスタートさせながら、ボールを奪うスイッチが入った瞬間にマンツーマンに切り替えて「人」を捕まえるのである。すでにトップ・オブ・トップからマンツーマン復権の兆候は見え始めているとさえ言える。

守備の戦術が変われば当然、求められるアタッカーの資質も変化する。今後は、ゾーンの隙間で小回りが利くだけでは決定的な違いは作れない時代になってくるだろう。では、マンツーマンの時代に必要とされる新たなアタッカー像とはいかなるものだろうか。

一つはプレーに機転が利く知性である。例えばマンチェスター・シティの司令塔ケヴィン・デ・ブライネのプレーは、新時代に求められる知性そのものであると言えよう。

その象徴的なプレーが見られたのが、19／20シーズンのCLグループリーグにおいてガスペリーニ率いるアタランタと対戦した試合だった。ガスペリーニはこの試合でも当然、オールコートマンツーマンを採用。特にシティの攻撃の中心を担っていたデ・ブライネには徹底したマークと、ファウルも辞さない厳しい当たりでボールに触ることさえ許さない構えだった。ガスペリーニの狙いは奏功し、試合は序盤からアタランタがシティ陣内でインターセプトを連発する展開に。シティには一見、攻撃の糸口さえ見当たらないかのようだった。

ところが前半も30分を過ぎた頃、デ・ブライネはアタランタの狙いを看破し、突然機転を利かせたプレーからゴールを演出している。自分に対してCBがどこまでもマンマークで張り付いてくると悟ったデ・ブライネは、持ち場を離れてタッチライン際に張り始めたのだ。自分をマークするCBを中央から引っ張り出した上で、壁パスの壁役に徹すると、自分の代わりに俊足のサイドアタッカー、ラヒーム・スターリングを中央のスペースに走らせたのである。このデ・ブライネの閃きによって、アタランタの最終ラインは完全に崩されてしまった。

彼の機転の素晴らしさは次のように解説出来る。まずCBをただ釣り出そうとするだけなら一見、誰でも考えつきそうな手ではある。だが、あえて壁パスを使って自分を一度経由させることで本気の「釣り出し」を誘っている点がにくい。ただ持ち場を離れただけならば、相手にその狙いを看破されていたことだろう。加えて聡明だったのが、敵のマーカーと「ヨーイドン」の局面になることを利用した人選である。アタランタがオールコートマンツーマンである以上、味方の誰を走らせてもマークが付いてくることは明白である。そこでチーム一の俊足アタッカー、スターリングを自分の代わりに走らせたのはもはやズルいとさえ言える。オールコートマンツーマンの急所はまさに、意図的にスペースを空けられてしまう点と、マッチアップの優位性（この場合は個のスピード差）を活かしてそのスペースを使われてしまうことにあるからだ。

このデ・ブライネの閃きは試合に参加しながら、一歩引いた俯瞰の目でピッチ全体のマッチアップを把握し、最適解を導き出す知性の塊のようなプレーだった。マンツーマン攻略の鍵は「知性」にある。そう確信せざるを得ない。

マンツーマン時代に求められる「1対1の経験値」

マンツーマンの時代に求められるアタッカーの資質として、もう一つ挙げられるのが「1対1の経験値」だろう。それは例えばネイマールのプレーに表れている。彼のプレーからはマンツーマンで付かれることを苦にするどころか、むしろ1対1を楽しんでいる雰囲気さえ感じられる。それはおそらくストリートで育ってきた彼のルーツが深く関わっているのではないか。彼が育ったブラジルのストリートサッカーでは、自分より倍も身体の大きい大人相手でも、レフェリー不在の路地裏でプレーしなければならない。そこには組織的な戦術もなければルールさえ、あってないようなものかもしれない。ましてブラジルなら大人が子供相手に平気でトリックプレーさえ仕掛けてくる。己の存在感を示さなければパスさえ回ってこないだろう。そんな環境で磨かれた1対1の技巧がネイマールの自信の源になっている。

翻って現代サッカーのエリート育成は、組織的な守備を組織的な攻撃で打ち破る戦術的なプレーの習得に偏っている。むろん、それは現代サッカーに求められるスタンダードな能力であり、選手を商品として出荷する上ではある意味正しい。しかし、戦術のトレンドはすさまじいスピードで移り変わるものである。彼らが大人になった時に、どのようなトレンドであったとしても活きる、普遍的なスキルの習得は必要不可欠だろう。その意味で、「数的優位の形成」や「ポジショナルプレー」も大切ではあるが、全てのプレーのベースとなる1対1の経験値は今後ますます重要とされてくるだろう。

ネイマールのプレーの最大の特徴は背中にＤＦが張り付いていようともまず「前を向くこと」、そして「隙あらば仕掛ける姿勢」を絶対に捨てないことである。現代サッカーではマークを背負った状態でパスを受けた時、ボールを失うことを恐れて安易にワンタッチでパスを返す選手が実に多い。しかし、ディフェンスの視点で見た時、仕掛ける選手と戻す選手のどちらにアタッカーとしての脅威を感じるかは自明であろう。ネイマールは背中のマークが10㎝でも離れたと感じれば前を向くし、張り付いたままならファーストタッチで必ず逆を取ろうとする。つまり、彼は個人で局面を引っくり返すことの重要性を身体で理解している選手と言える。ネイマールが所属するパリ・サンジェルマンや、ブラジル代表の試合では、局面が反転する瞬間に注目していただきたい。そのほとんどにネイマールが関わっていることに気付くはずだ。

先述したCLでのアタランタ戦、パリのスター軍団がマンマークに苦しむ中、ネイマールだけはマークを手玉に取り、1対1を完全に掌握していた。オールコートマンツーマンのアタランタはネイマールのところから必ず守備が崩れ、ネイマール一人に手を焼いていたと言ってもよい。ピッチを躍動するその姿は、まるで路地裏の王様のようでさえあった。

戦術が高度に発達し、隙間のスペースを許さなくなった現代サッカーにおいて、原初的なストリートサッカーのスキルが求められているのは何とも皮肉と言えそうだが、そこにこそ、このスポーツの面白さを見出す方も少なくないのではないか。

第7章　クラウディオ・ラニエリ　〜時代を逆行する古典戦術〜

ピッチ外の「弱者の兵法」

ガスペリーニやビエルサはピッチ上の戦術で「弱者の兵法」を活用したが、ピッチ外における「弱者の兵法」も存在する。それが15／16シーズンに奇跡のプレミアリーグ優勝を果たしたレスター・シティのクラブ戦略である。当時、レスターの選手年俸はプレミアリーグ20チーム中17位。まさに「持たざる者」が起こした奇跡だった。そんなレスターの特筆すべき点は、優勝もさることながら、その後も安定してトップ10入りの成績を残していることだ。優勝した翌年の16／17シーズンこそCLとの二足の草鞋（わらじ）が響いて12位だったが、以降は4シーズン続けてトップ10入りを果たしている（9位、9位、5位、5位）。

躍進の要因は彼らがとる「弱者の兵法」にある。彼らの「弱者の兵法」はここまで見てきたピッチでのそれとは、少し意味合いが違う。移籍市場における補強戦略において「弱者の兵法」を使うのだ。レスターがとる補強戦略の独自性は、優勝したシーズンよりも、むしろ優勝直後の動向に顕著に表れている。

過去に躍進した幾多の中小クラブがそうであったように、レスターも優勝直後のシーズンオフには主力の大量流出が噂されていた。資金力でビッグクラブに太刀打ち出来ない中小クラブにとって、桁違いのオファーが届いた選手を残留させる手立てはない。しかし、レスターの場合は優勝したシーズンの後に引き抜かれたのはチェルシーに移籍したエンゴロ・カンテただ一人であった。なぜ、レスターはお金を使うことなく、主力の流出を防げたのだろうか。それを知るにはまず、サッカーの移籍市場の仕組みを理解しておく必要がある。

前章でも少し触れたが、戦術のトレンドと移籍市場は密接にリンクしている。需要・供給と戦術は切り離せない関係にあり、その時代の戦術トレンドと合致した選手の市場価値は自然と高騰し、合致しない選手は下落する。そんなトレンドありきの市場原理によって選手の価値は決まるのだ。

しかしレスターは、あえてトレンドの逆を行った。市場で〝時代遅れ〟とされた選手を集める逆張りに「弱者の兵法」を見出した。だから、優勝しても選手たちが市場のトレンドとは異なっており、法外なマネーのターゲットにはなりにくかったのだ。

では、レスターが奇跡の優勝を果たした10年代中期の市場トレンドはいかなるものだったか。第2章で紹介した通り、当時は世界中のチームがペップバルサの後に続けとばかりに、ポゼッションサッカーへ舵を切っていた時期である。必然的に移籍市場では足元の技術が高く、賢くて、狭いスペースでも小回りの利くテクニシャンの価値が高騰していた。どこのクラブも次のシャビ、メッシ、イニエスタを必死に探していたのだ。

だがレスターは違った。狂乱のマネーゲームに参加する資金調達も現実的でなかったのだろうが、そもそも初めから参加する意思を感じさせなかった。それは「ミラクルレスター」と呼ばれた優勝シーズンのメンバー構成を見ても、明らかであろう。

トレンドとは無縁の選手たち

彼らミラクルレスターの補強戦略を知るための鍵は、当時の選手構成にある。まずGKから見ていこう。GKはマンチェスター・ユナイテッドの黄金期に正GKを務めたピーター・シュマイケルを父に持つカスパー・シュマイケルである。彼は父親譲りの正統派なプレースタイルを継承したGKだった。ゴール前での存在感は抜群で、屈強でハイボールに強く、シュートストップに秀でる。そして何より、最後はその身を投げうってでも絶対に点は決めさせない、という気概を感じさせる泥臭いＧＫである。

一方で当時、時代のトレンドはポゼッションサッカーに適応出来る「近未来型のＧＫ」に対して需要が高まっていた。足元の技術に優れ、〝11人目のフィールドプレイヤー〟としてゴールから離れた位置でもプレー出来るＧＫは確かに、理想のポゼッションサッカーには必要不可欠な存在だろう。だがＧＫの足元のテクニックが注目を浴びる反面、本来ＧＫとして必要不可欠な、基礎的なスキルが過小評価されていく流れも生まれていた。その結果、ＧＫとしての技術レベルにはいささか疑問が残る〝フィールドプレイヤー型ＧＫ〟を過大評価する風潮さえ見られた。

果たしてカスパー・シュマイケルは決して足元の技術に優れたモダンなＧＫではないだろう。しかし「ゴールを守る」というＧＫの本分を全うさせた時、彼はプレミアリーグでも屈指のポテンシャルを秘めていた。まさに時代に過小評価された存在だったのである。レスターはカスパーの能力を理解していた。だからこそ、流行りに乗ってモダンなＧＫを補強する必要性など微塵も感じていなかった。

むろん、彼を正ＧＫとして起用し続けるなら、ＧＫからパスをつないでいくようなポゼッションサッカーは難しいだろう。だがレスターの出した答えは明快だった。ならばポゼッションサッカーなど採用しないのである。

ビルドアップに加え、当時はポゼッションサッカーに対して高い位置からハイプレスをかける戦術も主流になりつつあった。前線からプレスをかけるのであれば、必然的にDFラインも高く押し上げるハイライン戦術が主流になる。するとGKにDFラインの背後をカバー出来る広いプレーエリアが求められるのは当然だ。

だが、カスパーはゴールエリアを飛び出してプレー出来る器用なタイプではない。レスターの回答はここでも明快だった。時代がハイラインならば、むしろローラインで勝負する。レスターは極端にラインを深く下げた戦術によって、カスパーの持ち味を最大限に発揮させることに成功したのだ。ゴール前でのプレーに専念することが出来たカスパーは抜群の安定感を発揮し、16／17シーズンには選手が選ぶ最優秀選手にも選ばれている。

続いてCBを見ていこう。当時、CBもGK同様に変革を迫られていた。ポゼッションサッカーを実現するためには、後ろからパスをつなぐ技術が必須というトレンドは鮮明で、加えてハイラインを可能にするスピードも求められた。その結果として両者を兼ね備えたCBの市場価値は高騰している。

一方で、昔ながらの不器用でも戦えるタイプのストッパーはすっかり時代遅れと見なされていた。レスターが目をつけたのは、この職人気質な時代遅れのCBたちである。逆張りを選択した以上、レスターに後ろからパスをつなぐトレンド追従の選択肢はない。ローラインなので足の速さもそこまで重要視されていない。その意味で、不動のレギュラーとしてコンビを組んだロベルト・フートとウェズ・モーガンという「無骨」の言葉がピッタリ似合う2人は適任だった。

特にフートは、チェルシーの下部組織出身でわずか17歳にしてプロデビューを飾った逸材だ。191㎝の体躯を活かした競り合いの強さは確かに当時から目を引いたのだろう。しかし小回りの利かない体格と、決して器用とは言えない足元のテクニックがネックとなり、チェルシーでは緊急時のパワープレーでFW起用されるなど不遇の時代を過ごした。チェルシーを出た後も度重なる怪我もあり、中小クラブを転々としている。

そんな彼に目をつけたのがレスターだった。レンタル移籍のオファーを出した15年時点では所属していたストーク・シティでもほとんど出番を失っており、すでに全盛期を過ぎた選手と見なされていた。だが、レスターはフートがゴール前の競り合いで見せる強さに着目する。チームが探していたのは自陣ゴール前で確実に跳ね返せる強さを持ったCB。フートはその補強ポイントに、まさに適役だったのだ。レスターへレンタル移籍したフートはいきなり主力として大活躍を果たす。クラブの目論見通り、チームの戦術とフートのプレースタイルは完全に合致していた。そして移籍翌年の15／16シーズンにはプレミアリーグ優勝の立役者の一人として復活を遂げたのであった。

プレースタイルと戦術の不一致が引き起こす悲劇

しかし、フートの成功はこの時代における数少ないレアケースだ。10年代の初期〜中期においては、フートとは対照的にプレースタイルとチーム戦術の不一致がもたらすCBの悲劇も数多く見られている。

11年に新進気鋭の若手監督アンドレ・ビラス・ボアスを招聘したチェルシーはその典型例だ。ビラス・ボアスは当時、最先端の戦術であったポゼッションとハイラインディフェンスの組み合わせをチームに導入しようと試みていた。だが、不動のチームキャプテン、テリーの存在がこれを難しくする。テリーはまさに絵に描いたような無骨なCBで、闘争心の強さこそ折り紙付きだが、スピードの遅さと足元のテクニックは旧時代のそれであった。

それでも戦術を優先し強引なチーム改革を進めた結果、チェルシーは見るも無残な成績を残す。ＤＦラインで無理してつなぐ拙（つたな）いパス回しはハイプレスの餌食となり、無理を重ねて押し上げたＤＦラインの背後は相手のカウンターに蹂躙されてしまう。当然の帰結として失点は次々に重なっていった。クラブの戦略と持ち駒の不一致が招いた悲劇だと言えよう。

12年からリバプールを率いたブレンダン・ロジャースもＣＢがネックになった失敗例だろう。ロジャースはリバプールに招聘される前年まで弱小クラブ、スウォンジーを率いてプレミアリーグに旋風を巻き起こしていた。当時、まだプレミアリーグでは異色だった最後尾からパスをつなぐポゼッションサッカーをスウォンジーで実現し、その実績が認められリバプールから声が掛かった。スウォンジー時代には、その鮮烈な印象からスウォンジーとバルセロナの名前をかけて「スウォンセロナ」と呼ばれ称賛を集めている。

リバプールが欲したのはポゼッションサッカーのノウハウで、ロジャース招聘の狙いもそこにあったことは間違いないだろう。だが、まだ無名の集団であったスウォンジーと違い、リバプールはすでに完成された各国代表選手の集まりだ。監督とはいえキャリアで言えば「格下」のロジャースが、スター軍団のプレースタイルを抜本的に改革するのは難しかった。

さらに言えば、リバプールというクラブが培ってきた歴史と哲学も邪魔をした。荒波押し寄せるイングランド西部海岸沿いの工業地帯、そこにある港湾の街リバプールで営々と文化を紡いできた者たちにとって、キックアンドラッシュをベースにしたハイテンポなサッカーこそ「フットボール」だ。身体をぶつけてボールを奪う。奪ったボールは素早く敵陣に蹴りこむ。彼らはこれを至上とし、サッカーがルール化されるはるか以前から歴史を刻んできた。そんなファンと選手で構成される共同体において、まるでイベリア海のビーチリゾートから来たかのようなロジャースの志向は異分子でしかない。当然、チームはポゼッションサッカーを消化しきれずに低迷した。だが、これは彼の責任というよりはむしろクラブの戦略ミスであろう。

なお、余談となるが、リバプールはこの時の教訓が後のクロップ招聘につながっている。フートのレスターでの再生、チェルシーとリバプールの失敗、これらは一見対照的だが写し鏡のような関係にある。そしてクラブ哲学とチーム戦略を結ぶ、目に見えない貫徹した柱の重要性を知る象徴的な事例でもある。

ブルーオーシャンに眠っていた逸材

話をレスターの選手構成に戻そう。ここまでGK、CBと彼らの思考を追ってきた。次はSBである。このポジションも当時はバルセロナの超攻撃的SBであるダニエウ・アウベスが理想形の一つとされ、とにかく攻撃力に注目が集まっていた時代だった。当然、逆張りのレスターは地味だが堅実な守備力を売りにするクリスティアン・フクス、ダニー・シンプソンの両SBを配置している。そしてトレンドに沿ってSBを攻撃参加させるのではなく、むしろ自重させて守備の安定を図った。自陣で常に4バックが揃った状態で構えられるので、カウンターからの失点は激減する。結果的に、この攻撃参加を「しない」4バックは優勝の大きな要因にすらなった。

特筆すべきは優勝した15/16シーズンにレスターへ加入し、初年度からレギュラーに定着したSBフクスの移籍金である。レスターは彼を移籍金0円でシャルケから獲得しているのだ。いかに当時、守備型のSBが過小評価されていたかがよく分かる。

続いてMFの選手構成である。時代はシャビ、イニエスタらの全盛期。当然ながら中央のMF（和風表現ならボランチ、いわゆるセンターハーフ）は脚光を浴び、「技術こそが正義」

と思われていた。逆に言えば、技術的に特筆すべきものがないＭＦは不当に低く評価されていた。このトレンドを利するにはどうしたらいいか。そう考えたレスターの敏腕スカウト、スティーブ・ウォルシュは一人の無名選手をフランス２部から獲得している。それがエンゴロ・カンテであった。15年に加入したこのフランス人ＭＦのプレーはすぐに世界中のサッカー関係者の目を釘付けにした。カンテは派手な技術こそない。しかし、その献身的なハードワークはまるで、ピッチに３人いるのではないかと錯覚させる運動量を誇っていた。さらに世界でも屈指の「個」でボールを奪いきれる強さを武器に、プレミアリーグナンバーワンのインターセプト数を記録している。そんな彼のあまりに広大なプレーエリアを、イングランドのメディアは次のように評した。「地球上の71％は水で覆われている。残りの29％はエンゴロ・カンテがカバーしている」。口さがないイングランドメディアがここまでの率直な称賛を贈るのは、彼の成功を何よりも表していると言っていいだろう。

このカンテのようなタレントが当時フランスの２部に人知れず埋もれていたことも驚きだが、それを見逃さなかったレスターの戦略とスカウトの彗眼はさすがと言うほかない。当時は地元フランスですら１部リーグのクラブはどこも獲得さえ考えていなかったというのだから、いかに時代のトレンドがカンテから目をそらさせていたか分かる――。

カンテを発掘したウォルシュはもう一人、サイドアタッカーにも隠れた逸材を獲得している。これまたフランス2部で、まだどこからも注目されていなかったリヤド・マフレズである。マフレズは独特のリズムで繰り出すドリブルと、戦術の域内に留まることを良しとしないエゴイズムを持っていた（後年、マンチェスター・シティに移籍したマフレズだが、ペップは彼をチーム戦術に組み込むのにかなり時間を要している）。

時に「ボールを持ち過ぎる」と言われることもあるが、マフレズのエゴは一度ハマったら誰も手がつけられなくなるポテンシャルを秘めていた。しかし、これがまた当時のトレンドと真逆だった。ポゼッションを重視するサッカーでは、サイドアタッカーにもパス回しのテンポを崩さない選手が重宝される。球離れの悪いドリブラーは敬遠されがちだ。一方、レスターの戦術はローラインで自陣深く守備を固めている上、SBも基本的にあまり攻撃参加をしない。ということは、自陣の深いエリアで奪ったボールを個で敵陣まで運べるドリブラーの存在は必須である。チームによってはエゴとも見なされるマフレズのプレースタイルは、レスターにとっては、なくてはならないソリューションだったのだ。それは当時のレスターのカウンターが必ず彼から始まっていることからも明らかであろう。14年に加入したマフレズは翌15年にプレミアリーグの年間最優秀選手賞（MVP）に選ばれる活躍でチームの優勝に貢献している。個の力で世間のトレンドを覆してみせたのだ。

このカンテとマフレズの成功例は、市場のトレンドと自己の戦略を照らし合わせ、どこに活路があるのかを見つけ出す「弱者の兵法」の真骨頂と言っていいだろう。

「点を取れるストライカー」はどこにいるのか

レスターは移籍市場で限りなくブルーオーシャンと言えそうな領域で勝負してきた。しかし、ほぼ全域がレッドオーシャンに近いポジションも存在する。それがＦＷであり、特にストライカーと呼ばれる選手である。移籍市場の中でも最も高額で取引されるストライカーという人種は、「得点数」という誰が見ても一目瞭然な統一指標によって世界中に情報公開されているようなものだ。世界中のサッカー関係者とファンが、今誰が点を取っているのかに注目し、認識もしている。ゆえにＦＷは得点ランキングの上位がそのまま移籍金の上位と考えてもらって相違ない。他にいかに優れた能力を持っていても最終的に点が取れないＦＷは、相対的に評価を下げざるを得ないのだ。逆に言えば点さえ取れれば、それはＦＷとしては一流なのである。ＦＷはやはり特殊なポジションで、サッカーにとって永遠のミステリーの一つだ。

サッカーの世界において「得点力」や「得点感覚」と呼ばれるものは、後から教えて身につくものではないと考えられているフシがある。それゆえ、世界中のクラブが「今、点が取れるＦＷ」を常に欲している。極論すれば「取れる奴はいつでもどこでも取れるが、取れない奴は何をしても取れない」とさえ思っているかのようだ。科学的でもなければ論理的でもない。しかし、だからこそ市場は過熱する。いくらレスターが逆張りの弱者戦略だからと言って「点が取れないＦＷ」を獲得するのはさすがにメリットがない。

もちろん、一口にＦＷと言っても様々なプレースタイルが存在する。しかし戦場の最前線に立つ以上、突き詰めればそれらは「点を取るため」のものである。では、レスターはどのような戦略をもってＦＷを獲得したのか。移籍市場から「点が取れるＦＷ」を獲得するのはマネーゲームになってしまうので難しい。かと言って得体の知れない「得点力・得点感覚」をポテンシャルだけで判断するのも現実的ではない。やはり、答えは実績があるＦＷを獲ってくるしかないのである。もしトップリーグからの引き抜きが難しいならば下位カテゴリーや、まだ注目されていない国のリーグから獲ってくるのも一つの手だ。２部だろうが３部だろうが、今、点を取っているストライカーは少なくとも「感覚」の種は持っている可能性がある。

その証拠に、過去にもサッカーの世界では上のカテゴリーに引き抜かれたFWが不思議とそのまま点を取り続けて成功する例が少なくない。例えばイタリアのセリエBで点を取っていたルカ・トーニやフィリッポ・インザーギ、ダリオ・ヒュブナーらはセリエA昇格後にも得点力を発揮し、最終的に得点王にまでなった。日本ではJ2の得点王がその後、J1でも躍進を果たすケースがこれに該当するだろう。08年の佐藤寿人、09年の香川真司、11年の豊田陽平はその代表例と言える。最近では藤本憲明（現・ヴィッセル神戸）が4部リーグに相当するJFLから個人昇格を続けてJ1まで辿り着いた。彼らは上のカテゴリーへ移籍する度に変わらず点を取り続け、その実力を証明してきた。

とはいえ、レスターのエースストライカー、ジェイミー・ヴァーディのサクセスストーリーは世界でも群を抜いているかもしれない。ヴァーディは工場勤務のかたわらセミプロとしてプレーを続けた苦労人で、レスターは12年に6部リーグから彼を引き抜いている。その後の活躍は周知の通りだが、ヴァーディの得点力抜きにレスターのプレミアリーグ優勝はあり得なかったはずだ。

レスターにおけるヴァーディの役割は実に明快だった。彼の十八番の得点パターンであるカウンターから点を取りまくること。つまり、出来るだけ得意なことに専念させたのだ。これは他のポジションにも言えるレスターの補強戦略の特徴である。ヴァーディをカウンターに専念させるには、常に前線に残しておく必要がある。すると、自ずと2トップのパートナーに求められる選手像も明確になる。前線にはヴァーディの分の守備を担える相棒が必要で、その意味で岡崎慎司はまさに理想的なパートナーだったのである。レスターは岡崎の献身的なハードワークによって中盤とヴァーディをつないでいた。

監督とシステムも「逆張り」

これまで繰り返し述べてきた通り、レスターにはまずクラブの補強戦略があり、戦術はそれに基づいて決まるものだ。したがってレスターに求められる監督像は気難しい戦術家でもなければカリスマ監督でもない。むしろ尖(とが)った個性がなく、集まった素材をそのまま無難に活かせる〝雇われ店長〟のような監督が理想的である。

その意味でプレミアリーグでの経験があり、戦術的には凡庸だが無難にチームをマネジメント出来るラニエリという〝補強戦略〟もまた、まさに絶妙なラインを突いたものだと感心させられる。ラニエリはある意味クラブのオーダー通りに、極めてオーソドックスな戦術をチームに導入している。それはプレミアリーグでは定番中の定番とも言える堅守速攻型の4－4－2だ。

10／11のCL決勝で4－4－2の本家総本山であるマンチェスター・ユナイテッドが4－3－3で「間」を制するペップバルサに完敗して以降、イングランドでは4－4－2は時代遅れの遺物と見なされていた。プレミアリーグのフォーメーションが一気に多様化したのもこの頃だ。したがってオーソドックスな4－4－2を使うレスターにとって、状況はまたも味方した。システムがかぶらないという点でも非常に都合が良かったのである。あるいはそれさえ見越してのクラブ戦略だったのかもしれないが……。

いずれにしろ、互いに4－4－2で並ぶミラーゲームでガップリ四つの力比べになったら、弱者のレスターはどうしたって厳しい。しかし弱者と強者の境界にある戦略の差異、そのギャップさえ付けば弱者にもいくばくかの勝機が生まれるのである。

レスターは的確な補強戦略で適材を集め、それをマネジメントする監督にも適役のラニエリを据えた。そうして迎えた15／16シーズン、この絶妙な配合が化学変化を起こした。レスターの古典的な4－4－2は、どのクラブもポゼッションへの対応に苦慮する時代、逆張り戦術として猛威を振るった。そのベタ引き4－4－2はもしバルサが相手だったら完膚なきまでに崩されていただろうが、幸い国内リーグに集中出来るレスターには不要な心配だった。

古典を武器に躍動するレスターとは対照的に、強豪の多くは慣れないポゼッションサッカーでどこも苦戦を強いられた。典型的な例はマンチェスター・ユナイテッドである。彼らはポジショナルフットボールの権化とも言えるオランダ人指揮官ルイス・ファン・ハールにチームを託したものの、全くうまくいっていなかった。とりわけユナイテッドの伝統である、スピーディーなサイドアタックを信条にするスタイルと、ポジショナルフットボールの相性は最悪だった。次第にサポーターたちも不信感を抱くようになり、ユナイテッドが自陣でパスを回し始めるとスタジアムではブーイングが起きるまでになっている。

チェルシーも似たような状況だった。開幕早々にモウリーニョを解任し、オランダ人のフース・ヒディンクを緊急登板させてスタイルチェンジを図った。しかしその後もチームは迷走を続け、最終的に10位というまさかの順位に低迷している。いずれのクラブも志向と手持ちの選手が合致しておらず、言わばヴィジョンだけが先走っている印象が否めなかった。この年は最終的にレスターの奇跡と呼ばれるシーズンとなった。だが、振り返ってみると開幕時点ですでに彼らの緻密な戦略と他クラブのそれとでは雲泥の差があったようにも思えると言ったら、単なる結果論だろうか。

シーズンの終盤、ピッチでは相変わらず〝エセ・バルサ〟がレスターの餌食（えじき）になるシーンが繰り返された。拙いポゼッションはカンテにことごとくインターセプトされ、それを嫌がってロングパスを蹴ると今度は鉄壁のCBコンビ（フート＆モーガン）が無類の強さで跳ね返す。しかもベタ引きのレスターを相手にどこのチームも前がかりになって攻め込んでいるので、奪った瞬間、背後には広大なスペースが広がっていた。前線に一人残る快速ヴァーディにとっては天国のような環境に思えたことだろう。最終的にシーズン得点王のハリー・ケインにはわずか1得点及ばなかったとは言え、ヴァーディの残した24得点という結果は戦術的必然である。

奇妙だったのは、どのクラブも躍進するレスターに対して本気で対策を取らなかったことだ。もしかしたらイングランドの真っ向勝負こそが男らしいとする文化も一因かもしれない。加えて、リーグ内には最後までどこか「レスターは放っておいてもいずれ止まる」という空気感が漂っていたことも要因か。レスター自体が過小評価されていたので、そもそも皆レスターのことを見ているようで見ていなかったのだ。ベタ引き弱小クラブの好調よりも自分たちのスタイルチェンジ――。そんな自分探しに熱中していたら、舐（な）めていた相手は昔ながらのやり方で自己を確立してしまった。そんな格好だろう。レスターの優勝は「奇跡」などではなく、ある意味「必然」だったのかもしれない。

今度はポゼッションスタイルへと転換

レスターの戦略の確かさは、優勝した後も安定した成績を残し続けることで証明されている。特筆すべきは19／20シーズンに再び、レスターは思い切った「弱者の兵法」を見せていることだろう。すでにプレミアの戦術トレンドは移り変わり、クロップらの台頭もあってストーミング戦術が主流になり始めていたこのシーズン。面白いことにレスターはこのタイミングで、今度は自分たちがポゼッションするスタイルへと舵を切った。またもや逆張りである。

移籍市場では、ストーミングに適した運動量とフィジカルの強さを持つ選手の市場価値が高騰している。かつてシャビやイニエスタが高騰させた、パスをつなぐ技術に長けた選手の市場はもはやブルーオーシャンである。そこでレスターは監督に「スウォンセロナ」で名を高め、リバプールでの失敗によってビッグクラブでは通用しない監督の烙印（らくいん）を押されたあのブレンダン・ロジャースを招聘した。集めた選手は当然、技術はあるが無名で若い、しかしロジャースの駒としては申し分ない選手たちである。レスターの逆張り戦略やいかにといったところだが、シーズンの結果は5位。若手選手は新しいチャレンジにも貪欲な姿勢を見せ、後がないロジャースも見事にチームを統率した。ポゼッションサッカーへの転換は見事にハマり、レスターはそのクラブ戦略の確かさをまたもや証明して見せたのだった。

第8章　カルロ・アンチェロッティ　〜最高の調律師〜

群を抜くバランス感覚

00年代から現在に至るまでの欧州サッカーを振り返った時、カルロ・アンチェロッティほど安定した結果を残し続けている男も他にいないだろう。

彼の特徴であり、最大の強みは、どんなチームであってもたちまち調和を導き出せる、その能力の高さではないだろうか。ゴタゴタの混乱期にあるクラブも、彼の手にかかればたちどころにバランスを取り戻す。アンチェロッティの根幹には常に絶妙なバランス感覚があるのだ。

そんな彼のチーム作りは〝人〟を見極めるところから始まる。選手と選手を組み合わせ、その最適解を彼独自の視点で導き出すのだ。特に、尖った個性を持つ選手同士をくっつけ合わせ完璧なユニットにしてしまう手腕には定評がある。

ユベントス時代には、絶対的なチームの司令塔でありながら、スピードと守備能力に難のある「王様」ジネディーヌ・ジダンの相棒に「猟犬」エドガー・ダービッツを指名。ダービッツは持ち前の機動力でジダンの運動量を補い、完璧な補完関係を築くことに成功した。ミラン時代にはフィジカルに難のある司令塔アンドレア・ピルロを中盤の底で起用。隣に用心棒としてジェンナーロ・ガットゥーゾを配置することで、ピルロの代わりに身体をぶつけ合う汚れ仕事を一手に担わせた。すると配球に専念出来たピルロが、レジスタとしてその才能を一気に開花させている。つまり中盤の守備と配球を分担させたわけだ。このミランではさらにトップ下にカカを起用するなど、当時のイタリアサッカーではアナーキーとも言えるファンタジスタの共存も成功させている。

人と人をつなぐ名人のアンチェロッティは、どのクラブの会長とも良好な関係を築いてきた数少ない監督でもある。特にイタリアサッカーでは一癖も二癖もある名物会長との関係性が、チームの舵取りに大きな影響を与えかねない。アンチェロッティは選手（ピッチ）と会長（フロント）の間に入って緩衝材のような役割をこなすことで常にチームのバランスを保ってきた稀有な存在だ。

そんな彼は自身のサッカー哲学をこう語る。「選手より重要なシステムはない。会長より重要なシステムもない」

ファンタジスタとの決別

そんなアンチェロッティだが、キャリアをスタートさせた頃は今とは180度反対のサッカー観を持つ男だった。彼が監督としてのキャリアをスタートさせた90年代中期はシステマティックなサッカー全盛の時代。鬼才アリーゴ・サッキが発案したゾーンプレスが猛威を振るっていた。

元々、ゾーンプレスの発案自体は、ディエゴ・マラドーナという圧倒的な個を抑えるための戦術であった。ところがその戦術の有効性が広まっていくと次第に、手段が目的化してしまう。本来、マラドーナを封じて勝つために考案された戦術は、いつしかマラドーナのような王様を邪魔者扱いしながら、失点を防ぎ勝ち点を手繰り寄せることだけが目的の戦術へと変質していった。

確かにゾーンプレスという戦術は、フィールドの10人が均等に仕事を分担する協力関係が大前提である。選手を組織の歯車として捉えるなら、尖った個性や歪(いびつ)な能力は邪魔といえば邪魔だ。マラドーナを抑えるのみが目的なら、そこにマラドーナは必要ないのである。中には「現代サッカーにはファンタジスタの居場所はない」と公言しだす監督も現れ始め、時代は〃ファンタジスタとの決別〃に流れていく。そんな時代に監督としてのキャリアを歩み始めたアンチェロッティもまた、生粋の「サッキスト」としてファンタジスタ不要論者の急先鋒であった。96年に就任し、監督として頭角を現したパルマ時代には象徴的とも言えるエピソードが残っている。

当時、資金的にも潤っていたパルマは、イタリア最高のファンタジスタことロベルト・バッジョとの契約に動いていた。普通の監督であれば諸手(もろて)を挙げて大喜びの大補強である。ところがアンチェロッティは、これに待ったをかけたのだ。結局、自身が考えるチーム構想に「バッジョ(ファンタジスタ)の席はない」として、この補強は見送られることとなった。さらに、当時のチームには「ネクスト・バッジョ」の有力候補として評価を高めていたジャンフランコ・ゾラがいた。しかしこの若きファンタジスタも、アンチェロッティの就任と共にプレミアリーグへ放出されるハメになってしまう。このことからも分かる通り、当時のアンチェロッティは尖った選手を忌み嫌っていたのである。

アンチェロッティが率いていた時代のパルマは、当時の彼の思想が具現化されたようなチームだった。4－4－2のシステムに、組織に忠実な兵隊が配置され、各々がタスクを遂行していく。その様は、さしずめ規律こそ絶対であると言わんばかりで、よく訓練された軍隊という印象だ。攻撃もオーソドックスにサイドから攻めて、最後は2トップが仕留める。全員で攻めて、全員でよく守る。確かにバッジョの居場所はどこにもなさそうなチームだった。確実に勝ち点を稼げるチームを作った成果は確かに現れている。就任初年度をセリエA2位でフィニッシュし、チーム創設以来最高の成績を残した。

しかし一方で、カップ戦を含めてタイトルにはあと一歩届かないチームでもあった。格下相手には確実に勝ち点を稼ぐ一方、優勝争いの大一番や苦しい試合で、強引に流れを変えてでも勝ち切るような強さに欠けていた。実際にこのシーズンの総得点は18チーム中、14位。降格したカリアリやペルージャよりも低い得点力だったのである。この頃から次第にアンチエロッティは「シルバーコレクター」などと揶揄（やゆ）されるようになっていく。組織戦術ありきのチーム作りには限界も見え始めていた。

それもそのはず、緊迫した試合展開で流れを変えようにも、ベンチには同じような駒が並んでいる。バッジョやゾラといった尖った個性を持つ大駒の居場所は、このチームにはない。実質、打開策はなかったのである。

運命を変えたジダンとの出会い

98年のシーズン途中にユベントスの監督に就任したアンチェロッティは、後の運命を変える出会いを果たす。その出会いとは、98年のフランスW杯で自国フランスを優勝に導いたジネディーヌ・ジダンとのものである。このジダンとの出会いは単にアンチェロッティの人生だけでなく、現代の欧州サッカー全体にも大きな影響を及ぼすこととなる。だが、それはもう少し後で触れるとして、まずは当時を振り返る。

当時のジダンはまさにキャリアの絶頂期で、W杯だけでなくクラブではユベントスを2年連続のセリエA優勝、CL決勝進出にも導いている。他の追随を許さない圧倒的なパフォーマンスを見せていたのだ。何人のディフェンスに囲まれようとボールを失うことはなく、決定的なパスで得点機を演出した。かと思えば自らでも得点を奪うなど、まさにピッチ上の「王様」と呼ぶにふさわしい活躍だった。

一方でジダンは融通の利かない選手でもある。足は遅く、ボールを走らせることは得意でもボールを追いかける守備は苦手としていた。まさに歪な個性を持つ尖った大駒である。このジダンを活かそうと思えば、トップ下のポジションに配置して自由を与えるしか手はない。

だが、アンチェロッティが信条とする4－4－2のシステムにはトップ下の居場所がない。決断を迫られたアンチェロッティはしかし英断を下す。それはジダンのためのシステムを用意して、彼中心のチームを作るという選択であった。後にアンチェロッティはこう語る。

「ジダンは全てを変えた。私は彼を中心にチームを配置したんだよ。ジズー（ジダンの愛称）のためにチームを作ったんだ。彼は私のフットボールのスタイルを変えた。全てが彼のおかげだ」

バッジョとゾラを切り捨てた男が、ついにファンタジスタとの融合に一歩踏み出したのである。

アンチェロッティは王様ジダンの指定席であるトップ下を用意するため、まずシステムに手を加えた。それまでの4－4－2から4－3－1－2（もしくは3－4－1－2）へ。こうして数字の配列で可視化すると、ジダンのための「1」という数字がまぶしく光っている。

4－4－2との最大の違いは、フィールドプレイヤー10人のタスクが均等ではない、ということだろう。トップ下の選手は攻撃で自由を与えるために実質守備が免除されており、その分、他の誰かが守備のタスクを担う必要がある。

アンチェロッティにとって幸運だったのは、当時のチームにはこのタスクにうってつけの選手たちがいたことだった。気性は荒いがピッチをところ狭しと走り回れるダービッツや、足が折れても走り続けると言われた闘将アントニオ・コンテはその筆頭。他にもアレッシオ・タッキナルディやジャンルカ・ザンブロッタら利他的にプレー出来る選手を揃えていた。

アンチェロッティはトップ下のジダン以上に、彼を支える護衛の存在を重要視した。配置も、トップ下の王様を支えるように護衛を配置して手厚く保護。彼らはジダンの周囲で汚れ仕事をこなし、奪ったボールはすぐさまジダンへ届けるタスクを忠実に遂行し続けた。それはまさに「ジダンシステム」と呼ぶにふさわしい代物と言えよう（図19）。結果的にこのシステムを導入したことで、ジダンのパフォーマンスはさらに引き上げられた。

ところが、それでもチームはタイトルに手が届かなかったのである。99／00シーズンは最終節を勝てば優勝という大一番を落とし、勝ち点1差の2位に泣いた。雪辱を誓った翌00／01シーズンもローマに勝ち点で2ポイント及ばず。2年連続でチームはあと一歩のところで優勝を逃してしまった。ジダンのパフォーマンスに依存したチームは、ジダンの調子によって大きくブレが生じ、次第に対戦相手にも対策を練られるようになっていく。元々、アンチエロッティがファンタジスタの起用を躊躇していたのはこういった事態を想定してのものだ

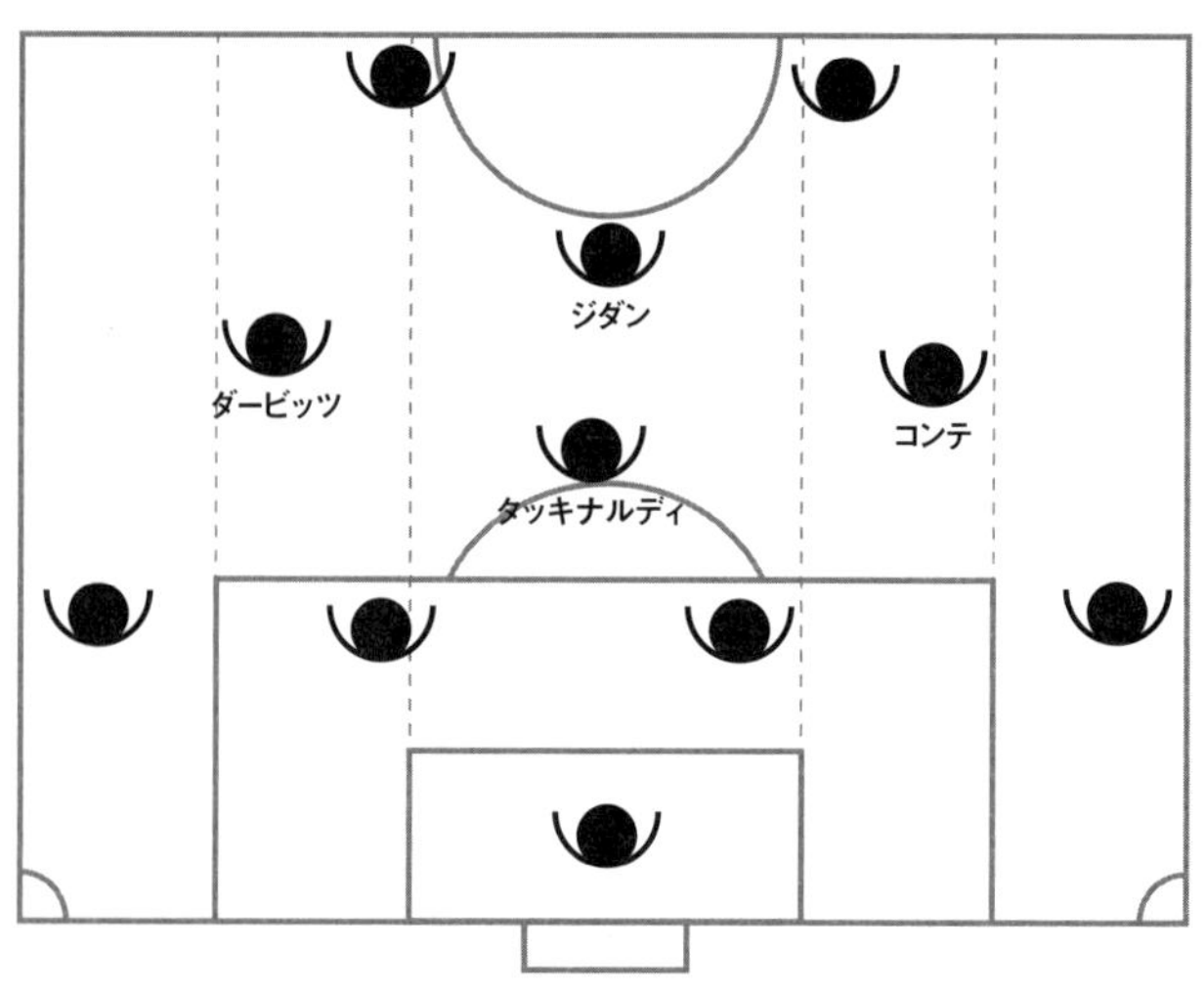

（図19）ユベントスの4-3-1-2（ジダンシステム）

ったのだろう。

アンチェロッティは苦悩したはずだ。ファンタジスタを排除したサッカーで勝ちきれず、かと言ってファンタジスタを輝かせるサッカーでもタイトルに手が届かない。監督としては戦術の幅を広げたユベントスでの2年半だったが、皮肉にも彼の「シルバーコレクター」としての評判は強固なものになってしまう。

「レジスタ」ピルロの衝撃

そんなアンチェロッティに3度目のチャンスがやってきたのは01年のシーズン途中だった。当時不振を極めていた名門、

ACミランの再建を託されたのである。

幸か不幸か、当時のミランには4人ものファンタジスタが顔を揃えていた。当時セリエAでも最高のマエストロ（指揮者）と言われていたマヌエル・ルイ・コスタ、ブラジル代表の10番を背負うリバウド、宿敵インテルから移籍してきた司令塔のクラレンス・セードルフ、そして若き天才ピルロという顔ぶれである。時の会長シルヴィオ・ベルルスコーニによって集められた綺羅星（きらぼし）のごときスターコレクション。当時ミランの指揮を任された幾多の監督は彼らを持て余し、最適のバランスを見出せないままチームを解任されていた。

アンチェロッティは閃いたはずだ。ジダン一人に依存したサッカーには限界があった。ならば、このあり余る才能たちを同時に起用出来たらどうだろう？「アンチ・ファンタジスタ」の旗手としてキャリアをスタートさせた監督アンチェロッティは、今や正反対の思考すら持ち得る懐（ふところ）の広さを手に入れていた。

アンチェロッティは思案する。そして〝4人のファンタジスタ〟の内、最もオールラウンダーの資質を持ち合わせていたセードルフにまずは目をつけた。融通が利くセードルフをトップ下から一列下げた中盤にコンバート。そして実力的にも実績的にも当時のイタリアでは抜けた存在であったルイ・コスタをトップ下に指名。これで、ユーベ時代は1枚だったファンタジスタを2枚同時起用出来る算段が整う。4人のうち、ベンチに回ったのはまだイタリアサッカーに馴染めていないリバウドと、実績と経験で劣る若きピルロ。これは極めて順当な選択だったと言っていいだろう。

ピルロはチーム内における自分の立ち位置を誰よりもよく理解していた。現在の自分の実力ではトップ下のポジションで彼らと張り合った場合、まだ勝ち目がないということを。一方で彼は、自分にしかない長所も自覚していた。それはフィールド全体を見渡せる広い視野と、ロングレンジのパス精度である。

01／02シーズン開幕前のプレシーズン期間中、自身がトップ下の4番手候補であることを悟ったピルロはアンチェロッティ監督にある直談判を決行する。それは自分をトップ下ではなく中盤の底で起用してほしいという、思い切った進言だった。

〝ファンタジスタの3人同時起用〟は当時のイタリアサッカーでは考えられない、無謀な発想だった。しかし、もしかするとこれは当時のアンチェロッティにとって福音をもたらす進言だったかもしれない。シルバーコレクターという汚名をそそぐべく、戦術に対する先入観を捨て、進化の道を模索していた男はこれをきっかけに、カルチョ（イタリアサッカー）の世界に新たな地平を切り開いていく。「ジダンシステム」から「ファンタジスタの共演」へ。

カルチョに革命がもたらされようとしていた。

アンチェロッティはピルロの進言を受け入れ、ピルロは中盤の底で新たな境地を開拓していく。イタリアサッカーにおける定石の逆を行く、ピルロのコンバートは戦術的にも当たりだった。当時のイタリアにはトップ下を潰す守備の戦術はあっても、中盤の底を警戒するような戦術は皆無だったからである。そこに攻撃の起点を置こうという発想自体がこれまでなかったので、それも当然なのだが。

相手の守備の手の届かないセーフティエリアを得たピルロは躍動する。レジスタ（演出家）と呼ばれる新たな役割を担い縦横無尽にパスを散らして、チームの攻撃をデザインしていった。そんなピルロを補佐するためにアンチェロッティが中盤の最後のピースに選んだのは守備のバランスを整え、汚れ仕事を一手に引き受ける用心棒ガットゥーゾだった。闘犬と呼ばれる彼は技術こそ高くないが、中盤全域を一人でカバー出来る運動量の持ち主。まさにうってつけのタレントであった。

セードルフとガットゥーゾがバランスを取り、トップ下のルイ・コスタとアンカーのピルロが交互にタクトを振るう。この中盤のダイヤモンドは絶妙なハーモニーを奏でた。筆者が見てきた幾多のチームの中でも、歴代で三本の指に入る中盤と言っていい。

人と人の組み合わせから最適解を導き出し、チームをベストバランスに律する。名うての調律師アンチェロッティの資質は過去の苦い経験の蓄積を経て、ここミランでついに開花したのである。ピルロのコンバートに踏み切った02／03シーズンにミランはCL優勝のタイトルを勝ち取ると、翌03／04シーズンにはセリエAをぶっちぎりの強さで独走。2位に勝ち点11差をつけてスクデットに輝いた。

アンチェロッティの進化も止まらない。03／04シーズンにブラジルの俊英カカが加入すると、トップ下の席をさらに一つ増やし、4－3－2－1システムを編み出した。これで理論的にはファンタジスタの4人同時起用も可能になったのである（図20）。

ベルルスコーニ会長が大金を叩いて次々と獲得するスター選手たちをピッチ上で見事に共存させ、結果も残す。曲者が多いビッグクラブ会長の無茶振りを突っぱねるのではなく、彼らの顔も立てる。そんな老獪な立ち振る舞いはおそらくこの頃に確立されたと言っていいだろう。監督と選手の間だけでなく、監督と会長という難しい関係性においてもなお発揮される、絶妙のバランス感覚はさすがという他ない。

その後、ピルロはレジスタとしてイタリア代表でも不動の地位を確立。彼を活かすためにイタリア代表の方がミランのサッカーに似せていくという流れをも生み出した。アンチェロ

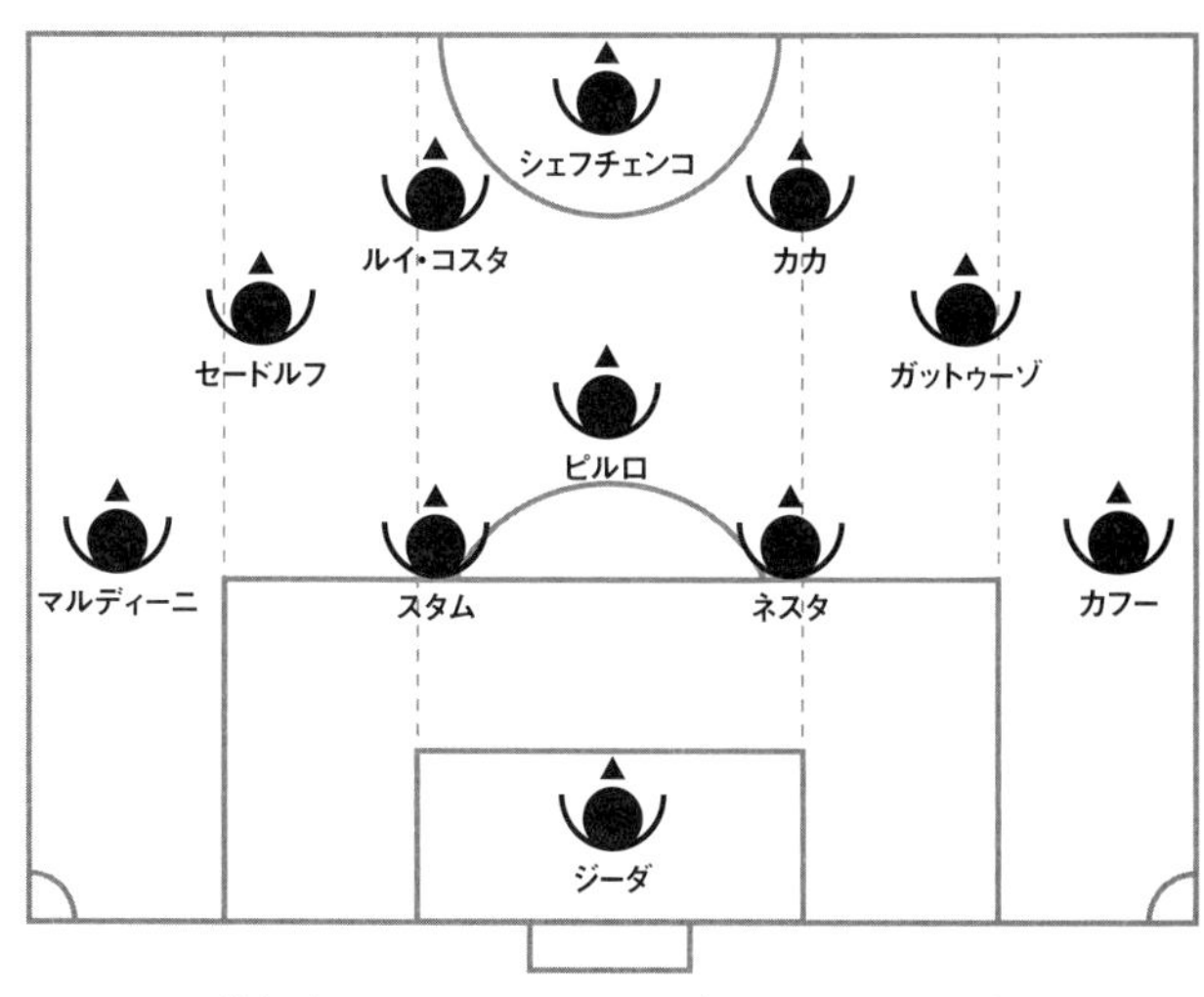

（図20）ACミランの4-3-2-1（クリスマスツリー）

ッティの懐の深さがイタリアサッカーに革命を起こしたのである。

「シルバーコレクター」から「優勝請負人」に

その後、アンチェロッティはチェルシーでも曲者会長ロマン・アブラモビッチと良好な関係を築きながら、就任初年度でプレミアリーグ優勝を達成。フランスのパリ・サンジェルマンに移れば、悪童のズラタン・イブラヒモビッチを手懐け、ジダンシステムの再来とも言える「イブラヒモビッチシステム」を構築。さらにオイルマネーで次々と獲得されるスター選手たちも共存させるなど、イタリアで培った経験をフルに動員して結果を積み重ねていった。この頃になるともはや彼のことを「シルバーコレクター」と揶揄する者は誰もいなくなっていた。代わりについた異名は「優勝請負人」である。

そして迎えた13年、アンチェロッティは一つの転機を迎える。「銀河系」と呼ばれ、世界で最もスター選手が集まるクラブ。曲者揃いの会長の中でも「ラスボス」と呼んで差し支えないペレス会長率いるレアル・マドリーの監督就任が決まったのだ。

当時のマドリーはすでに前線の3トップにカリム・ベンゼマ、ギャレス・ベイル、そしてクリスティアーノ・ロナウドの3人による通称「BBC」が君臨していた。選手同士の組み合わせを見極める前に、前線3枚の指定席はすでに埋まっていたのである。BBCの共存は会長からの絶対命令であり、必然的にシステムは4－3－3となった。

中盤の陣容はミランでピルロが担った司令塔役のポジションにルカ・モドリッチとシャビ・アロンソ、イジャラメンディという顔ぶれ。守備でバランスを取るガットゥーゾ役にはケディラとカゼミーロがいた。アンチェロッティはこの5枚の中から3枚をチョイスして4－3－3を組むことも出来たが、それではチームのベストバランスに至らないことを見抜いていた。このチームにはハードワークしながらも攻撃の場面では自らボールも運べる、セードルフが欠けていると。

こんな時、アンチェロッティはまず「人」を見る。彼の目の先にはＢＢＣによって４人目のアタッカーに格下げされ、ともすれば腐り始めていた一人の男がいた。それがアンヘル・ディ・マリアである。巧みなテクニックを駆使したドリブルの推進力が売りのディ・マリアはそれまでロナウド、ベイルらとポジションを争うサイドアタッカーと見なされていた。

だがアンチェロッティにはミラン時代、４人のファンタジスタの中から最もオールラウンダーとしての資質を備えていたセードルフをセントラルミッドフィルダーとして開花させた経験がある。マドリーで４人のアタッカー（ベンゼマ、ベイル、ロナウド、ディ・マリア）の中から最もその資質に恵まれたディ・マリアに目をつけたのは当然のことだった。そしてアンチェロッティは躊躇なくディ・マリアを、中盤３枚の一角にコンバートする。

このコンバートは見事にハマり、ディ・マリアは攻撃時にはロナウドが中央に入るタイミングで中盤の選手からサイドアタッカーに変身。守備時にはＢＢＣが攻撃に専念出来るよう、彼らの分まで走り回った。このディ・マリアの献身によってマドリーはＢＢＣを共存させながらもついにチームのベストバランスを見出したのである。マドリーはこの年、国内リーグこそ優勝を逃したものの、ペレス会長の悲願であったＣＬ優勝を達成している。

そしてマドリーは翌シーズンも大補強を進める。中盤には新たにトニ・クロースとハメス・ロドリゲスらを獲得。しかし、これが裏目に出て人員過多となった中盤に危惧を感じたディ・マリアは移籍を志願してマンチェスター・ユナイテッドへと出ていってしまった。ディ・マリアからすれば「走れるファンタジスタ」として便利に使われた挙げ句、チームの主役として取り上げられるのはいつも決まって前線のBBCだったことにも不満が溜まっていたのかもしれない。

結果的にディ・マリアの離脱以降、マドリーはついぞベストバランスにチームを戻すことが出来なかった。イスコやハメス・ロドリゲスといった王様気質のファンタジスタに、ディ・マリアのようなハードワークは求められなかったのである。翌シーズン、主要タイトルを無冠で終えたアンチェロッティは解任されている。

ファンタジスタのハードワーカー化

だが一方で、アンチェロッティが示した「ファンタジスタのハードワーカー化」という発想は、欧州中に波及していく。それは当時（今もだが）のビッグクラブがどこも同様の問題に頭を抱えていたからだ。

お金のあるチームには自然とスター選手が集まってくる。しかし、スター選手の共存とチームバランスの両立は簡単に最適解が見つかるような話ではない。結局は集めたスターコレクションが宝の持ち腐れとなってしまうケースが後を絶たないのはそのせいでもある。彼らからすると、アンチェロッティがマドリーで見出した解答は、「その手があったか！」ということだったのかもしれない。

ただし、アンチェロッティが成功したのは、あくまでその資質のある選手を見極める目があったからだ。チームの都合を選手に押し付けるのではなく、選手がプレーしやすい仕組みをチームが用意する。最初に「人」ありきの発想である。しかし、それは元々学究肌の戦術家だった男が苦難の末に辿り着いた手法だ。簡単な話ではない。残念ながら、多くのビッグクラブは、もはや選手の都合でチームが動くことは出来ないほど巨大な恐竜になっていた。現代サッカーにおける補強とは、もはや戦力の上積みだけにとどまらず、クラブのブランド価値を上昇させる意味合いを多分に持ち始めている。

レアルのライバルであるバルセロナは14／15シーズンに、メッシ、ルイス・スアレス、ネイマールの通称「ＭＳＮ」を前線に揃えた。彼らはメッシとスアレスが全く守備をしない負担を、一番若いネイマールに背負わせることでベストバランスを模索した。中盤にその負担を背負わせるには、すでにバルサの中盤が老朽化し過ぎていたからだ。当初はネイマールの献身によってギリギリのところでチームのバランスは保たれているかに見えた。チームの成績も上々で、このままネイマールがタイトロープの上で頑張り続けてさえくれれば、理論的には何ら問題ないようにも思えた。

しかしネイマールはガットゥーゾやディ・マリアとは根本的に違う。王国ブラジルの将来を担う天才選手として、幼い頃から常に王様としてフィールドに君臨してきた。そんなネイマールにバルサはチームの都合を背負わせたのだ。そこでは、彼がどんな選手であるかという〝人〟としての観点は完全に無視されている。結果的にネイマールの忍耐は限界を迎え、17年、スペインリーグよりも数段レベルが落ちるフランスのパリで再び王様の座に着く道を選んだ。王様を労働者に降格させるのは、話の筋として無理があったのかもしれない。

中堅クラブで見せた原点回帰と集大成

アンチェロッティはその後、バイエルン・ミュンヘンを経て、イタリアに戻ってきた。ナポリの監督に就任すると、イタリア時代の成功体験を基に原点回帰を目指したのだ。

当時のナポリは一時代を築いたマウリツィオ・サッリ監督が、チームの絶対的な司令塔ジョルジーニョと共にチェルシーへ移籍した後で、非常に難しいタイミングだった。チームにはすぐにジョルジーニョクラスの司令塔を補強する資金もなければ、そもそも市場にそのような選手自体がいなかった。

だが、ここでもアンチェロッティはじっくり人を観察することからチーム作りを始めている。市場で選手を探す前に、まず自チームの選手たちを見つめ直したのだ。そして、トップ下でチームの司令塔を長く務めてきたマレク・ハムシクの視野と展開力に目が止まった。アンチェロッティはすぐさまハムシクを中盤の底にコンバートする決断を下す。言わずもがな、ミラン時代のレジスタ・ピルロのリバイバルである。

もちろん、隣には〝ナポリのガットゥーゾ〟こと労働者アランを用心棒として配置することも忘れなかった。それだけではない。この時のナポリには優れたSH（サイドハーフ）が多数いることにも目をつけていた。彼らを活用するためミラン時代のリバイバルは用いつつも、システム自体はSHを置ける4－4－2に落ち着いている。このサジ加減こそ彼の真骨頂だろう。

19年よりアンチェロッティはプレミアリーグのエバートンの監督に就任。これまで渡り歩いてきたクラブと比べると中堅クラブに落ち着いたイメージもあるが、エバートンは本気でビッグクラブの仲間入りを果たすべく名将の招聘に動いたのだ。

アンチェロッティはエバートンで、これまでの集大成とも言うべき采配を見せた。チームにはハメス・ロドリゲスとギルフィ・シグルズソンという2人の司令塔がいる。だが、中堅クラブという立ち位置を鑑みてか、ファンタジスタの共存は基本行っていない。原則的にどちらか一人がスタメンの時は、もう一人がベンチ入りする体制である。

その上で4－3－1－2の「ジダンシステム」と4－4－1－1の「カルチョシステム」を使い分けている。後者のシステムは2列目にトップ下のポジションを用意しながらも4－4－2の強みであった4－4の守備ブロックを崩さない、折衷案とも言える代物だ。このシステムはセリエAでは90年代からよく見られており、中堅～下位クラブでよく使われていた。8人で守り、攻撃はカウンターから前線の2枚（ファンタジスタ＋ストライカー）に全てを託すというカテナチオ戦術と相性が良い。

さらにいざとなれば、ファンタジスタを2人とも温存した4－4－2も健在だ。アンチェロッティの原点（パルマ時代の「サッキスタ」としての顔）とも言える伝家の宝刀も、ここエバートンでは有効活用された。これらの手札を対戦相手との力関係や、試合状況によって巧みに使い分ける職人芸はアンチェロッティならではであろう。

マドリーへの帰還

これまでビッグクラブを長く指揮してきたのであまり垣間見えなかった一面だったが、エバートンの現在の立ち位置とアンチェロッティの相性は決して悪くなかったように見える。実際、20／21シーズンは開幕から好調で首位争いを走っていた。だがシーズン終盤には主力の怪我人続出もあり失速してしまった感も否めない。「選手こそが戦術」という監督にあって、その資源である選手層の薄さは致命傷にもつながる。そんな一面も見え隠れしたエバートンの20／21シーズンではあった。結果、アンチェロッティはこのシーズン限りでエバートンを離れることになった。

自身はエバートンでの長期政権を望んでいたとも言われるが、フリーとなれば、やはり世界中のビッグクラブがこの男を長く放っておくわけはない。翌21／22シーズン、あのペレス会長の指名を受けレアル・マドリーに復帰を果たしている。ペレス会長としては、クラブのレジェンドであるジダンですら最終的に立て直せなくなったチームの再建は急務であった。もはやチームの命運を託すには、アンチェロッティの安定感にすがる他なかったのであろう。大きな攻撃陣の補強もないまま迎えた新シーズンの就任会見では会長から「攻撃的なサッカーの復活」を厳命されている。またもやミッションインポッシブルだが、アンチェロッティからすればこれもまた慣れたものだろう。

復帰初年度のアンチェロッティは、まずチームの黄金期を知る古株を中心に据えた4－3－3の布陣を固めている。中盤はモドリッチ、クロース、カゼミーロの不動の3枚。彼らを中心にポゼッションを安定させながら、両ウイングに起用した若手（ヴィニシウス・ジュニオール、マルコ・アセンシオ、ロドリゴら）のスピードで縦に速い攻撃もバランスよく織り交ぜる。

守備ではベンゼマの負荷を下げる分、両ウイングの若手にプレスの先陣を切らせる個々の調整を施しているが、これはアンチェロッティならではの心憎い手腕だ。若手が走り、ベテランが要所で仕事をする。この役割分担が機能していることは結果からも明白である。攻撃に専念出来るようになったベンゼマは20試合終了時点で17得点の大爆発で、ロナウド退団以降ささやかれていた「得点力不足」を過去のものとした。チームとしての得点力も、CLを連覇していた黄金期（15年〜）の水準に戻している（21年終了時点）。

つまり、アンチェロッティはペレス会長からの無茶振りと思われた「攻撃的なサッカー復権」の公約を見事に果たしているわけだ。最適なチーム構成で選手を復活させ、会長の顔にも泥を塗らぬよう、ことを進めるそのきめ細やかな仕事ぶりは「世界一の調律師」の面目躍如といったところだろう。今後も世界中のビッグクラブの会長から、〝チームの立て直しを託されるオファーが後を絶たず〟。そんな苦労多き人生を思わず予見してしまうが、それもまた本人の望むところなのかもしれない。

第9章 ジネディーヌ・ジダン ～名選手、名監督になるか～

天才の原体験

アンチェロッティの監督像を受け継ぐ者にして、その愛弟子――。ジネディーヌ・ジダンという監督を一言で表すならば、こんな感じであろうか。

ジダンは選手としても監督としても、そのキャリアのターニングポイントには必ずアンチェロッティと接点があった。2人の出会いは99年、ジダンが当時所属していたユベントスの監督にアンチェロッティが就任したところまでさかのぼる。

前章でも述べた通り、サッキ信奉者としてそれまでガチガチのシステマティックな戦術を志向していたアンチェロッティだが、このジダンとの出会いは彼のサッカー観を飛躍的に広げた。それまでの〝システムありき〟のチーム作りから〝ジダン（選手）ありき〟のチーム作りへ――。

ユベントスの監督就任とともにアンチェロッティはその方針を180度転換させ、ジダンが最もプレーしやすいシステムと環境を用意した。パルマ時代にはゾラを窮屈なサイドに追いやってその能力を削いでまで4－4－2にこだわった男が、システムをわざわざ変更（3－4－1－2）してトップ下のポジションを作ったのはすでに述べた通りである。このアンチェロッティの采配により、ジダンは選手としてその能力を十二分に発揮することが出来た。そして、ジダンにとってこの時の原体験は後の監督人生に大きな影響を与えたと考えられる。

W杯、EURO、CL……ジダンは選手として獲得しうる最高峰のタイトルを全て勝ち取ってきた男である。まさに「勝者の中の勝者」と言っても過言ではない。ただし、実はジダンが結果を残したシーズンのチームには、ある共通点がある。それは「ジダンを活かす型」をチームが見出したことだ。

選手時代のジダンは一人の力で試合の勝敗を決定付ける稀有なタレントであったが、決して器用な選手というわけではなかった。攻撃に専念させて気持ち良くプレーさせたら世界最高の司令塔だが、反面、守備は苦手としていた。さらに、プレーエリアを固定してポジションを縛り付けると、その良さが半減してしまう。彼には好きな時に好きなエリアでボールを受けさせるのが最適解で、つまるところ常にジダンは「自由」を求め、それが満たされると結果を残してきたのだ。

ユベントス監督時代のアンチェロッティはジダンが在籍している間、常にトップ下というポジションを用意していた。システムは3－4－1－2と4－3－1－2の時があったが常に「1」は確保され、それは当然ジダンのための席だった。2トップの後方、フォーメーション表記でも他に誰もいない「1」はポジションをどこに移動させるのも自由。さらに守備は免除され、その分の負担はトップ下を支えるように配置された中盤の「4」ないし「3」の労働者たちが請け負った。まさに特権階級の王様ポジションであるが、ボールさえ渡せばその特権に見合ったプレーで返してくれるのがジダンだ。まさに適材適所である。問題は選手ごとに与えられたタスクが平等ではないので、それを選手全員に納得させるマネジメントの方であろう。その点、ユベントス時代はアンチェロッティの巧みなチームマネジメントによって、ジダンもだいぶ救われていたはずだ。

ジダンがその後移籍したレアル・マドリーでも同じことが起こった。ジダン移籍当初、マドリーにはトップ下というポジションがなかった。そのため、左のSHに収められたジダンは思ったようなプレーが出来ず苦労していた。すると当時の監督ビセンテ・デル・ボスケは、ジダンに好きなタイミングでSHから中央へ進入し、トップ下として振る舞う自由を与えたのだ。ジダンが動くことで崩れる中盤のバランスは他の選手でカバーした。左ボランチのサンティアゴ・ソラーリがジダンの空けた左サイドをカバーし、ソラーリが空けたボランチのスペースは右ボランチのマケレレが一人でカバーする。ジダンを起点に中盤がぐるっと右回りに旋回するイメージだ。

このシステムの肝は何と言っても、一人でボランチのエリア全体をカバーするマケレレの運動量にあった。彼が労働者の役割を一手に担うことで、当時「銀河系」と言われたチームはギリギリのところでバランスを保っていたのだ。最適解を見出したマドリーはその後、数々のタイトルを獲得する黄金期へ突入していく。ジダンはまたしても監督のマネジメントと、マケレレという労働者の存在によって救われたのだ。

真逆のプロセス、同じ答え

ジダンは06年に現役を引退し、以降はマドリーでアドバイザーやスポーツディレクターの職を歴任。そして13年、マドリーの監督にかつての恩師アンチェロッティが就任すると、アシスタントコーチとして現場への第一歩を踏み出した。ここでジダンはアンチェロッティから監督のイロハを教わったと語っている。したがって、ジダンのサッカー観がアンチェロッティと極めて似通っているのは当然であろう。

ジダンのチーム作りもユベントス以降のアンチェロッティ同様、まずは〝人ありき〟で始まる。選手と選手の組み合わせから最適解を探り、選手が心地好くプレー出来る環境を用意する。この一連の作業をジダンは監督デビュー当初から一貫して行っている。

ジダンが初めてトップチームの指揮をとったのは15／16シーズン途中のことだ。アンチェロッティの後を継いだラファエル・ベニテスの下で低迷に陥ったマドリーを救うべく、緊急登板での監督就任だった。その際、ジダンが最初に行ったのは選手を見極め、チームの最適解を見出すことだった。

当時のチームはいまだベンゼマ、ベイル、ロナウドというスター揃いの3トップ「BBC」が不動のレギュラーだったが、前線を支える中盤のバランスに問題があった。中盤にもイスコ、ハメス・ロドリゲスという王様タイプのスター選手を抱えており、言わばスター選手が飽和状態を起こしていたのだ。前任監督のベニテスはファンやフロントから与えられた「スター選手の共存」という命題に応えるべく、あらゆる組み合わせを試行したが、空回りするばかりだった。

しかし、ジダンは違った。就任後最初の1カ月は、スター選手と労働者のバランスを抜本的に見直す時間に充てた。そして一つの解答を導き出したのだ。それがチームの「新たなマケレレ」として、中盤の底にカゼミーロという労働者を据えることだった。当時、カゼミーロはまだ22歳と若手で、実績の面でもマドリーの中盤の中では一番地味な部類の存在であった。しかし、だからこそ生き残りをかけて黒子に徹する彼の存在は貴重で、ジダンはこの若者に絶大なる信頼を寄せることになる。

カゼミーロが苦手とするパスの配球問題を解消することも忘れていなかった。隣に司令塔クロースを置くことで補完関係を築き、展開力をむしろ向上させている。そして中盤の最後の1枚はハードワークが出来て、自分でボールも運べるユーティリティープレイヤーのモドリッチを指名。これで理想の中盤が完成した。以降、この中盤の3枚はジダン政権の顔としてレギュラーに固定され、中盤のバランスは大幅に改善される。さらに使い続けることで彼らの連携も向上し、今では役割を固定することなく、局面によって誰か一人が上がれば別の一人が自然と下がってバランスを取るなど、阿吽の呼吸を見せるまでに至っている。

興味深いのはジダンが導き出したこの中盤の組み合わせが、どこかアンチェロッティ時代のミランを彷彿とさせることだ。配球役のピルロがクロースに、守備のバランスを取る労働者ガットゥーゾがカゼミーロに、そしてトップ下からCHまで器用にこなすユーティリティープレイヤー枠のセードルフがモドリッチに該当すると考えれば、ほぼピタリである。時代は違えど、2人のサッカー観が深いところでつながっていることの一端が垣間見える。

だが同時に、両者の発想が対極的なところからスタートしていることにも気付かされる。どういうことか。それは一言で言えばアンチェロッティがジダンを活かすため、つまり天才の閃きを最大化させるため彼を〝人ありき〟の中心に据えたのに対し、その恩恵を最も享受したと言ってもいい張本人は、あろうことか天才を支える労働者こそ〝人ありき〟の中心だと考えた。そんな倒錯である。実に興味深いとしか言いようがない。

監督ジダンは選手ジダンを使えるのか？

アンチェロッティはファンタジスタ（スター選手）を使うために苦悩し、ダービッツやガットゥーゾのような選手でギリギリのバランスを取る発想に至った。ジダンが選手として所属したマドリーでは、監督のデル・ボスケが労働者マケレレにその負担を一手に担わせジダン、ルイス・フィーゴ、ラウール・ゴンザレス、ロナウドらのスター選手を同時起用するためのバランスを図った。

翻ってジダンは、労働者のカゼミーロをまずチームのヘソに据えるところから組み上げて、最終的にファンタジスタのイスコとハメスをベンチに下げる決断に至っている。この、アンチェロッティとの発想の違いは、もちろん一つには当時のチームバランスの歪さにあったのだろう。前線にすでにスター選手を3枚も並べているチームの構造上、中盤にこれ以上のスター選手は配置出来ない。中盤に必要なのはバランスを取れる労働者で、当時の状況を考えれば当然とも言える判断だった。

ところが、ジダンはその後も「労働者優先」のチーム作りを加速させていく。出場機会を充分に与えられなかったハメスとベイルは、ジダンと仲違いするかたちでチームを出ていった。そしてチーム最大のスター選手であったロナウドも新たな挑戦のため、ユベントスへ移籍する。しかしチームから次々とスター選手が去っていったにもかかわらず、ファンタジスタのイスコは相変わらずベンチが定位置のままだ。代わりにジダンが重宝したのはルーカス・バスケスやフェデリコ・バルベルデといった労働者たちであった。

ファンタジスタを愛するアンチェロッティと、労働者の献身を評価するジダン。2人の感性の違いはどこから来ているのだろうか。それはやはり、選手時代の原体験にあると考えるのが自然だろう。選手時代のアンチェロッティはハードワークと激しいタックルを信条とするボランチで、まさに「労働者側」のプレースタイルだった。黄金期のミランでは中盤のバランサーとしてオランダトリオらスター選手の黒子に徹した。言わば、ガットゥーゾの役割を担っていたのだ。そんなアンチェロッティからは、常に試合の中心にいて、チームに直接勝利をもたらすスター選手の煌(きら)めきは一際まばゆく見えたのではないか。実際に幾多の試合で、彼らスター選手の信じられないようなプレーに助けられてきたはずである。そんなアンチェロッティだからこそ、ファンタジスタの可能性に全幅の信頼を置いたチーム作りが出来るのかもしれない。

　反対に、選手時代のジダンはいつもマケレレやダービッツといった労働者たちの存在に助けられてきた。彼らの献身なくしては、そもそも自分のトップ下という特権的ポジションすら成り立たないのだから無理もない。実際のところは、むしろジダンと一緒にプレーした選手たちの方が「ジズーほど頼りになる選手はいなかった」と口々に語っている。だが皮肉なことに世界でジダンだけは、絶対にジダンとプレーすることが叶わない。ジダンは選手として圧倒的に抜きん出た存在だったからこそ、現在のサッカー観に至ったのかもしれない。果たして監督ジダンのチームに選手ジダンがいたとしたら、彼は使いこなせるのだろうか。

型を持たないチームの強み

「選手たちには、ピッチ上で楽しんでほしいと思っている。時として、監督というものは常に話し続け、叫び、いろいろなことを変えなければならない存在だと私たちは思い込んでいるが、実際のところはもっと静かなものなのだ」

これはジダンの言葉だが、端的に彼の監督像を表している。ジダンの監督としての仕事は、選手にピッチ上で楽しんでもらうための準備をすること。試合が始まってしまえば、選手個々が自由に判断しプレーすることを良しとする。ある意味、監督としては少しめずらしいタイプかもしれない。

実際のところ、ジダンのチームからは戦術的な制約や縛りがほとんど見えてこない。それはジダン自身が現役時代、どのようにプレー出来た時に最高の成果を出していたかという経験も関係しているはずだ。一流の選手が揃い、純粋にフットボールをする。チームとして何か一つの方向性を強引に取りに行くわけではないが、その代わりに何も捨てない。

その結果出来上がるジダンのチームは、実にナチュラルだ。ポゼッションもするし、カウンターもする。時には勝利を得るためモウリーニョのようにゴール前にバスを停めることだって厭わない。世界最高峰の選手たちゆえ、厳密な制約なしにプレーしても、ピッチで起こりうる状況についてはある程度対処出来てしまうのだ。そして、それこそがジダンのチームの最大の強みとなっている。

ポゼッションでペップのチームにこそ勝てないかもしれないが、世界で3番目ぐらいには上手い。カウンターの鋭さはクロップのチームに劣るかもしれないが、こちらも世界で3番手ぐらいには付けているだろう。この全方位型の強さはとりわけ、欧州各国の強豪と一発勝負（ホーム&アウェイ）を繰り広げるCLで顕著に発揮されている。どこの国のどんなスタイルのクラブ相手にも、彼らはだいたい優位に立ててしまうからだ。固有の勝ちパターンがない代わりに、決まった負けパターンもない。研究出来ないという強みは、特に弱者側からすると最もアップセットを起こしにくい厄介な強者に映るだろう。

何でも出来るチームだけの戦略

そのジダンのチームの強みがとりわけ発揮されたのが、まさに最後の最後、一発勝負で雌雄を決するCL決勝のような舞台である。ジダンのマドリーは15／16シーズンからこの大会を3連覇するという、前人未到の快挙を成し遂げた。

15／16シーズンのCL決勝はシメオネ率いるアトレティコとのマドリードダービーとなった。試合前の予想では、守らせたら欧州最強の盾を持つアトレティコをスター揃いの矛を持つマドリーがどのように攻略するか、と見られていた。しかし、いざ蓋を開けてみればジダンはポゼッションという「矛」を放棄。その代わりアトレティコにあえてボールを持たせて攻撃させることで、彼らの「盾」を捨てさせる戦略に打って出たのだ。つまり、お互いの強みをぶつけ合う構図ではなく、むしろ強み以外の部分でぶつかり合ったらどうなるか、という勝負を挑んだわけだ。

アトレティコは引いて守り、カウンターで攻めることを前提とした選手を集め、トレーニングを積んできたチームである。その分、ポゼッションはある程度捨ててきた。「特化」こそが彼らの強さの源であった。一方でマドリーは何にも特化させていない。しかし、その分、何も捨てていない。ポゼッションの方が得意かもしれないが、カウンターをさせても充分に強かった。結果はまんまと泥仕合に持ち込んだジダンの戦略勝ちである。

この決勝と正反対の戦略で臨んだのが、3連覇のかかった17／18シーズン決勝だった。相手はクロップ率いるストーミングの雄、リバプールである。リバプールは意図的にハイテンポなペースを作ってくるチームだ。アトレティコ戦のようにボールをわざと与えてしまうと、終始そのテンポに巻き込まれる恐れがある。クロップのチーム相手にいきなりカウンターを打ち合うのは自殺行為でしかない。そこでジダンはこの決勝、カウンターで持ち味を発揮するスピードスターのベイルをあえてベンチスタートとした。そして代わりに、4－3－1－2の「ジダンシステム」をこの大一番にぶつけてきたのだ。「1」のトップ下はファンタジスタのイスコである。ジダンの狙いは、ボールを握って試合のテンポを落とすことだった。リバプールが狙うハイプレスやカウンタープレスの網をかいくぐるには、イスコのテクニックとボールキープ力はうってつけと言える。

試合序盤からフルスロットルで飛ばすリバプールの勢いを、マドリーがイスコを中心としたポゼッションによって老獪にいなし続ける。いなすと言えば聞こえはいいが、マドリーからはリスクを冒してでも点を取りに行こうという気概が全く感じられず、前半はボールを失わないことを目標としているかのようなパス回しだった。だが、ジダンの狙いはそこにこそあったのだ。

後半、リバプールは前半のプレスが空転させられた分、動きが明らかに落ちていた。これを見たジダンは満を持して快速ベイルを投入する。それまでのらりくらりとやっていたマドリーだったが、ベイル投入と同時に試合はいきなりハイテンポなカウンターの打ち合いへと様相を変える。本来、クロップからすれば望むところの展開だったはず。しかし果たして、リバプールはこの急激なペースチェンジに全く付いていけなかった。ベイルは投入からわずか3分後に勝ち越し弾を決めると、終盤にも決定的となる3点目をあげている。

ジダンのマドリーはこのように、一発勝負の舞台でいかようにも戦い方を選択出来るという強みに立脚したチームだった。そしてジダン自身、最もそれを理解しているからこそ3連覇という偉業を成し遂げられたのだろう。全方位型のチームが持つ、戦略の選択肢という強み。それもまたサッカーにおける正義であり、圧倒的な優位性である。もちろん、資金がなければ絶対に不可能だ。しかし資金があるだけでもまた成功を収められないところにジダン、アンチェロッティ、そしてデル・ボスケも含めた大量のスター選手をマネジメントする監督の難しさがある。自由と制約の二分論だけでは解決出来ないチームの引き出しをどうやって作るのか。かつて自由を謳歌したジダンという天才プレイヤーが監督になり示してきた成果は、それを考えるための一つのヒントと言えそうだ。

第10章 ユリアン・ナーゲルスマン　～ハイブリッド型の旗手～

ポジショナルとストーミングの融合

第1部では、ペップ・グアルディオラがポジショナルサッカーを極めたところから一部、ストーミングを彷彿とさせる要素も取り入れ始め、反対にクロップはストーミングの徹底からポジショナルな要素を取り入れ始めたと書いた。

つまりお互いがお互いの良さを取り入れ、戦術のトレンドは一点特化型から全取り型へますます加速したのである。これが10年代の後半に起きた戦術トレンドの流れだった。

この流れに対し、19年にドイツの強豪ライプツィヒの監督に就任した若き智将ユリアン・ナーゲルスマンは、最初から両取りの「ハイブリッド型」を目指す新世代の旗手と言えよう。彼のサッカー哲学は一言で言えば「ポジショナルとストーミングの融合」である。ペップとクロップの良いところ取りと言い換えてもよいかもしれない。

ナーゲルスマンは現役時代、膝の怪我もあり20歳の若さで引退すると、スカウトを経てすぐさま指導者の道を歩み始める。その後、ドイツのホッフェンハイムの下部組織で監督としての頭角を現していく。そして28歳の時にブンデスリーガ史上最年少監督としてトップチームの指揮をとることに。就任翌年の16／17シーズンには、前年残留争いをしていたチームをクラブ史上初となるCL出場圏内の4位にまで躍進させた。この目覚ましい活躍がドイツの新鋭強豪クラブ、ライプツィヒの目に止まりナーゲルスマンは引き抜かれることとなる。

「深さ」と「幅」の両立

ライプツィヒの監督に就任した19／20シーズンは前任のラルフ・ラングニック（プレッシングサッカーの第一人者として知られる、現マンチェスター・ユナイテッド監督）のサッカーを正統後継するところから始めている。4－2－2－2という特徴的なシステムを用いてサイドの「幅」は捨てて、縦への展開に特化したストーミング戦術である。

このシステムは中盤から前がピッチ中央に縦一列で並んでおり、サイドに選手がいない。その分、中央の縦パスに対してセカンドボールから密集を作る厚みに全振りしているのだ。

そして回収したセカンドボールも必ず縦パスで展開することで、連続した縦→縦→縦のハイテンポなリズムに相手を巻き込むのである。ベンチから監督が「縦パスを意識しろ！」と叫ぶより、物理的に縦にしか味方がいない状況を用意することで、ハイテンポにならざるを得ない構造を作るシステムとも言える。

だがラングニックを始祖としクロップが躍進させたこのストーミング戦術の限界は、相手が打ち合いに応じなかった時にある。最初から自陣に深く引いて待ち構えられると、スペースを消して準備万端の相手にひたすら非効率的なロングボールを蹴り続けるだけとなってしまう。ナーゲルスマンもそれをよく分かっており、「相手が低い位置で守って、切り替えの状況が思うように生まれない時が来る。そうしたらチームは、別のことが出来なければならない」とも語っている。

ライプツィヒ就任初年度のシーズンでストーミングのベースを固めたナーゲルスマンは2年目の20／21シーズン、ポジショナルプレーの導入に舵を切っている。彼は元々ホッフェンハイム時代、弱小クラブにポジショナルプレーの概念を導入して成果を出してきた監督でもある。その手際の良さは、予めハイブリッド型のチームを作ろうと計画していたことが感じられるものだ。

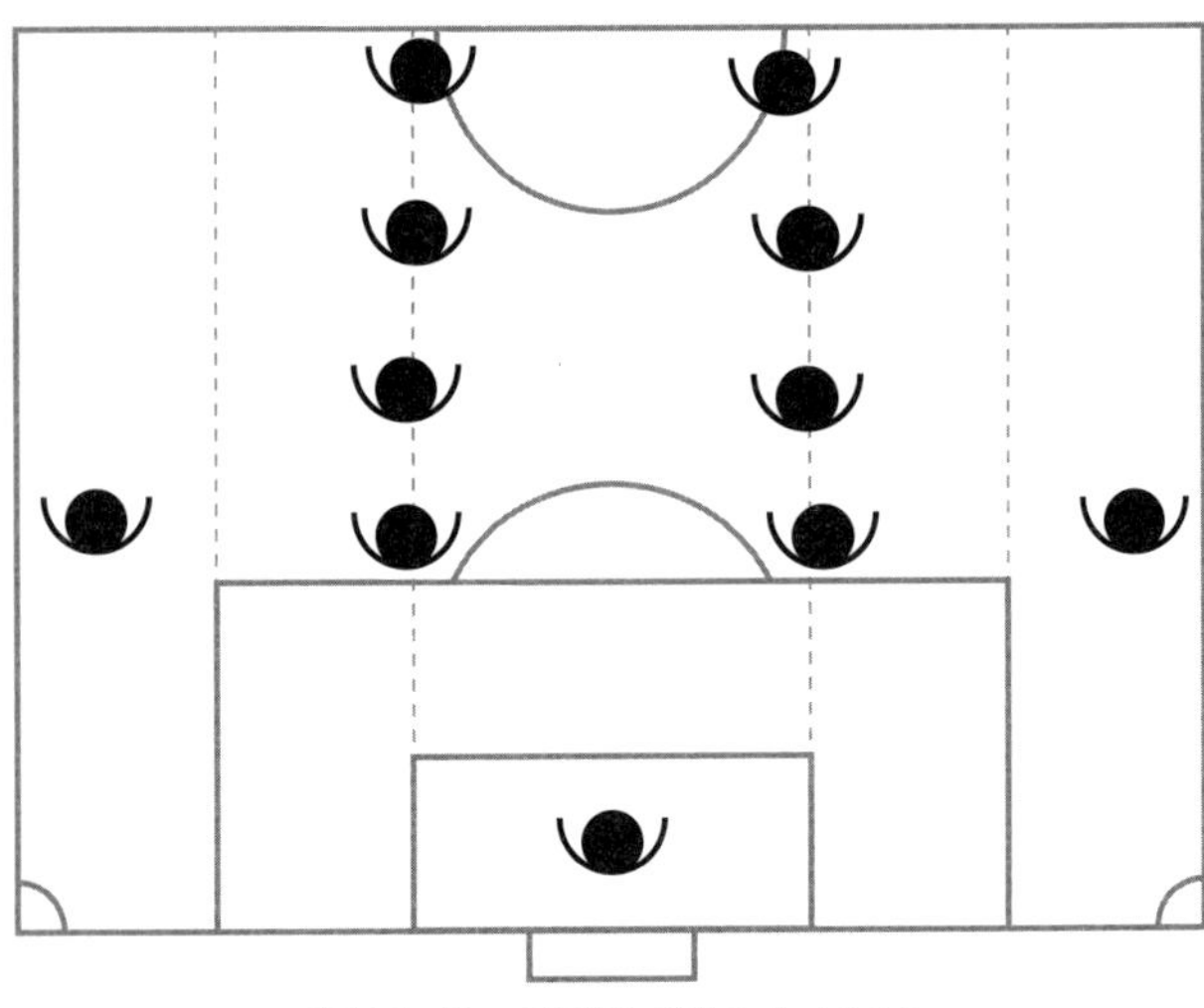

（図21）縦への展開に特化した4-2-2-2

このシーズンは1年目には捨てていた「幅」を使うことで、引いた相手に対しても効果的に戦えるチームになっていく。ボール保持時には5レーンに選手を配置出来るよう、システムも4－2－2－2（図21）から3－1－4－2（図22）をメインに切り替えた。

このシステムの特徴は4－2－2－2の良さも可能な限り残しつつ、弱点であった「幅」の確保も可能にしていることだ。システムの並びを見ても中央の2トップの真後ろに2枚のMFが配置されていて、いざロングボールを2トップに蹴った時には4－2－2－2の狙いであったセカンドボールを拾うための厚みを残

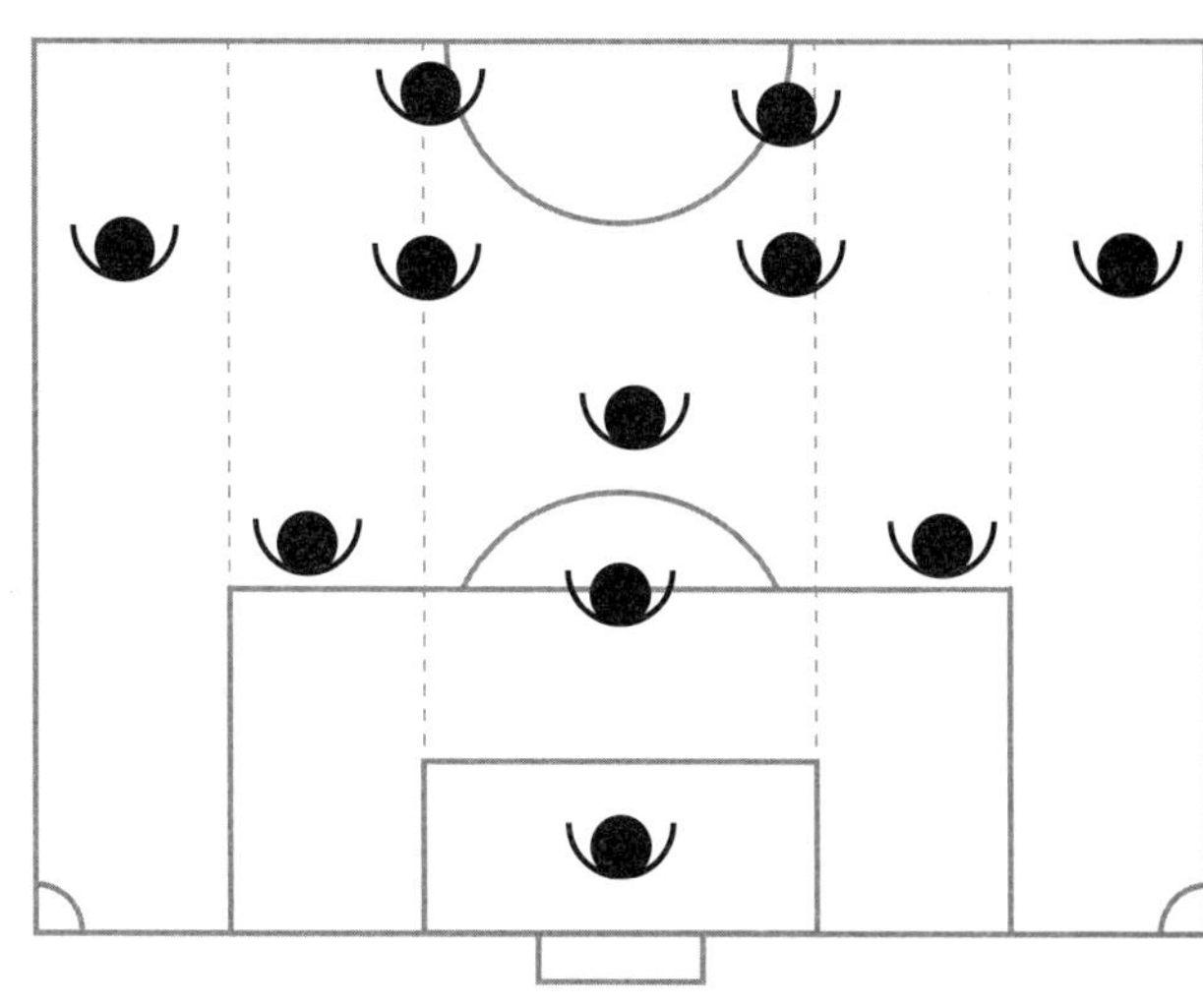

（図22）「5レーン」の幅をとる3-1-4-2

している。それでいながら2列目の両サイドにはしっかり幅を取らせているので、幅と深さを同時に追求出来るものとなっているのだ。

「偽SB」を代替する仕組み

ナーゲルスマンの「幅」の使い方には独特なメカニズムがある。それはおそらくペップ戦術の弱点を見たナーゲルスマンが、それを克服しようとアップデートさせたものではないか。

ペップのポジショナルプレーには明確な弱点があった。それは「幅」の取り方にある。クライフを源流とする正統派ポジショナルプレーには、常に「幅」を確保することでピッチをいつでも広く使えるようにする狙いがあった。ペップのチームはボール保持時、前線が5レーンの配置を取るが、この時中盤はアンカーが1枚だけの状況もめずらしくなく、配置としては4－1－5のようなかたちになっている。仮にこの状態でボールを失った場合、前線のファーストプレスが突破されると中盤の広大なスペースをアンカー1枚で、相手のカウンターに対応させられることになる。

通常、カウンターへの対応で最も重要なのは、少しでも攻撃を遅らせながら自陣ゴールに近づけさせないことである。そのためには、相手にいかに縦ではなく横のパスを出させるかが鍵になるのだが、中盤にアンカーが1枚しかいない場合、ど真ん中を縦に進行されてしまう。特にアンカーの両脇のハーフスペースのレーンを直線的に進まれると、失点率は極めて高くなってしまう。ペップのバイエルンやシティが失点する時の顕著なパターンはこのカウンター対応であった。

ただしペップは後に、「偽ＳＢ」の発想によってこれを克服している。「偽ＳＢ」は内側のハーフスペースまでＳＢを絞らせ、中央の厚みを確保することを企図している。これにより、仮にカウンターを受けても中央を縦に進行させることなく、サイドへ迂回させることが可能となるのだ（41ページ図5参照）。

だが、「偽ＳＢ」という特殊な役割（攻撃時は中央に入り込んでゲームを作る）を攻守両面において高いレベルでこなせるＳＢはまだまだ希少である。ペップはシティで偽ＳＢを機能させるため、ＳＢの補強費に約２００億円以上の大金を投資してきた（カイル・ウォーカー、ベンジャミン・メンディ、カンセロなど）。これはライプツィヒを率いるナーゲルスマンをはじめ、他の多くの監督にとっても現実的な手法ではないだろう。

そこで、ナーゲルスマンは投資ではないアプローチからこの問題の解決を図った。具体的にはボールが自陣のビルドアップ段階にある時、もしくは中央のレーンにボールがある時には両サイドの選手を広げて「幅」を取らせる。そしてボールが敵陣で左右、どちらかのサイドに展開された瞬間には、逆サイドの選手は中央のレーンまで絞る。つまり、サイドの選手のプレーエリアは自陣から敵陣に向かうにつれ中央へ狭くなっていくのだ（図23）。

この幅の取り方は攻守両面でメリットがあると言えるだろう。まず守備面でのメリットだが、ボールを失った瞬間に逆サイドの選手が中央の厚みを確保していることだ。しかもナーゲルスマンの設計は、自軍の攻守が切り替わるタイミングをよく理解したデザインになっている。自分たちがいったんボールを保持し、ポジショナルな配置を取った後、次にボールを

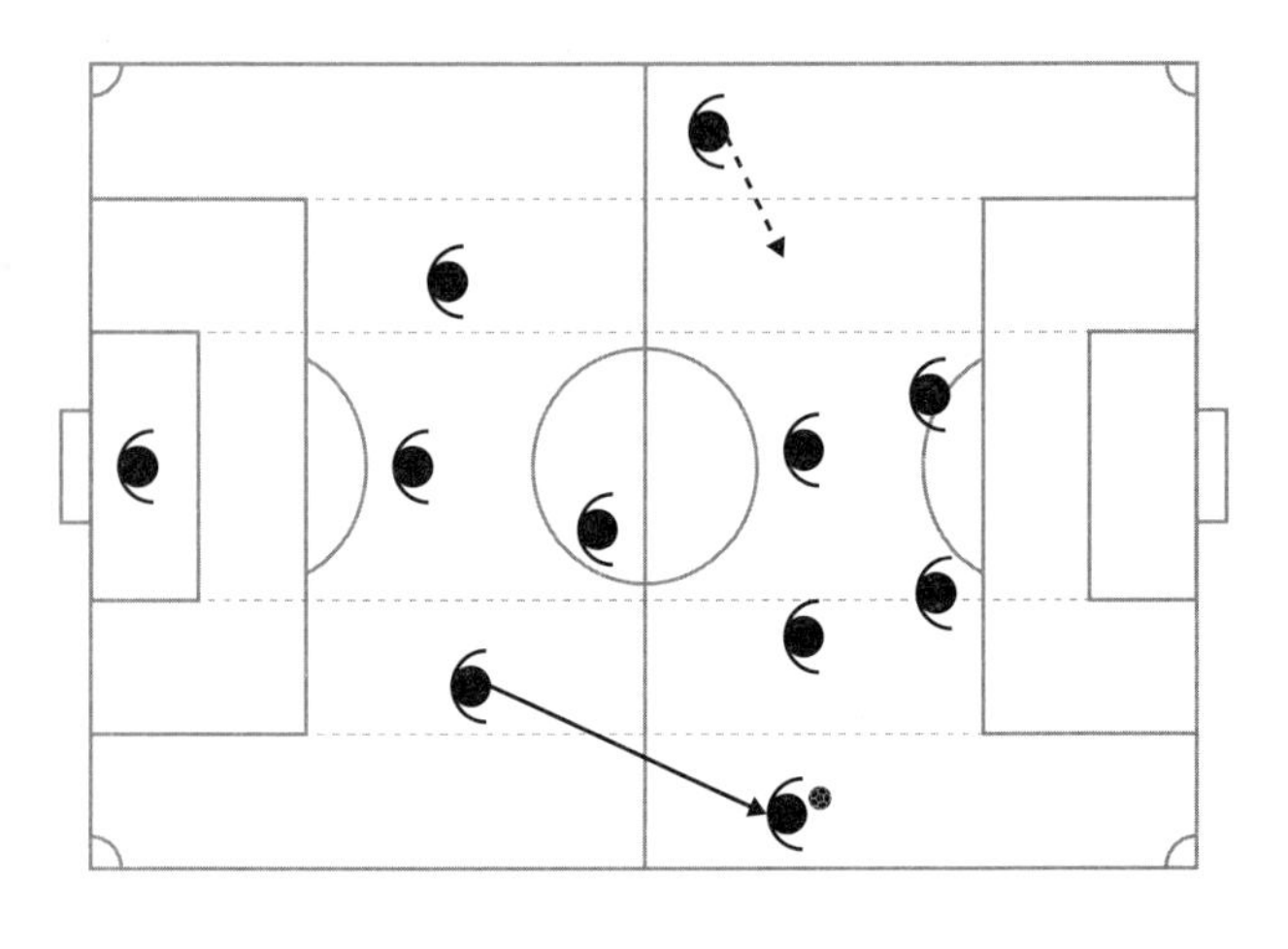

（図 23）「偽 SB」を代替する仕組み

失いやすいタイミングはいつか。それは敵陣ファイナルサードで勝負のパスを狙う瞬間だ。より具体的に言えば、それがサイド攻撃であれば中央へのクサビやゴール前へのクロスである。もちろん、得点というサッカーの最大目的を達成するには、敵陣のゴール前でチャレンジするパスは必要不可欠である。問題はクサビやクロスが跳ね返された後のセカンドボールに対する準備の方だ。

ナーゲルスマンの設計では敵陣でサイドにボールが展開された瞬間、つまりクロスなどが上がる2手、3手前に逆サイドの選手を絞らせていることになる。仮にクロスが跳ね返されても、カウンターで最も使われたくない中央レーンには元々配置されていたボランチに加え、逆サイドから絞っていたサイドプレイヤーが防壁の役割を果たす。一方で中央への展開、つまり2トップへの縦パスに対しては同レーンに配置されている2列目の2枚がセカンドボール回収部隊かつ、カウンターへの最初の防波堤として機能する。このようにナーゲルスマンの設計は中、外、いずれの攻め筋をチームが選択しようとも、攻撃しながら守備の準備を同時に進められるようになっているのだ。

最後にこの設計の、攻撃面でのメリットも考えてみよう。それはサイドを突破してクロスが上がった時に、逆サイドが絞っていたことでゴール前に詰めて得点を狙いやすいことである。これはライプツィヒの重要な得点パターンの一つになっていた。

一方でナーゲルスマンのチームの失点パターンは、チームが自陣でビルドアップを図っている途中段階でボールを失う時になる。つまり、チームがまだ「幅」を全開で取っている段階でボールを運ぶ途中にミスが出た場合だ。ナーゲルスマンはこの問題をチームとしてビルドアップの練度を高めることで解消しようとしているが、実際はライプツィヒが抱える選手の質では致命傷となることもまま起こっている。

崩しのオートマティズム

ナーゲルスマンのストーミングとポジショナルプレーに対する考え方は非常に先鋭的である。「ボール保持の局面は、ボール非保持の局面を強化する」「私たちはスペースを作るために、相手を自陣に誘き寄せる必要がある」などの発言からも、その一端をうかがい知ることが出来るだろう。

ライプツィヒの試合を見ているとストーミング（ボール非保持）に巻き込むためにポゼッション（ボール保持）をしている、ということの意味がよく理解出来る。ビルドアップでは自陣でGKも使いながらボールを動かすことで、相手チームにプレッシングのスイッチを入れ「させている」のだ。相手に前向きのベクトルを出させた上で引っくり返すロングボールを入れ、自らのストーミングのスイッチを押す。相手に引かれて待ち構えた状態を作らせないためにポゼッションを撒き餌としている、と言い換えることも出来るだろう。

仮にそれでも相手が誘いに乗らず、引いたままの状態ならば、ポゼッションを継続してボールを運べばよい。前に出て来ない相手に対して自陣からボールを運ぶのはそれほど難しいことではない。つまりハイプレスにはストーミングで、引いた守備にはポゼッションで、ボールの運び方を変えるのである。相手の出方によってペップのようにもクロップのようにもなれるのがナーゲルスマンの特徴であろう。

ナーゲルスマンのチームにおいて攻撃の優先順位は、常に中央である。それは相手ゴールまでの最短距離をなるべく狙いたいからだ。「私は中央への選択肢を探るのが好きで、出来るなら常に中央を探す」というコメントも聞かれている。つまり、彼らは中央への縦パスを出すためにサイドの「幅」を使って相手を揺さぶっている。

そんな縦志向の攻撃を実現させるメカニズムにも興味深いものがある。サッカーでは、攻撃方向に向かって縦にプレーしていくことが大変難しい。バルセロナやマンチェスター・シティのようにワンプレーで局面を引っくり返せる選手がいれば別だが、ライプツィヒをはじめ多くのチームはそういうわけにはいかないだろう。そこでナーゲルスマンは、複数の選手を絡めたプレーのオートマティック化によってこの問題を解消している。

具体的には縦パスの出し手と受け手、そしてサポートに入る3人目、4人目の動き出しを加えた4枚の動き出しがワンセットになったメカニズムだ。1本目の縦パスが入った瞬間に、受け手のサポートへ3人目の選手が「前向き」に入る。ここまではいわゆる「3人目の動き」。ただナーゲルスマンのチームではこの瞬間に、さらに4人目の選手が受け手の背後へ

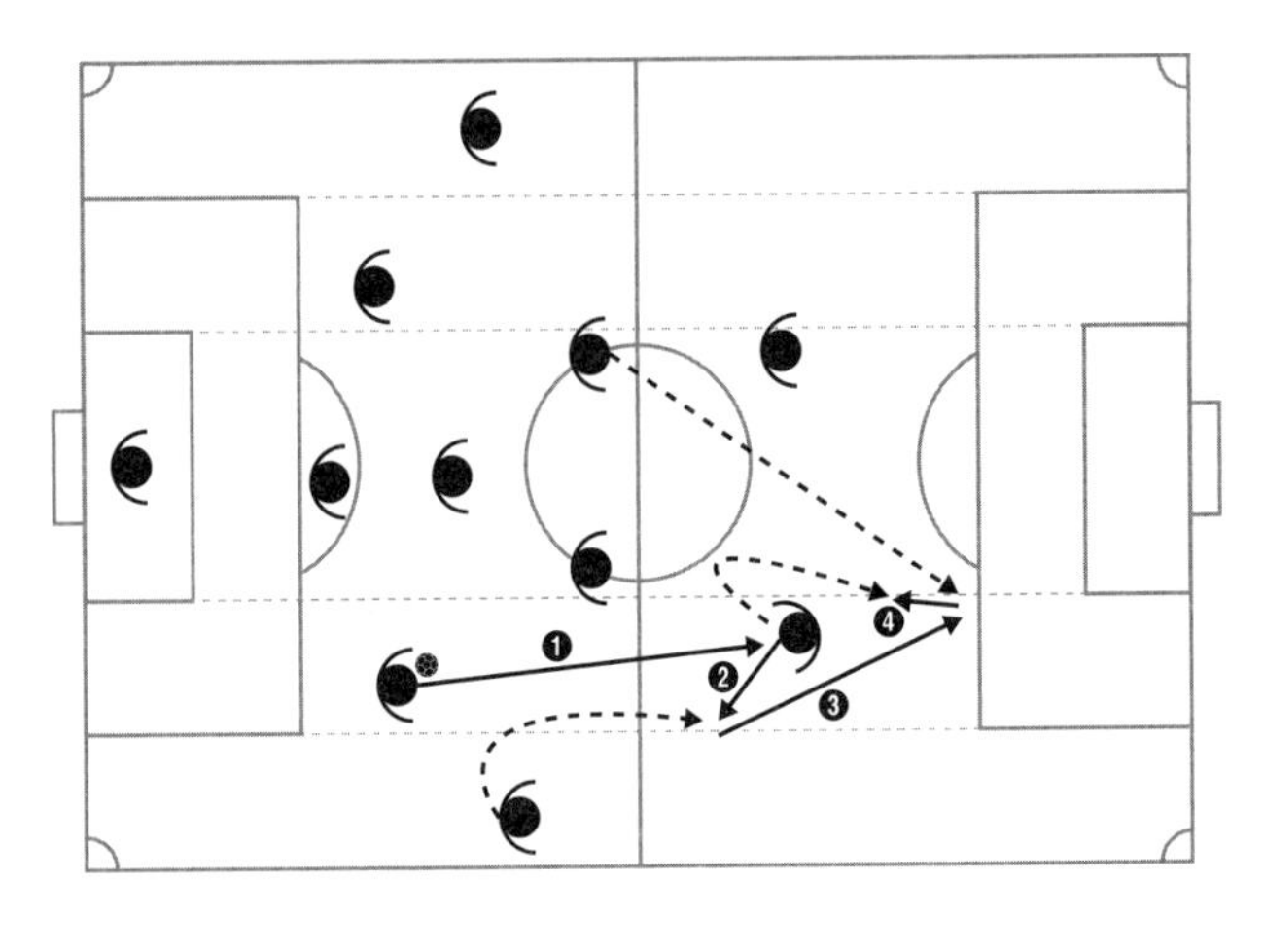

（図24）動き出しの自動化

縦のランニングをスタートさせる。これをオートマティックに行うことで、以下の流れが半自動化されるのだ（図24）。

①ＤＦあるいはＭＦが前線へ縦パス

↓

②受けた選手は前向きにサポートへ入ってくる「３人目」へワンタッチで落とす

↓

③前向きでサポートした「３人目」はさらに縦パスを入れる

↓

④背後に走った４人目が受ける

4人目が縦パスを受けた瞬間に5人目が前向きサポートに入ると、このメカニズムはさらに継続も可能だ。理論上はこの連携を連続させると、個で前を向くことが出来る選手がいなくとも、チームとして縦→縦の連続展開が可能となる。

液状化するスタイル

システムや自分たちの型といったものを非常に流動的な概念として捉えていることも、ナーゲルスマンの特徴だ。それは逆説的に言えば「自分たちのサッカー」などに縛られていない、とも言い換えられるだろう。サッカーを11人称ではなく常に22人称で捉えて、相手との力関係から自分たちの戦術やシステムを考えるということでもある。

例えば「ボール支配を通じて試合の主導権を握る」というコンセプトを掲げているチームで考えてみよう。いくらそんな志を持っていてもバルセロナやバイエルンを相手にした時、果たしてその方法だけでどこまで戦えるのか。相手が明らかな格上でボール非保持の時間が長くなることが明瞭ならば、ボール非保持を前提としたシステムとコンセプトが必要だろう。中には格上が相手だろうとあくまで自身の哲学と共に死ぬことを半ば美徳としているような監督もいるが、ナーゲルスマンは非常にドライな判断と柔軟性を持っている。それは相手との力関係を踏まえて試合ごとにシステムを変える姿勢からうかがえるものだ。

具体的に言えば、相手が格上の時、すなわちボール非保持の時間が長くなることが想定される試合では、システムは相手に噛み合わせていく。ミラーゲームを仕掛けて、相手に簡単にボールを保持させないことを最優先に考えたシステムを組むわけだ。反対に、相手が格下で自分たちがボールを保持する時間が長くなると想定される場合には、相手と噛み合わせをズラすシステムを採用する。

さらに実力が拮抗している場合などは、同じ試合でも攻撃と守備とで局面ごとにシステムを可変させる考え方も発展型として用いている。その象徴的な試合としては、19／20シーズンのCL準々決勝でシメオネのアトレティコ・マドリーと対戦した時の可変システムが挙げられる。この試合でナーゲルスマンはシメオネの「相手にボールを持たせるスタイル」との兼ね合いから、自分たちがボールを持つ時間が長くなると想定。ボール保持時は3－1－5－1という特殊な配置を準備した。これはシメオネアトレティコの代名詞とも言えるシステムを崩すための、「4－4－2殺し」の配置と言えよう（図25）。

まずアトレティコのファーストラインである2トップには3バックで「＋1」を確保しな

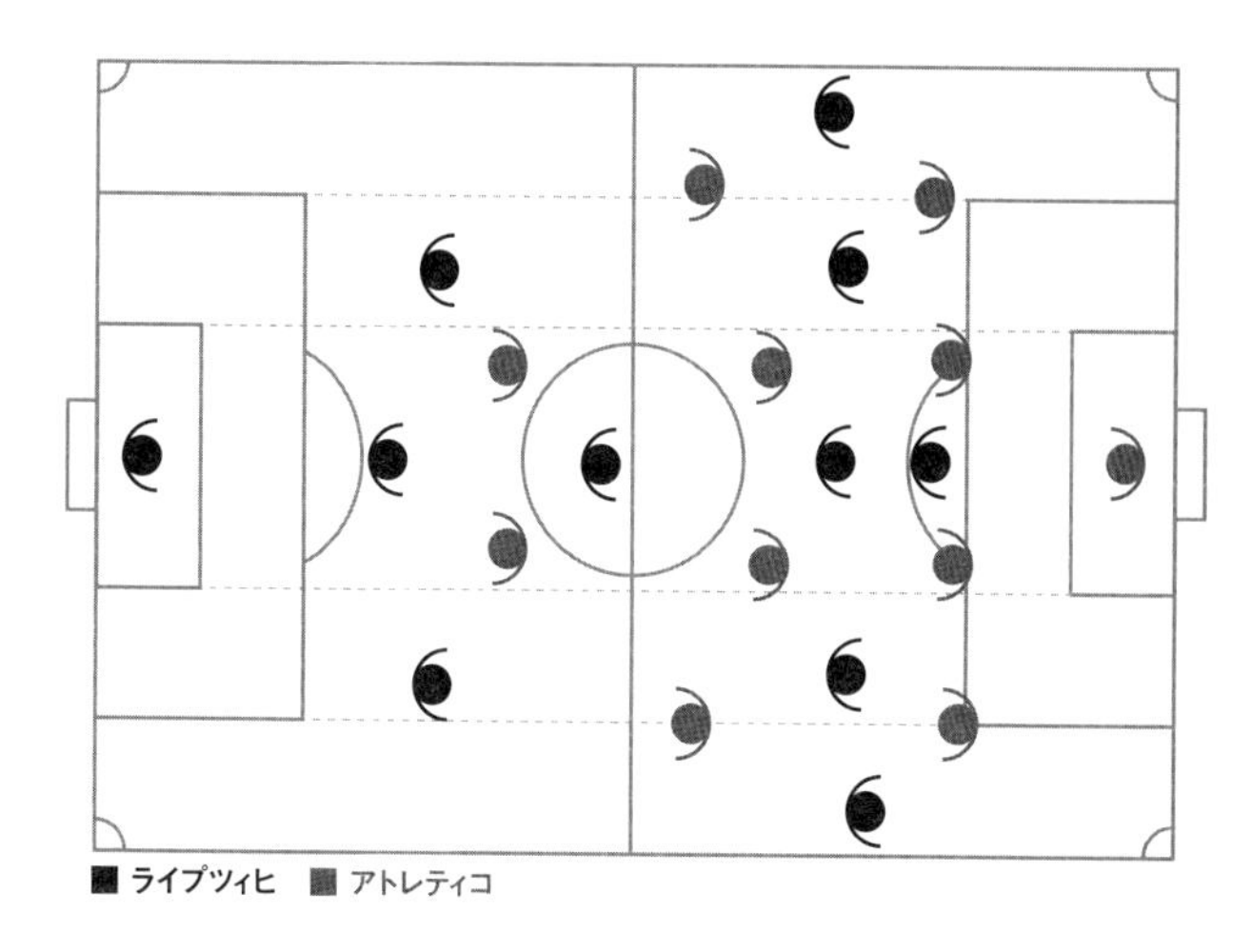

（図25）ナーゲルスマンの「4-4-2殺し」

がら、2トップの背後に1アンカーを置くことで、CBから縦パス1本で2トップを置き去りに出来る配置になっている。アトレティコとしてはこのアンカーに対してはボランチを押し出して対応したいところだが、ボランチの背中には3枚のMFが控えていて、ここでもナーゲルスマンは「＋1」の数的優位を相手に押し付けていた。

より俯瞰で捉えるならば、4－4のブロックを組むシメオネに対し、そのライン間で2列目が5レーンを占拠している、とも言えるだろう。アトレティコの2列目は自分たちの背中で5レーンを占拠され、中央もサイドも後ろ髪を引かれる構造になっているので、簡単には前に出ていけない。ナーゲルスマンはこの配置により、アトレティコの2トップと2列目の4枚の連携という、シメオネ戦術の肝となるユニットを破壊している。

このように攻撃の局面では噛み合わせを「ズラす」配置を取ったライプツィヒだが、アトレティコがボールを持った守備の局面では、システムを4－4－2に可変させて配置を「噛み合わせ」ていた。その際、誰がどこに可変するかという特殊な動きは完璧にタスクとして落とし込まれており、可変はスムーズかつ迅速に行われる。ことここに至るともはや「自分たちのサッカー」とは一体何なのか？　という疑念も浮かんでくるほどだ。

ライプツィヒの戦いからは、サッカーのスタイル、コンセプトといったものが固体から液体のようにフレキシブルに形態を変える概念になりつつあることがうかがえる。今後のトレンドとしてもおそらく、サッカースタイルの流動化はますます加速していくことが予想される。そしてそのトレンドの中心には必ずこの男、ナーゲルスマンの存在があるはずだ。

組み合わせの「黄金比」

ここまで、ナーゲルスマンがいかにサッカーという競技をロジカルかつドライに捉えているか、その一端を見てきた。そんな彼だからこそ、選手個々の捉え方も非常に特殊で面白い。

ナーゲルスマンは選手個々のタイプを「個人主義（エゴイスト）」と「全体主義（チームプレイヤー）」の2つのカテゴリーに分けて捉えていると語っている。そして試合の際、ピッチに送り出すそれぞれのタイプのバランスを法則にして考えている。彼いわく、エゴイストとチームプレイヤーのバランスは「3：7」が黄金比率で基本となるらしい。それ以上エゴイストが増えるとチームとして統率が取れなくなり、かと言ってそれ以下に減らしてしまうと、試合が膠着した際の打開力に欠ける編成になってしまうというわけだ。

過去、これと似た考え方を持っていた名将に、あのオシムがいる。オシムも選手を「水を運ぶ選手（チームプレイヤー）」と「エクストラプレイヤー（エゴイスト）」に分けて考えていて、感覚的にバランスを調整していた。

有名なのはオシムが90年のイタリアW杯でユーゴスラビア代表を率いた際の初戦での逸話である。当時、綺羅星のごとくスター選手を揃えていたユーゴ代表に対し、マスコミや国民はスターシステム（スター選手中心の編成）を熱望する声を上げていた。W杯本大会を控え、スター選手を同時起用しないオシムのやり方にマスコミの批判もピークを迎えていた。

するとオシムは、この状況を逆手に取る大胆な采配に打って出た。ワールドカップ初戦の西ドイツ戦で、スター選手を全員同時にピッチへ送り出したのだ。一見、マスコミの圧力に屈したようにも見える采配だが、実はオシムの狙いは別にあった。この試合、スター選手のエゴが飽和したチームは統制を失い1－4で敗れるのだが、これはオシムの目論見通りであった。彼はW杯の初戦を捨てることで、自身の采配の正当性とチームバランスの重要性を、マスコミだけでなく選手たちにも認識させたのである。

そして2戦目以降は「水を運ぶ選手」を加えてチームバランスを戻したユーゴ代表は、2連勝で見事グループリーグを突破している。そうかと思えばオシムは退場者が出て10人になった準々決勝で、それまでベンチに温存しておいたチームナンバーワンのドリブラーにしてチーム一のエゴイストであるデヤン・サビチェビッチを投入する一面も見せている。いわく、10人の苦しい状況においては一人で局面を突破出来る飛び切りのエゴイストが必要だ、ということだったらしい。

このオシムのように、選手の個性とパーソナリティを加味した発想で、チームを編成している監督は多いはずだ。だがその構成比を法則にして、半ば自動化してしまう監督はめずらしい。ナーゲルスマンの場合、選手起用、交代策を続けて見ていると、誰が「個人主義」のカテゴリーに入っているか判別出来てしまうほど、明快なのだ。このデジタリックなアプローチも実に現代的で、ナーゲルスマンらしいと言えなくもない。

次に、ナーゲルスマンの負けパターンについても考えてみる。彼が指揮をとるライプツィヒの負け試合や失点パターンを仔細に見ていくと、その多くが安易な、非常にもったいないミスから生まれていることが分かる。それはCBがバックパスを相手に渡してしまったり、ビルドアップでGKからのパスをかっさらわれたりといった類いのものだ。

象徴的な試合が20／21シーズンのCLで敗退したリバプール戦だろう。ホームでリバプールに与えた痛すぎるアウェイゴールの2失点はまさに、自滅と呼ぶにふさわしいものだった。1点目は回収したボールをつなごうとしたバックパスを何と相手のエース、サラーに渡してしまう痛恨のミス。2点目もマネに出たロングボールをマーカーのCBが無理な体勢からオーバーヘッド気味にクリアしようとして空振り。サラーやマネといったワールドクラスのストライカーはこういったミスを許さず、確実に得点を重ねていく。試合自体は強豪リバプール相手に互角以上に渡り合っていただけに、非常に痛い失点であった。

だが、ライプツィヒが抱えるまだ無名の若手選手によるチーム編成では、こういったミスはある程度つきものだろう。全てを緻密に組み上げるナーゲルスマンの負けパターンが極めて人間的なヒューマンエラーというのも面白い話である。

我々は歴史的転換点を見ているのかもしれない

さて、そのナーゲルスマンであるが、ライプツィヒでの辣腕ぶりが認められ、21／22シーズンからはついにドイツ最高峰のクラブ、バイエルンに引き抜かれることとなった。ナーゲルスマンにヒューマンエラーが極めて少ないタレント軍団を与えたらどうなるのか、それは末恐ろしい結果となった。ホッフェンハイムやライプツィヒ時代には選手のクオリティ不足から起こるミスで覆い隠されていた、ナーゲルスマンサッカーの全容がついにバイエルンで明らかになったのである。

ナーゲルスマンサッカーのベースはポジショナルとストーミングのハイブリッドだが、もはやこれらをチームのスタイル、絶対的な戦術の指標として捉えておらず、局面における一つのツールとして使いこなしている。

順を追って見ていこう。ナーゲルスマンのバイエルンの基本布陣は4－4－2ないしは4－2－3－1だが、ボール非保持の局面ではストーミングを駆使し、ボール周辺に極限まで選手を密集させるため、「幅」という概念を一時的に捨てる。したがって布陣は4－2－2－2に近くなっている。

この状況でボールを奪った場合、多くのチームは攻撃に切り替えて選手が広がり、ポゼッションに移行するが、ナーゲルスマンは違う。彼の考え方は「狭くして奪ったなら、狭いまま攻めきった方が合理的」というもので、前線にレバンドフスキという絶対的ストライカーがいることもあり、ボールを奪った瞬間は必ず彼をターゲットにし、縦に攻めきる攻撃が徹底されている。この時、逆サイドのSHも幅を捨ててボールサイドに密集しているので、仮にレバンドフスキが囲まれてもポストプレーを拾える厚みが2列目、3列目、そしてすごいのは最終ラインの4列目まで徹底されている（SBは偽SB状態）。

一方で、相手が守備をセットしてきた時は、今度はポジショナルな配置を取って「幅」も最大限活用する。つまり自分たち主導ではなく、相手の状況を含めた局面による使い分けとなっている。そしてポジショナルの局面に移った時には選手たちが予め決められた配置を取り、4－4－2から3－1－5－1に可変する（図26）。先にも述べた通り、この3－1－5

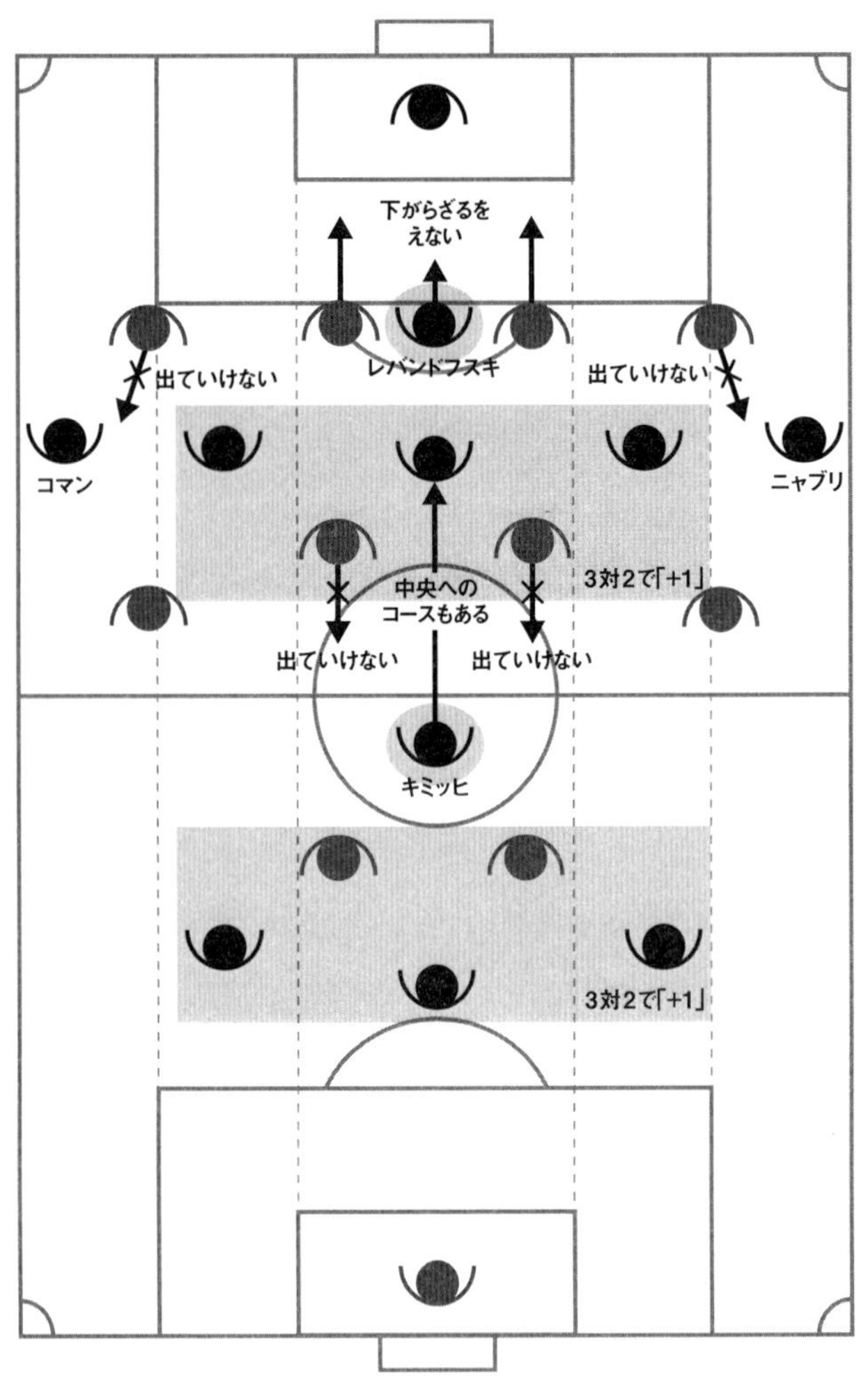

（図 26）バイエルンの 3-1-5-1

－1システムはライプツィヒ時代、シメオネ率いるアトレティコの4－4－2を構造的に破壊するためにナーゲルスマンが編み出した凶悪なシステムだ。3－1－5－1が4－4－2と対峙すると、おおよそ全ての局面で有位性を得ることが可能となっている。

まずビルドアップの始点となる3バックが2トップに対して「＋1」の優位性があるのは当然として、アンカーも誰からもマークされない噛み合わせとなる。しかもこのアンカーに入るのが、あのペップ・グアルディオラをして「アンカーに必要な全てを兼ね備えている」と言わしめたヨシュア・キミッヒである。4－4－2のボランチがこのアンカーに出ていくと今度は、バイタルエリアで1対3の数的不利に陥ってしまう。必然的にアンカーはフリーにならざるを得ないのだ。

さらに最前線には、いつバロンドールに選ばれてもおかしくない活躍を続けているレバンドフスキがいる。相手のCBはどうしたって深さを取るレバンドフスキを基準にDFラインを設定せざるを得ないが、そこでナーゲルスマンは中盤の2列目に5レーンを敷く。従来、5レーン戦術は大外に張るウイングとハーフスペースに留まるインサイドハーフの二択を相手に迫って「後出しジャンケン」で空いた方から攻略する戦術だったが、ナーゲルスマンはここに、ど真ん中に置いたトップ下というルートを加えている。

通常、5レーンに対応する側の2ボランチは両ハーフスペースに配置されたIHをケアして背中でパスコースを消すポジションを取るのだが、ボールを持ったバイエルンのCBとアンカーはその門のど真ん中を射抜く。あくまで攻めルートの本丸は中央なのだ。

守備側は2ボランチで背中の3枚をケアすることは不可能で、後ろからCBが加勢しようにも彼らはCFのレバンドフスキにかかりきりになっている。当然SBは大外のWG（しかも1対1での凶悪な突破力を持つ）でピン留めされていて、必ず守備の「どこか」に穴が開く構造だ。そしてこれは相手が4－3－3になろうが3バックになろうが、変わることはない普遍の構造でもある。なぜならレバンドフスキという飛び道具がいる限り、彼と2列目の5レーン、これに加えて一人浮遊するアンカーを同時にケアすることは不可能に近いからである。レバンドフスキやキミッヒといった飛び切りのタレントが持ち駒にいるからこそ具現化された、ナーゲルスマンサッカーの全容と言えよう。

このようにナーゲルスマンのバイエルンでは、一人の選手がある局面ではSBをこなし、またある局面では3バックのCBに可変、さらに別の局面では偽SBとしてボランチまでこなすということが、もはや当たり前に行われている。そこにあるのはポジションという固定の概念ではなく、局面で取るべき位置取りと担うべきタスクに過ぎない。そしてバイエルンでは局面ごとに選手がとるべき位置とタスクが極めて明確なプログラミングコードのように、選手たちに実装されている。したがって選手のプレーに迷いがない。その様は就任1年目にしてすっかり「ナーゲルスマンのバイエルン」に生まれ変わっていると誰もが確信出来るレベルの、驚異的な変貌である。もしかすると、フォーメーションを含めた既存のサッカー概念が今まさに書き換えられていく歴史的転換点を、我々は目撃しているのかもしれない。

第Ⅲ部

現代サッカーはどこへ行くのか

第11章 バロンドールからひも解く「最高の選手」

「その時代における最高の選手は誰か?」

サッカーファンなら誰もが抱いたことのあるこの疑問に対し、1956年にフランスフットボール誌が創設した世界年間最優秀選手賞、通称「バロンドール」は一定の答えを出してきたと言える。「一定の」と前置きしたのは、もちろん不完全な部分があるからだ。ご存知のように選定される選手は攻撃の選手に偏りがちだし、そもそもサッカーにおいて「最高」とは何なのかは人それぞれ違う。

だが少なくとも各国のジャーナリストという有識者の投票によって選定された選手が、その時代ごとにおけるサッカーの一面を切り取っているのもまた間違いのない事実であろう。その時代における最高の選手、とはすなわちその時代の戦術下において最も有機的にプレー出来た選手、と言い換えることが出来る。

この章ではそんなバロンドール受賞者の変遷という視点から、直近40年の戦術パラダイムを探っていきたい。

トップ下という絶対君主の時代（80年代）

1980年代のバロンドール受賞者の中でもとりわけ目を引くのは、何と言っても83年から3年連続受賞のミシェル・プラティニであろう（長いバロンドールの歴史の中でも3年連続受賞はプラティニとメッシのみ）。彼のポジションはトップ下、もしくは9・5番と呼ばれる位置で、ゲームメイクからアシスト、そして得点と言わば攻撃の全権を握っている王様であった。当時のバロンドールは欧州国籍を有する選手のみを対象としていたので選考外であったが、現在と同じ基準であればプラティニ同様、圧倒的なパフォーマンスを示していたアルゼンチンのマラドーナもバロンドールを争っていたであろう。

この時代の戦術はまだゾーンディフェンスが広く浸透しきっておらず、マンツーマンの色が濃いものであったので、チームで一番上手い選手には相手の一番守備力が高い選手がマークに付くのが恒例になっていた。したがって、この1対1において優位性を示せるほどの絶対的な個の能力を持ったアタッカーがいれば、そこにボールが集まるのは自然の道理。それはそのまま試合における勝敗につながるので、バロンドールに該当するようなアタッカーを擁したチームの強さが揺るぎない時代でもあった。プラティニ擁するフランス代表が84年の欧州選手権を制し（プラティニは大会得点王）、86年メキシコW杯はマラドーナ擁するアルゼンチン代表が優勝しているのは決して偶然ではない。言い換えれば、当時はまだこの圧倒的な個の力を組織で抑える戦術が今ほど発達していなかったことの証左でもある。そして彼らのような万能かつ圧倒的な力を持った選手にとって、ピッチの中央に鎮座し、王様として振る舞える「トップ下」というポジションはまさに聖域と呼べるものであった。

ゾーンプレスの普及とトップ下の凋落（90年代）

90年代に入ると、トップ下という絶対君主の存在を次第に脅かす戦術が普及していく。その芽は80年代後半にアリーゴ・サッキがACミランで披露した戦術的革命「ゾーンプレス」ですでに発芽していた。サッキはこのゾーンプレスという戦術を「マラドーナを抑えるために考案した」と公言しているほどで、その考えに至ったプロセスも面白い。

プロ選手としての実績を持たないサッキが無名集団パルマ（当時はセリエC1）を率いた時に、「持たざる者が王を討つための戦術」として編み出されたのである。そして実際に、当時のパルマはカップ戦で王者ミランを二度にわたり破るなどのアップセットを演じている。

このパルマという革命軍での実績を足掛かりに、サッキは最終的にミランを率いて絶対君主マラドーナに挑む。一本の映画のようなストーリーでもある。

それまでマンツーマン戦術の下、1対1で絶対的な優位性を誇示してきた王様に対し、ゾーンプレスは一人でダメなら皆で抑え込もうという戦術だ。この複数での囲い込みによってまず、王様が持つ個の優位性が打ち消された。民衆の反乱である。

さらに「王様もボールがなければただの人」ということで、トップ下にボールが渡る前の段階で潰してしまうプレスも戦術的に奏功。このサッキの成功により、90年代に入るとゾーンプレスが広く欧州中に普及していく。この流れによって、80年代には「個＞組織」に傾いていたパワーバランスが90年代には徐々に拮抗していくのだった。つまり、王様を持たないチームにも勝機が生まれ始めたのである。そしてこれは当然、バロンドールの選考にも大きな影響を及ぼしていく。

90年代における受賞者の中でプラティニ、マラドーナの系譜を継ぐトップ下の選手はロベルト・バッジョ、ジダン、リバウドの3名だ。いずれも単年受賞であり、この時代には他にドイツのローター・マテウスやマティアス・ザマーといったリベロタイプのＤＦも受賞者に混ざってくるなど、この10年はトップ下の絶対的支配感がだいぶ薄れてきている。同時に、守備のシステムが確立されるにつれてコンダクターのポジションが徐々に後方に移っていく戦術的な流れの萌芽も見て取れる。

時代に許されなかった10番

90年代を代表する天才選手であり、間違いなく絶対君主になり得る素質を持っていたのがロベルト・バッジョだった。彼は所属したユベントスでも「プラティニの再来」と言われていたのだが93年にバロンドールを受賞した後、悲運のキャリアを辿る。翌94年こそバロンドール投票においても全体で2位の票を獲得したが、95年にミランに移籍してからは運命の巡り合わせか、指揮官がよりにもよってファビオ・カペッロ、サッキというゾーンプレスの旗手たちであった。

ゾーンプレスを実行する際の最適解と言われていた4－4－2のフォーメーションには、物理的にもトップ下というポジションが存在しない。予測不能なプレーを繰り出す傑出した個は、組織の機能美を乱すノイズと見なされたのだ。個を活かすための組織ではなく、組織を活かすための個が求められた当時のピッチに、王の玉座はなかったのである。

必然としてバッジョは出場機会とその存在感を段々と失っていく。欧州のトップシーンから退いた彼が最終的に辿り着いたのは、プロビンチャのブレシアであった（00年に移籍）。この頃になると、もはや持たざる者の戦術であったはずのゾーンプレスは持てる者たちの標準装備になり始めていた。強者のゾーンプレスである。そして弱者が強者と同じ土俵で戦っても勝ち目は薄い。したがって、持たざる者であるブレシアが求めていたのは完成度の高い機能美を打ち破る予測不能な個という巡り合わせの妙であった。皮肉にもバッジョはこの地で再び「持たざる者たちの王」として輝きを取り戻し、04年にそのキャリアを終えている。

90年代最後のバロンドール受賞者（99年）は、典型的なブラジルの10番タイプであるリバウドだった。彼もまた、所属していたバルセロナでは突出した個の能力と組織の間で葛藤の日々を送っていた。なぜなら、当時のバルセロナの指揮官もこれまたガチガチのシステム論者であるオランダ人ルイス・ファン・ハールだったからである。

ファン・ハールが基本とするシステム4－3－3にもトップ下の玉座はなかった。リバウドは左サイドのウイングとしてのプレーを強要されたが、試合になると度々持ち場を離れては王の玉座を目指した。ファン・ハールはこれに激怒し試合から外すこともあったが、ひとたびボールを持てばその左足から繰り出されるプレーはファンタスティックの一言であった。

最終的にはファン・ハールも折れてリバウドにトップ下の玉座と自由を与えるのだが、皮肉にもチームの成績はそこから悪化していく。リバウドが多少の窮屈さを覚えながらプレーしていた頃の方が、チームとしての調和は保たれていたのだ。

その後、ファン・ハールが更迭され、リバウドが王としての権力を取り戻した00／01シーズン。バルサはリーグ優勝どころかCL出場権を確保する4位以内ですら怪しいという低空飛行を続けていた。迎えた最終節バレンシア戦は勝った方が翌年のCL出場権を得られるという大一番。この試合、トップ下で出場したリバウドは獅子奮迅のハットトリックを見せてチームをCLに導いている。特に後半43分の土壇場に決めた決勝点はペナルティエリアの外からオーバーヘッドを叩き込むという彼にしか出来ない離れ業であり、まさに王が王たる所以を見せつけたものだ。リバウドに自由を許したことでチームは低迷し、しかし最後の最後でチームを救ったのもまたリバウドの個の輝きであった。このリバウドの一例は、サッカーにおける「個と組織」のバランスが永遠のテーマであることを端的に示している。

その後、バルサではリバウドの10番を受け継いだアルゼンチンの王様リケルメも自らの居場所を見つけることが出来ず、わずか1年でクラブを去っている。だがリケルメは移籍した先の中堅クラブ、ビジャレアルで「持たざる者たちの王」として復活し、チームを見事CL

ベスト4の快挙に導いている。これはバッジョが辿った運命と酷似しており、この時代に生きる王の素質を持った天才たちの境遇を象徴しているとも言えるだろう。

選手としての才能でいえばプラティニに勝るとも劣らない実力者であったバッジョ、リバウド、ジダンの3名。しかし誰一人としてバロンドールの連続受賞に至らなかった背景には、激動する時代のパラダイム・シフトがそれを許さなかったという側面もあるのではないか。

「外」から崩すウインガーの台頭（00年代）

00年代に入り最初のバロンドール受賞者（00年）がルイス・フィーゴだったことは、戦術的観点においても非常に示唆に富む。ゾーンディフェンスがスタンダードに普及し終えたこの時代において、フィールド中央エリアからはもはや時間もスペースも消失していた。これに伴い、オフェンスの主役はトップ下からサイドを主戦場とするウインガーへと移行する。

80年代、90年代のバロンドール受賞者を振り返ってみても、フィーゴのようにサイドを主戦場とするドリブラーが受賞した例はない。しかしフィールドからトップ下というポジションが消え、中央には密集したディフェンスのブロックが築かれるようになると、サイドでボールを託される彼らの役割がことさら重要になってくる。

フィーゴは左右両足を遜色ないレベルで使えたことに加え、ＤＦを抜ききらない状態でも高精度の巻いたクロスをゴール前に供給することが出来たという点で、この時代における「世界最高のウインガー」であった。なぜなら「中央を封鎖しサイドに誘導して奪う」が基本理念であるゾーンディフェンスに対し、その守備ブロックの「外」から致命傷を負わせるフィーゴのような質の高いウインガーは、言わばゾーンディフェンスの天敵とも言える存在だからだ。

フィーゴがバロンドールを獲得した00年。彼が当時の移籍市場最高金額でバルセロナから宿敵レアル・マドリーへと移籍したこのタイミングこそ、スペインの両巨頭がその後の覇権を握る分水嶺となったのは示唆的である。だからこそ、レアル・マドリーのペレス会長は莫大な費用をかけてでもこのウインガーを欲したのだろう。この移籍劇を機にレアル・マドリーは翌年ＣＬ優勝を果たすなど黄金期に突入していく一方、バルセロナは長い低迷期を迎えるのであった。

「サイドのトップ下」として踊る

そんな流れを変えたのが05年にバロンドールを受賞したロナウジーニョである。彼は生まれる年代があと10年早ければ確実にトップ下の王様としてバロンドールの覇権を争っていたであろう、典型的なブラジルの10番だ。そんなファンタジスタがウイングとしてバロンドールを獲ること自体、この時代の戦術トレンドを雄弁に物語っていると言えよう。

実際、バルセロナでバロンドールを獲る前の彼は所属先のパリ・サンジェルマンにおいてトップ下の王様として君臨する、リーグアンでは傑出した存在であった。しかしリーグアンでは彼を中心にチームを組織することが出来ても、欧州トップクラブであるバルサではチームの組織にロナウジーニョがアジャストしていく必要があった。何よりバルサの伝統的なフォーメーションである4－3－3にトップ下というポジションはない。

これまで多くのトップ下が直面してきたこのジレンマに対し、ロナウジーニョは鮮やかに新時代のウイングとして時代に適合したのである。とはいえその実、ロナウジーニョはサイドのエリアでトップ下のプレーをしていたに過ぎない、とも言えるが。

四方八方から敵に囲まれるトップ下のエリアと違い、基本的にタッチラインを背に相手S

Bと1対1の状況でボールを受けられるサイドのエリアはロナウジーニョにとって絶好の踊り場となった。戦術的な観点で言えば、右利きのロナウジーニョを左サイドに配した配置の妙が決め手であろう。左サイドで半身になり右足でボールを受けさえすれば、ロナウジーニョは寄せてくるSBに対して強靭（きょうじん）なフィジカルを活かして左半身で壁を作り、右足に置いたボールには絶対に触らせない状況を作れた。しかもこの状況におけるロナウジーニョの視野と身体は自然とゴール方向に向いているので、カットインからのシュートやラストパス、そして強烈なサイドチェンジを武器にタッチライン際からゲームを操っていたのである。

「ロナウジーニョが提示した新時代のウインガー像、それは「強靭なフィジカル」と「超絶テクニック」の融合である。この系譜を受け継いだのが08年にバロンドールを受賞したクリスティアーノ・ロナウドであろう。この時代のサッカーはさらに高速化し、よりフィジカルとスピードが求められるよう進化していた。

そして翌09年、バロンドールを受賞したのがバルサでロナウジーニョから背番号10を受け継いだリオネル・メッシである。当時の彼はまだロナウジーニョの後継者として左利きの右ウイングで起用されており、そこで披露していたプレーはまさにウインガーとしてのそれであった。彼が最初にバロンドールを獲った08／09シーズンにスペインリーグで叩き出した得点数は23。ウインガーとしてはこれでも充分並外れた数字なのだが、年間30～40点以上をコンスタントに叩き出す怪物になるのはこの後、10年代に起きた戦術的革命後の話である。

0トップという再発見（10年代）

10年代のサッカーにおける戦術トレンドを決定付けたのは、時代の寵児モウリーニョの登場であった。09／10シーズンにCL優勝を果たしたモウリーニョのインテルがとった戦術は「ピッチの中央はもちろん、サイドのエリアも同時に封鎖する」という堅牢な守備思想がそのベースとなっている。モウリーニョは4－3－3システムを基本としながらも守備時は3トップの両ウイングにMFやDFとしてのプレーを求めることで、サイドのエリアを多重的に封鎖し結果を出していく。

すると90年代にサッキのゾーンプレスが広く世界に浸透したように、モウリーニョの「サイドを多重的に塞ぐ」守備戦術は瞬く間に一般化されていく。サイドを塞がれたことで00年代にバロンドールを占有したウインガーたちも岐路に立たされていた。中央にもサイドにもスペースがなくなったことで今度は攻撃戦術に新たな革命が生まれたのは、時代の必然と言えよう。革命を起こしたのは、こちらも時代の寵児ペップ・グアルディオラであった。

ペップはメッシを解放し、彼の能力を最大限活かせる戦術を模索していたが、ついにバルセロナの伝統からクライフが選手時代に躍動していたポジション＝「フォルスナイン」（偽9番）の復活に辿り着く。ペップはメッシの姿に、自身が師と仰ぐクライフの姿を重ねていたのだろうか。ペップがこの発想に至った経緯は彼のみぞ知るところであるが、結果的にこの閃きは時代の戦術パラダイムを一転させた。もはやピッチ上からは定点的なオープンスペースは消失しており、なかったはずのスペースを再生産するという意味でもこのフォルスナインは理に適っていたのだ。

メッシは9番のポジションを初期位置としながらも、ピッチ上に一瞬現れては消えるエアポケットのようなスペースを察知しては本来のポジションを離れて自由にピッチを移動。従来の二次元的、平面発想では消失したかに見えたスペースに四次元的な時間軸を加味することで、誰かが動いた後に出来るスペースを利用したのだった。時代はポジションという束縛から解放されたアナーキスト（戦術的反逆者）が躍動する新章へと突入していく。

メッシはこの「0トップ」という新たな戦術と「フォルスナイン」というポジションが定着した11／12シーズンに、リーガでの得点数をウインガー時代の23得点から一気に50得点という異常値へ倍増させている。当時、この戦術がいかに猛威を振るったかが端的に表れている数字と言えよう。この新ポジションを得たことでメッシは10〜12年と3年連続でバロンドールを受賞しただけでなく、10年代のうち5回のバロンドールを独占するという快挙を成し遂げた。

クリスティアーノ・ロナウドも10年代で4回受賞しているが、こちらも08年に受賞した当時の純粋なウインガーからは変身を遂げている。もはやサイドのエリアで彼の代名詞となった高速シザースを繰り出す時間もスペースもなくなった時代において、ロナウドはメッシとはまた違ったかたちの「フォルスナイン」として進化していた。当時所属のレアル・マドリー（指揮官はあのモウリーニョ）では左サイドのウイングを初期ポジションとしながらも、チームがファイナルサードにボールを運ぶと中央の9番の位置に侵入（同時に本来の9番であるベンゼマがサイドに流れる）。中央から降りてくるメッシに対し、サイドから中央へ移動するロナウドはペナルティエリアに突如現れてはワンタッチでゴールを量産するゴールゲッターとして時代に適合したのである。

リベロのリバイバルなるか（20年代）

さて、来たる20年代にバロンドールを受賞するのは一体どのような選手なのであろうか？ここではその展望について予想していくが、あくまで一個人の見解であり、妄想とも呼べるような代物であることをご理解の上読み進んでいただきたい。

今後の流れとして、従来の定点的なポジションに縛られた平面的プレイヤーはますます時代に淘汰されていくと考えられる。いかにポジションの束縛から自由に振る舞い、自らの判断によってピッチ上に現れては消える「未来のスペース」から逆算したポジショニングを取れるか。それを可能にする選手こそが主役になっていくのではないか。

その意味で、最前線から降りてくることで自由を得た0トップという再発見が有効だったように、最後尾から上がってくることで自由を得る発想のリバイバルは充分考えられる。つまり「リベロ」の復権である。チームにおいて最も局面を読む能力に長け、技術も高い選手を最後尾に置くことで局面参加率を最大化させるリベロという戦術は、考えれば考えるほど現代サッカーに適合し得ると思えてくる。

「フォルスナイン」と「リベロ」の時代、と言うと、ちょうど時計の針を半世紀ほど巻き戻した70年代のバロンドールの歴史に想いを馳せずにはいられない。

この時代のバロンドールはオランダが生んだ天才クライフと、ドイツの皇帝フランツ・ベッケンバウアーがトロフィーの半分を独占した（クライフが3回、ベッケンバウアーが2回）。クライフはその類いまれなる戦術眼をもってオランダ代表やアヤックス、バルセロナでも「フォルスナイン」としてポジションに縛られず自由にピッチを支配した。ベッケンバウアーは最後尾から繰り出される正確無比のショットガンパスでチームを操りながらも機を見た攻撃参加でゲームを作り、時には最前線で決定的なアシストや得点も挙げる活躍で、リベロというポジションを築き上げた。

オシムをはじめとする幾多の名将たちは言う。「もはや戦術に新たな発明はない。あるのはリバイバルである」

バロンドールの変遷をさかのぼることで未来のフットボーラー像を妄想する、そんな楽しみ方もフットボールが持つ奥の深さと言えるのではないだろうか――。

第12章 ファンタジスタとは誰のことか？

ポジショナルプレーにファンタジスタの居場所はあるのか

本書では現代サッカーの流れとして、ポジショナルプレーとストーミングが鎬（しのぎ）を削り、やがて両取りへと進化していく過程を見てきた。極めて高度にアップデートされていくサッカーという競技では、高速化とそれに伴うプレーのオートマティズム化がますます加速していくはずだ。その進化の過程において果たして、選手個々の「閃き」や「創造性」というものが介入する余地は残っているのだろうか？

端的に言えばポジショナルプレーとは、プレー判断を半ば自動化することで誰が試合に出ても一定のアウトプットが見込めるようプログラミングする戦術である。かたやストーミングは選手が判断する余地（時間）を極限まで削って、走るべきスペースと狙うべきプレーを自動化させている戦術だ。誰が出ても一定の成果が望める、ということは〝普通の選手〟を上手く見せるような副次的効果が期待出来る一方、誰も真似出来ないようなプレーをアウトプットする特別な個は、ノイズになってしまう懸念を含んでいる。つまり、ここで提起したい問題とは次のようなものである。

〃ポジショナルプレーにファンタジスタの居場所はあるのか〃

この問題についてはすでに、指導者としてアルゼンチンU－17代表の監督も務めるアイマールも警鐘を鳴らしている。いわく「サッカーというものは、感覚とかイマジネーションといった要素がたくさん秘められているんだ。チェスとは違う。チェスの駒はいつも前後、左右、斜めと同じ方向に動くが、サッカーではそうはいかない。何百回もオートマティックな練習をさせておきながら『創造性に溢れた選手がいない』だなんて言葉は聞きたくない。全てがオートマティックになっていたら、創造性はなくなってしまう」

アイマールは現役時代、アルゼンチンを代表するファンタジスタであった。小柄な体格ながら大男の間をすり抜けるような巧みなドリブルと創造性溢れるラストパスで、ピッチに彩りを加える存在だ。そんな彼だからこそ、行き過ぎたオートマティズムがもたらす弊害に強い危機感を抱いているのではないだろうか。

ここで本題に入る前に、そもそもファンタジスタとは何か、という定義について触れておく必要があるだろう。誤解されがちな例として、ファンタジスタはいわゆる特定のポジションを指す言葉だと思われることもあるが、そうではない。確かにトップ下や1・5列目に位置する選手である事例が多いのは確かなのだが、だからと言って該当ポジションの選手がイコールでファンタジスタになるわけではない。ファンタジスタとはある特定の条件を満たした選手を指す、賛辞の表現なのである。

ファンタジスタの語源はイタリア語で想像を意味する「ファンタジア（fantasia）」に人を意味する語尾「-ista」をつけて、想像性を駆使する人＝ファンタジスタ（Fantasista）になったとされている。これと似た言葉は世界各国にあり、ブラジルでは「クラッキ（ポルトガル語で天才、名手の意味）」などと表現されたりもする。日本では90年代当時セリエAが絶大な人気を誇っていたため、イタリア語の「ファンタジスタ」が広く普及したのだろう。

ここで重要なのは、世界中のサッカー界で創造性（想像性）溢れるプレイヤーを賛辞する言葉と習慣が普及しているということだ。サッカーにおいてそれだけ重要な存在であるところの証しであろう。もちろん、サッカーにおける〝創造性〟とは極めて主観的なものでもある。ゆえに誰々がファンタジスタで、誰々はそうではないといった議論は答えのない不毛なものだ。あなたの想像を超えるプレーを見せてくれる選手は間違いなくあなたにとってのファンタジスタなのである。

ファンタジスタは引力を操る

局面の打開という概念からも、ファンタジスタについて考えてみたい。時間とスペースが極端に限られた現代サッカーにおいては、前を向くこと、前向きでボールを受けること、それ自体が非常に困難だ。要はＦＷもＭＦも後ろ向きでボールを受けざるを得ないケースが多発する。したがって後ろ向きでボールを受けた際、チームの推進力がどちらに傾いているかといえば後ろに傾いているケースが多い。

そうした推進力という観点から言っても、現代サッカーにおけるファンタジスタの有用性は明らかだ。高度に組織化された現代サッカーの守備、特に統一された推進力を持った強度の高いプレッシングは、相手に後ろ向きのプレーを強いることが出来る。そして相手の攻撃を意図した方向に誘導し、自分たちに有利なスペースへと追い込んで確実にボールを奪う。

常に背中から強烈なプレッシャーを受ける攻撃側は、相手守備者が前向きに発生させている推進力から逃れるのは至難の業だ。ゆえにプレッシング戦術への対抗手段として、3人目の動き出しで前向きのサポートを作るユニット戦術や、ロングボールによって中盤を回避してストーミングで回収する戦術といった発展が生まれた。

だがもし、個人で相手の推進力を反転出来る選手がいれば、プレッシングというチーム戦術を個で打開することが可能だ。現代のファンタジスタとは相手の逆を取ることで、チーム全体の推進力を操れる存在を指すのかもしれない。

そして時に、ファンタジスタは相手を吸い寄せる「引力」のような存在にもなる。マラドーナやメッシ、イニエスタといった名手のドリブルは相手を一手に引き付ける作用を持つ。例えば90年イタリアW杯、アルゼンチン対ブラジルの試合で見せたマラドーナのプレーはまさにファンタジスタの引力が試合を操った好例であろう。この試合、終始劣勢だったアルゼンチンだがマラドーナのワンプレーで勝利を掴んでいる。

それは0－0で迎えた後半35分の出来事だった。センターサークル付近でボールを受けたマラドーナはブラジルの中盤2枚をドリブルでかわすと一気にトップスピードに加速し、ブラジル陣内へ突進していく。当時3バックの布陣だったブラジルはマラドーナの突進に対し、

CB3枚が引き寄せられるようにマラドーナへ集まっていく。その瞬間、マラドーナからDFの股を抜く絶妙のラストパスが放たれ、これをゴール前でフリーになっていたFWのクラウディオ・カニーヒアが決めて勝負あり。

後になって冷静に考えればマラドーナ一人に対し、DF3枚が吸い寄せられてしまったブラジル側のミスにも見える。だが、当時マラドーナのドリブルは放置しておくとそのままゴールまで持っていかれかねないという迫力があった。マラドーナのファンタジスタとしての存在感が引力のようにブラジルのDFを引き寄せたのである。現代でもメッシやネイマールといった名手のプレーには、相手の視野を狭め、注意を一点に引き寄せてしまう引力があり、その逆を取るスルーパスは彼らの代名詞にもなっている。

行き過ぎた戦術主義へのカウンター

最初の問題提起に話を戻そう。ポジショナルプレーとストーミングは今後ますます世界中に普及していくことだろう。なぜなら、ほとんどのチームにはメッシやマラドーナのような特別なファンタジスタがいないからだ。多くのチームは普通の選手や、そこそこには上手い選手、そしてチームプレーで貢献する労働者によって支えられている。ゆえに彼らにとって普通の選手を上手く見せ、特別なタレントとの能力差を補うオートマティズム化は大変都合の良い戦術と言える。しかし、その進化の行き着く先にファンタジスタの居場所がないのだとしたら、何とも矛盾した話になってしまわないだろうか。

実は、これとよく似た現象が過去の歴史にもあった。それは前述したアリーゴ・サッキが起こした戦術革命である。90年代中盤〜後半にかけてマラドーナというファンタジスタを止めるために編み出した戦術が、ファンタジスタを不要とする流れに行き着いた時代があった。必要なのは〝個の閃き〟などではなく〝組織によるハードワーク〟だと半ば妄信的に信じられていたのだ。その戦術主義の思想はやがてファンタジスタ不要論なる論争まで巻き起こし、実際にロベルト・バッジョやゾラといった幾多の名手がピッチ上から追いやられていった。さしずめ反ファンタジスタ教の魔女狩りである。

しかし、だからと言って以降のサッカーの歴史からファンタジスタが姿を消してしまっただろうか。否、行き過ぎた戦術主義の反動として、時代は再びファンタジスタを求めるようになっていく。90年代後半、ファンタジスタ不在のピッチでは、時間とスペースを極限まで削ったチーム同士の対戦が頻繁に膠着状態に陥っていた。お互いボールを奪ってもその瞬間に、相手からのプレスを受けてボールを失ってしまい、局面を打開出来ないのだ。これを打破するためにはやはりファンタジスタの創造性が必要で、時代はファンタジスタを組み込んだ組織化の流れへとシフトしていくことになる。

温故知新とはよく言ったもので、現代の行き過ぎた戦術主義もこれと似たような揺り戻しが起きる可能性は案外高いのではないかと思っている。判断とプレーをオートマティズム化するポジショナルプレーは、明確な対策を講じられた時に膠着状態に陥る構造をその宿命として内包している。極限まで強度を高めたストーミング同士の対戦は、その推進力が強くなればなるほど、一瞬の閃きで局面を反転させられる個の創造性が違いを生むはずだ。つまりサッカーが戦術的になればなるほど、そのカウンターとして「個の閃き」の価値が相対的に高まっていくはずなのだ。案じずともファンタジスタが死滅することはないだろう。

おそらく今後のサッカーでは、ポジショナルプレーやストーミングといった高度な戦術とファンタジスタの共存が実現していくことになるだろう。一方で、チーム全体のボールの動かし方や運び方、そして奪い方といった要素はポジショナルプレーとストーミング戦術が全体の平均レベルを押し上げるはずだ。世界中どこのチームでも、ある程度の即時奪回とポジショナルな配置からのボール運びは標準搭載されるようになっていくのではないか（実際、すでにそのような兆候は見え始めている)。

同時に、全体の平均値が上がるということは結局、最後に違いを作り出すのは特別な「個」になる。ファンタジスタはストーミングやポジショナルという土台の上に違いを作り出すガジェットとして組み込まれることになるだろう。

このシステムとファンタジスタの共存関係については、ペップもリスペクトする名将フリオ・ベラスコ(バレーボール界の伝説的名将)が次のように語っている。

「システム(戦術)によって選手が重要ではないことに頭を使わなくてよい状況を作り出す。そうすれば重要な時に創造性を発揮するための脳の余力を残しておくことが出来る」

現代サッカーに置き換えるなら、ポジショナルプレーによる判断のオートマティズム化がビルドアップにおける脳のメモリー消費を抑え、ラスト30mにおける創造性の発揮につながる……といったところだろうか。まさにファンタジスタと戦術の理想的な未来像を予見させる言葉だろう。

3秒先の未来

最後に、サッカーという競技の魅力とファンタジスタの関係についても考察してみたい。サッカーという競技が世界中でここまで愛される要因の一つとしても、ファンタジスタの存在は無視出来ないものがある。皆さんも一度想像していただきたい、ファンタジスタの存在しないサッカーというものを。何とも味気ないゲームになってしまうのではないだろうか。私自身、もしサッカーにファンタジスタがいなかったら、ここまで惹き付けられることはなかったであろう。マラドーナ、プラティニ、ジダン、ロナウジーニョ、メッシ……。こういった歴代の名手たちが多くのファンに愛され、今もなお語り継がれているのはその創造性溢れるプレーゆえである。

サッカーでは元々、ピッチレベルでプレーする選手の視界は極めて限定的だ。一度ボールを蹴ってみればよく分かるが、俯瞰の視点で見ている観戦者とは別世界がそこにはある。しかし、中にはピッチ上でプレーしながらまるで俯瞰の視点で見えているかのようなプレーが出来る選手もいる。彼ら一流選手のプレーは俯瞰で見ているこちらの意図を汲んだように的確に流れていくので、見ていても非常に心地好い。そしてさらにごく一部、俯瞰で見ている我々でも気が付かないようなパスコースを見出したり、思いもよらないプレーで局面を打開する特別な選手がいる。個人的にはこの、自分の想像を裏切られた時の驚きこそ、サッカー観戦における最大の醍醐味だと思っている。そこには勝敗を超えたサッカーの喜びがある。だからこそ想像を超えたプレーをする選手のことを、人々は「ファンタジスタ」と呼んで崇めるのではないだろうか。

そのファンタジスタが繰り出すプレーの中でも花形と言えるのが「スルーパス」である。とにかくスルーパスの下手なファンタジスタはいない、と言っても過言ではないぐらいセンスが問われるプレーだ。ドリブルによって相手を引き付け、スルーパスで逆を取る。「個」が一瞬の閃きで「組織」を崩す瞬間だ。スルーパスが出された瞬間、ドリブルに吸い寄せられていたDFは逆方向に重心がかかっており、誰もボールには反応出来ない。ボールに触ることが許されるのは唯一、パスの受け手だけである。この絵を、パスを出す刹那に頭の中で描けるかどうか。この特別な能力こそ、ただの名手とファンタジスタとを分ける境界線ではないだろうか。彼らには「3秒先の未来」を見る力がある。

スルーパスが起こすスタジアムの反応も個人的にはたまらなく好きだ。ゴールシーンは瞬間的に歓声が爆発するが、スルーパスは趣が違う。パスが出された瞬間、観衆は一瞬の静寂とともに固唾を呑んでボールの行く先を追う。凡人である我々には彼らが見ている「３秒先の世界」が共有出来ず、ボールが出てから目で追うしかないからだ。そして棒立ちのＤＦの間をぬって走り込んだＦＷの足元にボールが届いた瞬間、感嘆のため息とともに地鳴りのような歓声が後から沸き起こる。それは驚きであり、ゴールへの予兆であり、そして観戦者の喜びである。ルイ・コスタからバティストゥータへ、バルデラマからアスプリージャへ、デ・ラ・ペーニャからロナウドへスルーパスが出される度、私はＴＶの前で何度も腰を浮かせて感嘆のため息を漏らしていた。

　戦術的に見てもファンタジスタ（スルーパスの出し手）＋ストライカー（受け手）という最小単位の攻撃ユニットが、今なお色褪せずに多くのチームで採用されているのはそこに普遍性があるからだろう。ファンタジスタのスルーパスとストライカーの抜け出し、シンプルだが特別な２人の関係性だけで攻撃が完結することもある。前述のアイマールは現役時代、阿吽の呼吸で特別な関係を築いていたストライカーのハビエル・サビオラについて次のように語っている。

「ピッチの中で常に自分と同じものが見えていた仲間は特別な存在。前方に彼が見えたらワクワクした。サビオラは私の力をうまく引き出してくれた」

スルーパスの名手も時代とともに多様化の一途を辿っている。今では中盤の底やＣＢにスルーパスを出せる選手を配置するのも当たり前になってきた。攻撃側が進化すれば、必ずその反作用として守備側の戦術も進化する。それがポジショナルプレーへの対抗措置として、パス出しの始点からオールコートマンツーマンでプレスをかけるような戦術である。すると、今度はオールコートマンツーマンでも絶対にマークに付けないプレイヤー、すなわちＧＫからのスルーパスさえ披露されるようになった。オールコートマンツーマンは裏を返せば、相手ゴールに最も近いＦＷも１対１という状況なのだから、ここを狙うのが一番手っ取り早いというわけだ。マンチェスター・シティのＧＫエデルソンはビルドアップに積極的に関わりながら、相手が高い位置からマンツーマンでハメてきたと見るやＦＷへのパスでアシストまで記録する。見方によってはＧＫのファンタジスタと言えなくもないかもしれない。

第13章　未来のサッカーを想像する

ヒントはペップバルサのラストシーズンに

最後に、この先の戦術トレンドの未来予想図を、持論も交えて大胆に予想してみたい。というのも、私には一つの妄想めいた確信があるからだ。それはペップ・グアルディオラがFCバルセロナでのラストシーズン（11／12シーズン）で未完のまま終えたチームにヒントがあると思っている。私はそこにサッカーの未来を見た。

当時、ペップバルサはタイトルを独占し、就任3年目には当時最強と言われていたマンチェスター・ユナイテッドにCL決勝で完勝を飾っている。まさに名実ともに「史上最強」と謳われる絶頂期を迎えていた。しかしペップは4年目のラストシーズンにそのチームを一度壊し、再び一から新たな創作に挑戦していたのだった。結局、ペップの心身の疲労も限界に達していたこともあり、このチームは未完のまま、ペップはバルサを去っている。だがペップが最後に残したこの未完の大聖堂こそ、サッカーの未来を予感させる衝撃的な作品だったのである。

ここで本題に入る前に今一度、ペップバルサの4年間にわたる歩みを振り返ってみたい。ペップは08／09シーズンにフランク・ライカールトの後任として監督に就任するや否や、チームを刷新している。それまでチームの中心だった助っ人外国人のロナウジーニョやデコを放出し、代わりに自前の育成上がりの選手（通称カンテラーノ）を中心としたチーム作りへと舵を切っていったのだった。そして就任初年度のシーズン中に「メッシの0トップ」を発案し、リーガ・エスパニョーラ、国王杯、CLの三冠に輝いている。

翌シーズンもペップは現状に満足することなく改革を断行していく。当時、欧州中で猛威を振るっていたメッシの0トップだったが、ペップはやがて打たれるであろう対策を前に、すでに次の手を打ち始めていた。メッシの0トップの弱点は、ゴール前に「高さ」という要素が決定的に欠けていることである。もし相手に割り切られて中央を徹底的に固められた場合、サイドからのクロスで点が取れない。そのことが将来命取りになりかねないという懸念を抱いていたはずだ。そこでペップは前線に「高さ」を導入するため、エトーをトレード要員として放出し、イブラヒモビッチの補強に乗り出す。これにより、ティエリ・アンリの速さとメッシの上手さにイブラヒモビッチの高さを加えた完全無欠の3トップが形成される……はずであった。

しかし、ペップのこの目論見は完全なる失敗に終わっている。イブラヒモビッチとメッシの使いたいスペースがかぶってしまっており、それまで「0トップ」で空けていたスペースにイブラヒモビッチが蓋をしてしまう結果になってしまった。さらにイブラヒモビッチは、守備でも〝前線からのハードワーク〟を求めるペップの戦術とはマッチしなかった。「攻撃はGKから、守備はセンターフォワードから」というクライフのトータルフットボールを踏襲していたペップの戦術では、ある意味ボールポゼッションよりも、失った瞬間の強烈なプレッシングと即時奪回こそがチームの生命線だったのだ。この年のCL準決勝でインテルに再三のカウンターを許した遠因として、前線の守備強度不足があったことは間違いない（2試合合計2－3で敗退）。

ペップは安易に前線に「高さ」を求め、助っ人外国人の補強で補おうとした自身の試みが間違いだったことを悟る。するとシーズン後半戦はイブラヒモビッチをベンチに引っ込めてメッシの0トップへ戻し、高さではなく洗練されたパスワークに振り切ったチームへと方針転換している。これにより中盤はシャビ、イニエスタ、ブスケスに前線から降りてくるメッシが絡む構成となった。後ろもGKのビクトル・バルデスの前にCBのカルレス・プジョルとジェラール・ピケを配置し、センターラインを全員カンテラーノで固め、布陣の骨子が見え始めた。

そして翌3シーズン目、ついに「歴代最強」の呼び声も高いチームが完成する。前線はメッシの両翼に、メッシのスペースを邪魔せず、かつ守備でハードワークが出来て、いざとなったらFWとして点も取れるという万能タイプのペドロとダビド・ビジャが配置された。チームは完璧なハーモニーを生み出し、攻守に隙のないサッカーで圧倒的な成績を収めている（国内リーグ3連覇、CL優勝）。

〝ラストピース〟セスクの加入

この10／11シーズン、ペップ就任3年目のバルサこそ「歴代最強のバルサ」そして「サッカー史上最強チーム」に推す声も未だ多い。

そして11／12シーズン、ペップ体制は4年目を迎えた。普通の監督なら、この最強チームをいかに維持するかを考えて臨むシーズンになるだろう。仮に手を加えるとしてもベースは大きくいじらず、マイナーチェンジに留めておくのが常道というものだ。しかも当時のバルサの主力は、まだ年齢的にもピークに差し掛かった20代中盤～後半の選手たちである。リスクを冒してまで大きな変革を起こす必要はどこにもなかったと言えよう。

しかし、当のペップだけは全く違った未来を思い描いていた。彼はすでに新たな作品へと想像力を膨らませていたのだ。おそらく、ペップにはこの最強チームをも上回るチームを自らの手で作ってみたいという欲求がフツフツと湧き上がってきたのではないだろうか。日進月歩の現代サッカーにおいて現状維持は緩やかな衰退と同義である。ペップはこのチームを一度破壊し、新たなチームを創造する茨（いばら）の道を選択したのだ。19世紀の哲学者ニーチェは「善悪において一個の創造者となろうとする者は、まず破壊者でなければならない」という言葉を残しているが、ペップの行為はまさに「創造的破壊」と呼ぶべきものだったのだろう。

メッシの0トップは確かに、彼の能力を活かす上で最適戦術とも言える代物だ。しかし、この戦術の方向性は結局のところ、最後にメッシをフリーにするという一点に集約されている。どのパスルートを辿ったところで「仕上げはメッシ」なのである。それでも当時はまだ多くのチームが「分かっていても止められない」という段階であったが、ペップはその先を見据えていた。一本道の攻撃はやがて相手に読まれ、対策される。常に先手を打って改革を断行する彼からすると、もっと流動的で、メッシだけでなく誰もがフィニッシャーになれるよう複数に分岐したツリー構造の攻撃こそが理想だったのだろう。時にメッシすら囮にするような攻撃が実現すれば、もはやこれを止めるのは至難の業である。

しかし、だからといって単に新たなストライカーを補強しても、メッシのスペースに蓋をする結果に終わったイブラヒモビッチの二の舞になりかねない。バルサ特有の文法を身につけていない選手の補強は、チーム全体に不協和音をもたらすリスクが大きかった。となると、ペップが欲するラストピースは次のような選手になる。それはメッシに蓋をせず0トップとして共存出来て、なおかつバルサ特有の文法も身につけている選手、だ。果たして世界中を探してもそんな選手などいるのだろうか。

ところがどっこい、とっておきの選手が一人だけいたのである。それが当時プレミアリーグのアーセナルに所属していたセスク・ファブレガスだ。セスクはバルセロナのカンテラ育ちで、同学年のメッシとは一緒にプレーした経験があった。16歳でスペインU－17代表に選ばれるとU－17W杯で大会得点王にも輝いた逸材だ。この活躍に目をつけたのが、当時パトリック・ヴィエラの後釜として若くて優秀なボランチを探していたアーセナルの監督アーセン・ヴェンゲルであった。

03年にセスクは16歳の若さでアーセナルに青田買いされることになるのだが、彼はここでメキメキと頭角を現していく。18歳にしてレギュラーに定着すると翌年にはプレミアリーグの年間アシストランキング1位、その翌年には年間最優秀若手選手にも選ばれている。当時のアーセナルはすでに誰もが認める「セスクのチーム」となっていた。そんなセスクの〝古巣復帰〟を願う声はバルサのサポーターだけでなく、選手たちからも上がっていたほどである。

そしてセスクのバルサ復帰を決定付けたのが10年の南アフリカW杯であった。この大会、圧倒的な強さで優勝したスペインの中盤にはシャビ、イニエスタ、ブスケスらと阿吽の呼吸でハーモニーを奏でるセスクの姿があった。それはもう圧倒的に美しいアンサンブルだった。あまりの素晴らしい連携に、私の目にはスペイン代表のユニフォームが一瞬、アスルグラナのバルサカラーに見えた程だ。

極めつけは決勝のオランダ戦でスペインの優勝を決めた、延長後半の劇的なゴールである。PK戦突入も濃厚な雰囲気が漂いつつあった116分、中盤でこぼれ球を拾ったイニエスタからノールックのヒールパスが送られる。これを目も合わさずに反応していたのがセスクで、スペインの決勝点はこの2人の異次元の連携から始まっている。ヒールパスに反応したセスクはボールを左サイドに展開し、トーレスがゴール前にクロスを上げた。このクロスは跳ね返されたものの、そのこぼれ球にいち早く反応していたのもセスクだった。

圧巻だったのはそこからである。セスクがセカンドボールを保持した瞬間、イニエスタはオランダのDFラインと駆け引きしながらバックステップを踏み始める。セスクからのスルーパスを確信していたイニエスタはオフサイドにならないよう慎重に、自身のポジショニングを修正していたのだ。セスクはオランダのDFをギリギリまで引き付けてからイニエスタにスルーパスを送り、イニエスタは左サイドネットに突き刺した。そしてこれがスペインの決勝点となったのだ。

セスクとバルサの選手たちがスペイン代表で見せた連携は、文化と文法を共有する者だけが生み出せる特別な関係である。「お前ならそこにいる」「お前ならここに出す」、アイコンタクトよりもさらに早い感覚の共鳴。これこそ、ペップが欲していたものだった。思うにこの大会が決定機となり、セスクの腹も決まったのではないか。残念ながら当時のアーセナルには、セスクと同じレベルのプレーヴィジョンを共有出来る仲間はいなかった（後にセスク自身がそのように語っている）。バルサはセスクを必要としていたし、何よりセスク自身もバルサを必要としていたのだろう。ペップは結果的にバルサで最後となったシーズンを迎えるにあたり、理想的なラストピースを手に入れたのである。

驚愕の3－7－0システム

ペップは4年目のシーズン、セスクとメッシを共存させるための新たなシステム構築に乗り出す。それが、セスクとメッシが縦関係に並ぶ3－4－3だった。

メッシの前に選手を配置する布陣はイブラヒモビッチで一度失敗しているが、セスクは従来のセンターフォワードの概念には収まらない選手だった。元々がバルセロナの中盤として育成されてきた選手であったし、何よりアーセナルでは不動の司令塔を務めていた選手である。中盤まで落ちてきてシャビやイニエスタと同等の仕事をこなすのは朝飯前であった。

もちろんペップの狙いも、メッシとセスクが自由にポジションを入れ替えることを念頭に置いたものだった。セスクが中盤に落ちてメッシが前線に出ていくかたちはもとより、時にはメッシとセスクが0トップの位置に同時に並ぶことさえあった。つまり3－4－3とは言いつつも、実際の試合において布陣の並びが定点的な3－4－3に収まることはまずなかったのだ（図27）。

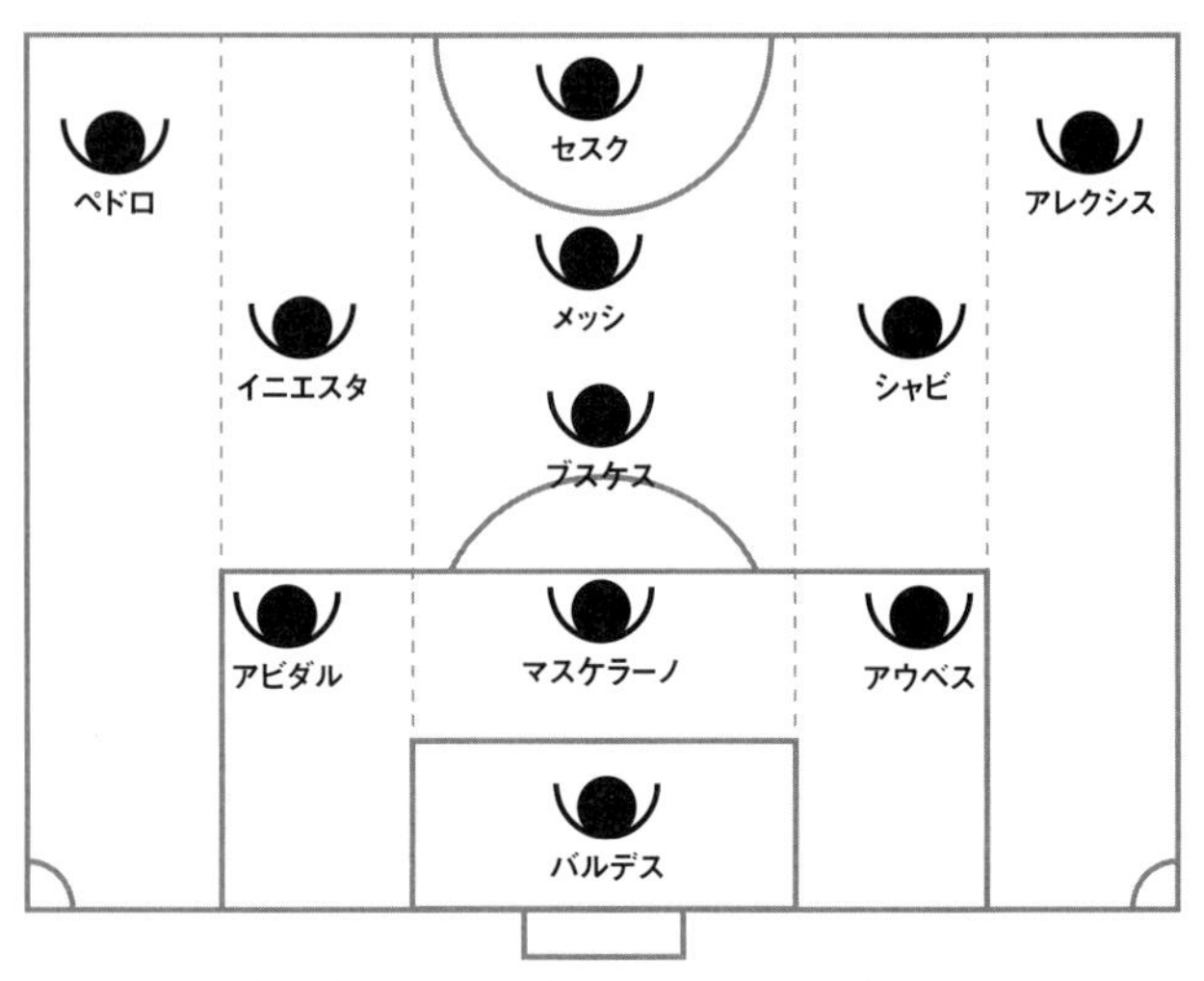

（図27）11/12シーズンのバルセロナの「3-7-0」

この布陣の最大の特徴は、従来のセンターフォワードが仕事場としてきたゴール前があえて無人のスペースにされていたことだろう。そして、空けておいたスペースに両ワイドのFWや中盤から自由に選手が飛び込んでくる。守る側からすると捉えどころのない攻撃で、非常に捕まえづらかったはずだ。

この敵陣ゴール前をスペースにしておく、という考え方はクライフのチームに通ずる特徴とも言える。クライフは自身の現役時代のプレースタイルが物語る通り、FWがゴール前に張って待っていることを良しとはしなかった。いくら強力なFWでもゴールに背を向けた状態でD

Ｆを背負いながらのプレーを強いられたのでは、効果的なプレーは難しいからだ。守る側からしても、常にゴール前にいるＦＷは捕まえやすいとも言える。

もちろん、それでも一流のＦＷはゴール前での巧みな駆け引きからマークを外す術に長けていることが多い。だが最初から捕まえるべきＦＷがおらず、最後の瞬間まで誰が飛び込んでくるか分からない攻撃は「マーク」という概念自体を難しくさせる。相手のＣＢにはゴール前でＦＷと駆け引きさせる余地すら与えられない。さらにゴール前に飛び込んでくるアタッカーは必ず攻撃方向を向いた状態で入ってくるので、攻撃側に有利な状況が揃っている。クライフの哲学においては、まさに〝スペース〟こそが最強のセンターフォワードを生み出す布石なのだ。

この新システム３－４－３が最高潮に達したのが11年、日本で開催されたクラブＷ杯決勝でのことである。前年度の欧州チャンピオンとして同大会に参加していたバルサは、決勝で南米王者のサントスＦＣと対戦することになった（ちなみにこの時のサントスには、後にバルセロナに加入するネイマールが所属していた）。この試合でブラジルの名門サントスＦＣは初めて遭遇する未知のサッカーを相手に、90分を通して翻弄され続けてしまう。

試合は序盤からセスクとメッシがどちらもＦＷの位置には入らず、２人とも中盤のバイタ

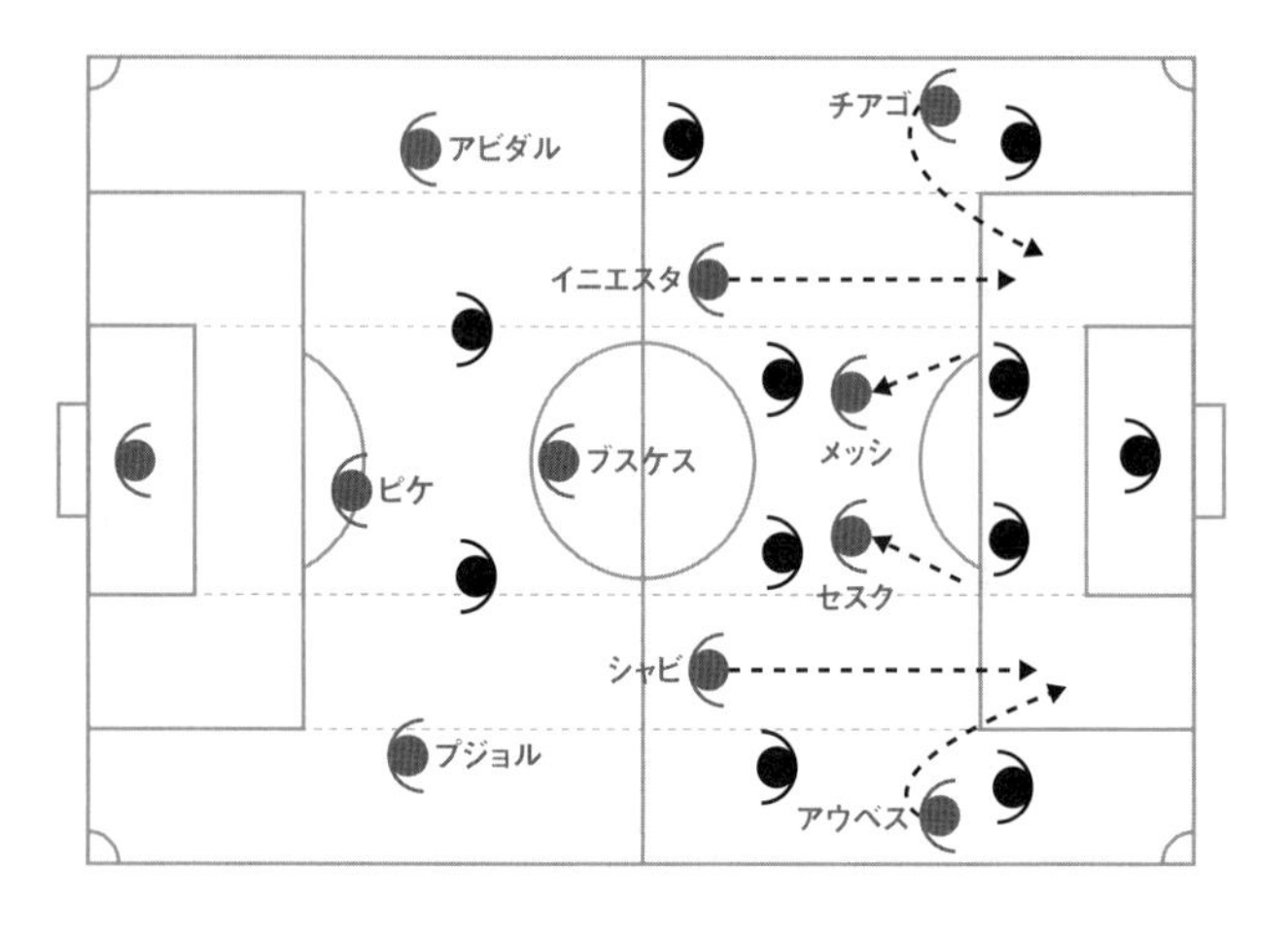

（図28）メッシとセスクによる「ダブル０トップ」

ルエリア付近に位置取るダブル０トップシステムとでも呼ぶべき布陣で始まった（図28）。

これによりサントスは守備の基準点を見失ってしまう。サントスのＣＢがメッシとセスクを捕まえようと前に出れば、イニエスタやシャビが中盤から飛び出してくる。しかも両サイドからはチアゴとダニエウ・アウベスのウイングがダイアゴナルラン（斜めの走り込み）を常に狙っている。かと言って背後のスペースを意識してＤＦラインを下げれば、今度は中盤で前を向いたメッシやセスクが仕掛けてくる。サントスはどちらかをケアすれば必ずもう一方が手薄になるという難題を突きつけられていた。

規制概念を破壊するバルサの3得点

前半のうちに奪ったバルサの3得点はいずれも、この構造を象徴するようなゴールシーンである。前半16分の先制点の場面は、セスクとメッシが前後に二度のポジションチェンジを行い敵を翻弄している。

振り返ってみよう。中盤でボールを受けたメッシは、敵陣ではなく自陣に向けて下がるようにドリブルを開始した。しかし、それと同時にセスクとイニエスタがゴール前を狙ってポジションを押し上げる。これによりサントスのDFラインは押し下げられる一方、中盤はボールを持ちながら下がっていくメッシを捕まえるために釣り出されてしまった。この瞬間、サントスのDFラインと中盤の間のスペースがぽっかりと空いた。これを見逃すはずがないメッシはクルリと攻撃方向へ向き直し、空いた中盤でフリーのシャビにセスク経由でパスを出す。パスを受けたシャビに慌てて対応しようとサントスのCBが捕まえに出ると、その背後をメッシがセスクと入れ替わるように飛び出していく。

セスクとメッシの間で前後の入れ替えが連続して行われており、さらにシャビやイニエスタまでが絡んだ複雑なローテーションにサントスは全く対応出来なかった。気が付けばアッサリとメッシがフリーで抜け出し、ＧＫとの１対１を落ち着いて沈めている（図29）。

続く７分後の追加点も圧巻だった。今度はメッシが背後を狙い、セスクが中盤に落ちてくる縦関係から始まっている。セスクは中盤でパスを受けると右サイドのタッチライン際に張って「幅」を取っていたＷＧのアウベスに縦パスを送る。アウベスがサイドから仕掛けようという瞬間、メッシが一気にトップスピードでゴール前へ駆け出していた。このメッシの急加速に対応するため、サントスのＤＦラインが引っ張られると、ワンテンポ遅れてシャビがバイタルエリアに現れ、アウベスからの横パスをフリーでゴールに流し込んだ（図30）。

ポジショナルプレーの基本ではあるが攻撃で抑えるべき「背後」「幅」「間」の３点を制圧し、しかもそれを定点ではなくローテーションで行っている。サントスは誰が誰をマークすべきか完全に見失っており、一連の攻撃中、バルサの選手にポジションという概念はもはや消失している。

極めつけは前半終了間際の３点目だ。今度はセスクがボランチの位置まで落ちて、メッシは左サイドのＷＧの位置で「幅」を確保。相変わらずセンターフォワードのポジションは空

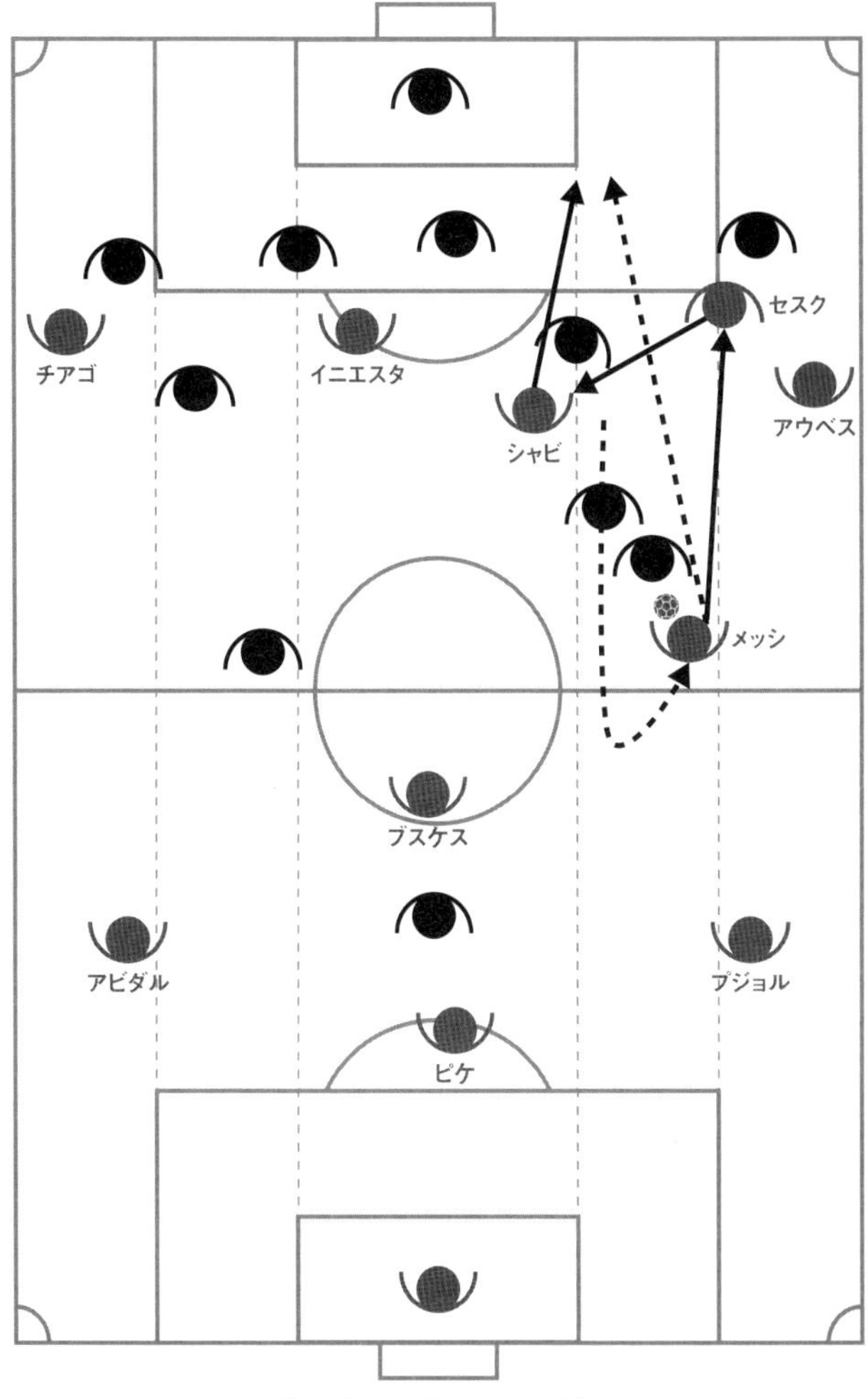

（図 29）バルセロナの 1 点目

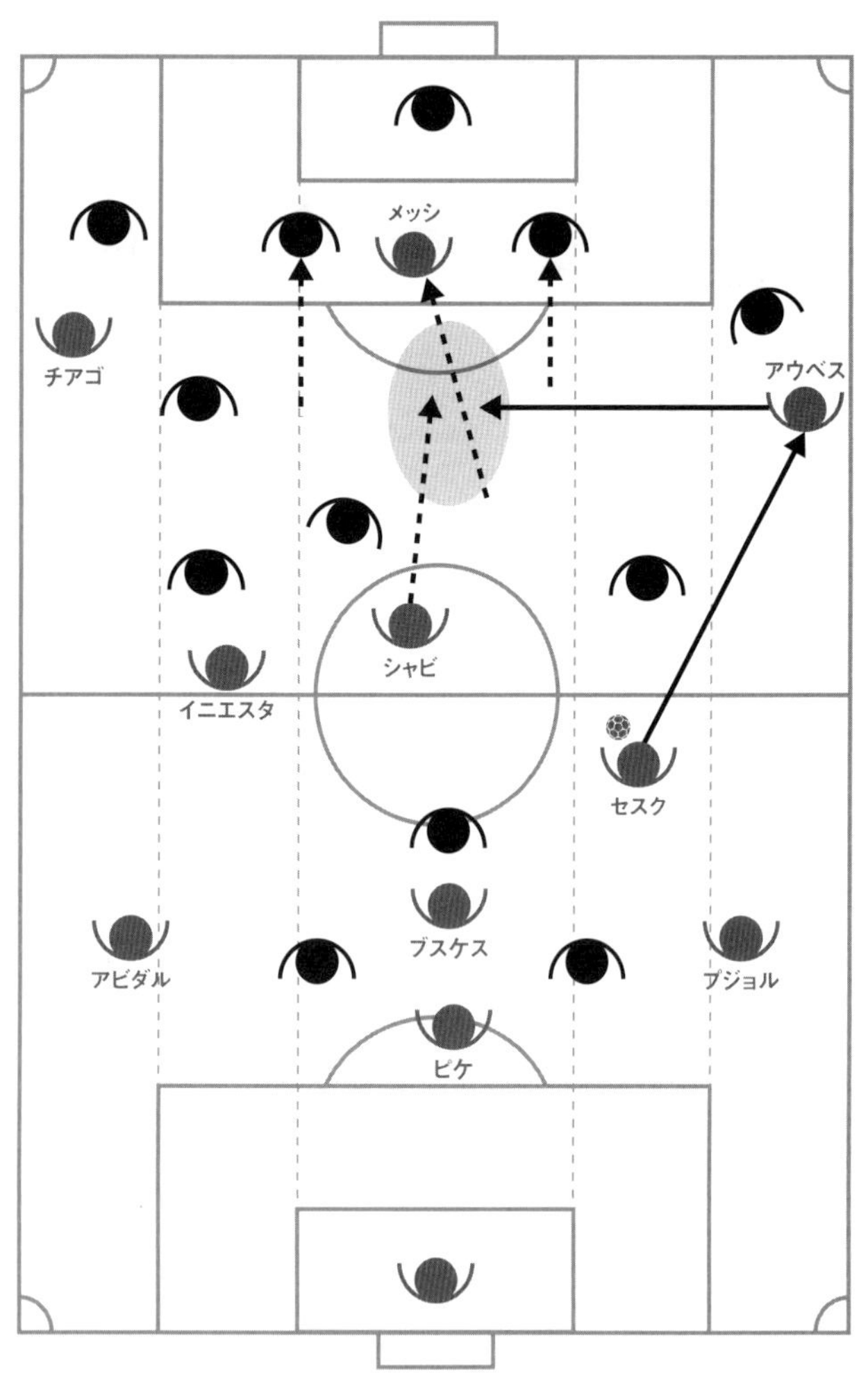

（図 30）バルセロナの 2 点目

いていて、代わりに本来左WGに配置されていたチアゴが0トップの位置取りをしていた。

その陣形でボールが右サイドで張るアウベスへ送られると、サントスのCBの意識はバイタルエリアで待つチアゴへ向けられる。ところがその瞬間を見計らったように、左サイドで幅を取っていたメッシが大外からダイアゴナルランでゴール前へ。アウベスから送られたスルーパスはギリギリ足を伸ばしたSBの足に当たるも、メッシがこれをコントロールしている間にサポートに入ったセスクが、こぼれ球を押し込んだ（図31）。

結局試合は4－0で終わり、ボール支配率に至っては何と71％対29％という大差で、サントスはろくにボールに触らせてもらうことさえ出来なかった。まさにバルサの完勝である。試合後ブラジルのメディアはバルサの衝撃的なサッカーを「3－7－0システム」と評している。

確かにこの試合のバルサは3－4－3が基本システムである一方、守備時はウイング起用のアウベスがSBに下がればその瞬間に4バックへと姿を変えていた。中盤から前の7人にはポジションらしいポジションというものがなく、縦横無尽。まさに「3－7－0」というのは言い得て妙だったのである。

試合後、敗軍の将サントスFCのムリシ・ラマーリョ監督はこう語っている。「ブラジル

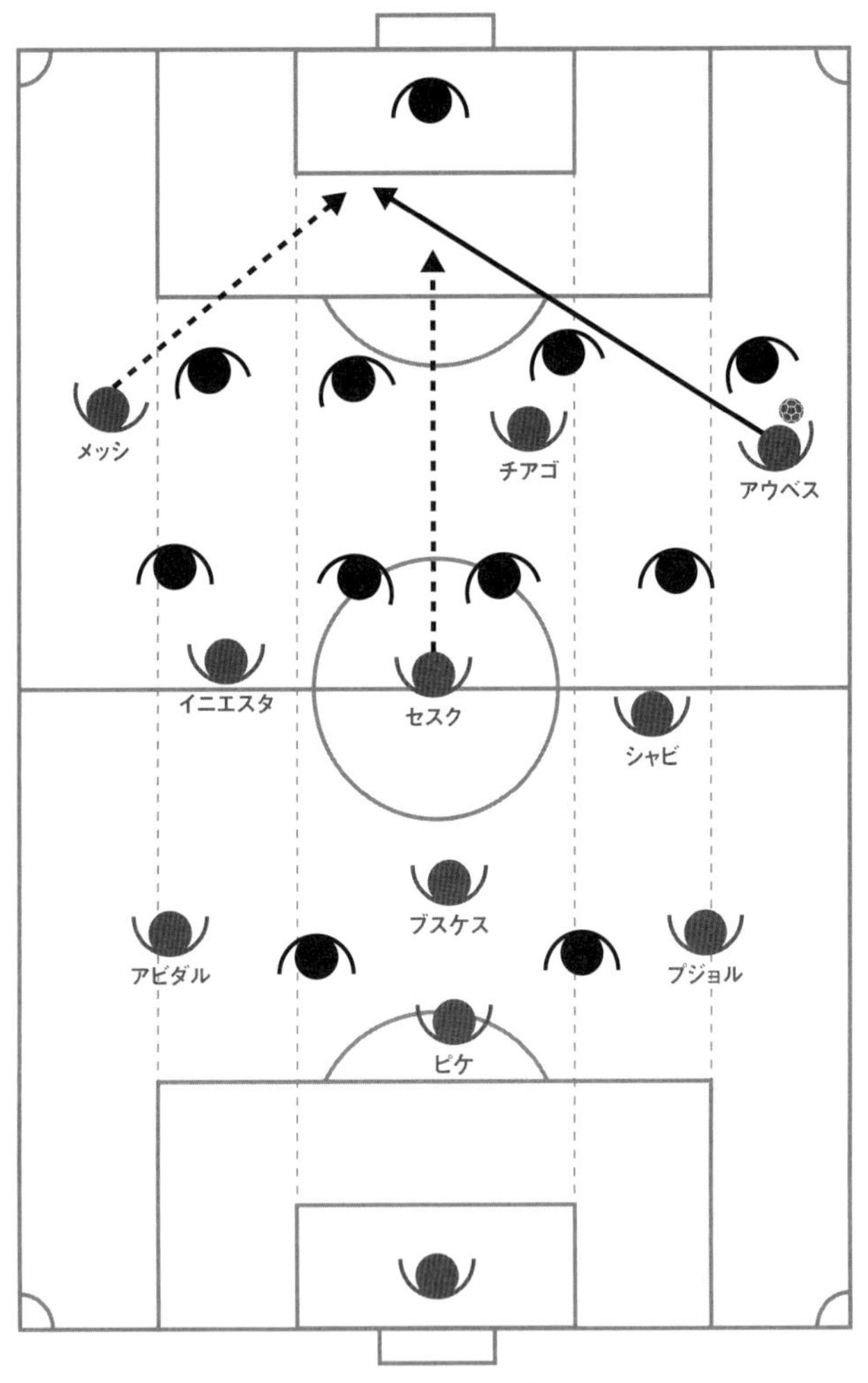

（図31）バルセロナの3点目

でFWのいない3－7－0なんてシステムを採用すれば消極的だと批判される。だがバルサのプレーを見れば、FWが3人いなくても攻撃的なサッカーが出来ることが分かる。今日のバルサがそれを証明した」

私はその夜、横浜国際総合競技場でこの試合を観戦する幸運に恵まれていた。そして、既成のサッカー概念を打ち壊すバルサのポジションレスサッカーを目撃し、打ち震えたのである。スタンドの2階席から文字通り俯瞰でピッチ全体を把握出来る自分の目で見ても、バルサのシステムや攻め筋を理解するのは至難の業だった。こちらが思考するより早くボールと選手が動き続けているのだ。これをピッチレベルでプレーしながら止めなければいけなかったサントスの選手たちの苦心ぶりは想像に余りある。私は試合後、スタジアムからの帰り道、この夜自分が見たものこそが未来のサッカーにつながっていくという確信を強く抱いたのだった。

未完の大聖堂、再び

だが、この試合を頂点として、その後バルサの3－4－3システムは徐々に目にする機会を減らしていくことになる。欧州ではこの新システムへの対策も進み、CLとリーガ・エスパニョーラではそれぞれチェルシーとレアル・マドリーのカウンターに沈んでバルサはタイトルレースから脱落してしまった。攻撃時の流動性が高いメリットより、ボールを失った際の設計が不安定であるというリスクの方がこの頃は顕在化していた。

ペップはその後、従来の4－3－3の方を使う試合が徐々に多くなっていく。3－4－3は未完のまま、封印されてしまったのだ。さらなるイノベーションを起こすにはペップ自身が消耗しきっていたのだろう。そして新システムは完成を迎えることなく、ペップはこのシーズン限りでバルサを退任することが発表された。

その後、ペップが指揮をとったバイエルン・ミュンヘン、マンチェスター・シティではまた一からのチーム構築が待っていたので、あの夜の続きは当分見られそうにはなかった。ドイツ、イングランド両国のサッカー界にとってクライフ直伝のポジショナルプレーは全く未知の文化だったので、それも無理はない。バルサならば育成年代から当たり前のようにペップ（クライフ）のサッカーに精通した選手が育てられているが、一歩外に出ればそうはいかない。

だが、ペップはそれも当然見越していたかのような振る舞いを見せる。いずれの国においても決してバルサのサッカーを押し付けようとはしなかったのだ。むしろその国のサッカー文化を尊重し、強みを探り、自身のサッカーとの融合点を探ることに時間を割いていた。バイエルンでは両ワイドにロッベン、リベリーという当時世界最高峰のWGがいた。そして2年目には中央にも世界屈指のストライカー、レバンドフスキが加入する。ペップはこの陣容において、ゴール前を空けておく0トップ戦術は最高の素材を殺しかねないと判断。その結果、バイエルンでは3トップの強みを活かしたシンプルでスピーディーな攻撃をメインの戦術に据えている。

イングランドのマンチェスター・シティでは、直線的なプレミアリーグのサッカーに対し、ポジショニングとパスワークでいなすサッカーの有効性を見出した。就任初年度こそ適応する選手の見極めと新戦力の補強に費やしたが、2年目のシーズンにペップのシティは爆発する。ポジションを整備し、パスの判断基準をプログラム化したポジショナルプレーに対しイングランドのクラブは対応不能だった。プレミア特有のハイプレスをいなせるシティは、安定的にビルドアップから敵陣までボールを運ぶことが出来た。そしてアタッキングサードまでボールを運べれば、ゴール前にはセルヒオ・アグエロやデ・ブライネといった個のクオリティで試合を決められるタレントを揃えていたのだ。この年、シティはプレミアリーグの歴代勝ち点記録を塗り替える強さで独走優勝を決めている。

以降もシティはプレミアリーグでは安定的な強さを発揮していたが、欧州を舞台としたCLでは3年連続ベスト8止まりだった。ペップはバイエルン、シティではどちらかと言うとポジションを固定した定点的なサッカーになっており、バルサのラストシーズンで見せたサッカーはあくまで一時的なものだったかのように思えた。

しかしシティで就任5シーズン目を迎えた20／21シーズン、ついにペップはあの未完の大聖堂を再び築き上げようかという動きを見せ始めた。このシーズンは序盤でエースのアグエロが怪我と新型コロナウイルス罹患の影響でチームを離脱。しばらくは代役のFWとしてガブリエル・ジェズスやフェラン・トーレスらでやりくりしてみたものの、アグエロのクオリティには遠く及ばず、チームの調子は上がらないままだった。そこでペップは「FWがいないならば……」と、あの0トップの採用に動き出す。3トップの中央にはデ・ブライネ、フィル・フォーデン、ベルナルド・シウバといったセスクと同型のMFが配置された。

シティは定点的なFWがいなくなったことでチーム全体の流動性が激化。ゴール前に空けたスペースには中盤やサイドから次々と選手が飛び出していく。元々、ビルドアップ時は4－3－3からSBが内側に絞る偽SBを用いて3バックへ可変していたが、これに前線の流動性も加わったことでチーム全体にダイナミズムが生まれている。やはりあの時のバルサのように、3バックより前の7人のポジションは極めて流動的になっていったのだ。

この変化に、それまでシティの定点的なポジショナルプレーに慣れ始めていたプレミアリーグのクラブは全く対応出来なかった。それはまるで、あの横浜の夜のサントスFCを見ているかのようだ。数字を見てもシティの変化は明らかであり、チーム得点王がMFのギュンドアンであるというのは象徴的だ。どのチームも、中盤の捕まえづらい位置から突然飛び出してくるギュンドアンを止める術を見出せなかったのである。シティは0トップ採用を機に破竹の21連勝という記録を打ち立てて、再び独走でプレミアリーグ優勝を果たしている。戦術的に見れば、シティで迎えた5年目のシーズンにして、ようやく10年前のバルサとつながったのではないだろうか。

究極のトータルフットボール

「サッカー史上、最強のチームはどこか?」

この問いに明確な答えを出すことは難しい。だが、「ペップバルサ」はその最有力候補の一つだろう。このチームを支持する声は現役の選手や監督ら有識者だけでなく、多くのファンからもいまだに根強い。もちろん、私もその一人だ。特に10／11シーズンにマンチェスター・ユナイテッドを破って2回目のＣＬ優勝を果たした3年目のチームは、ペップバルサの中でも最強のチームだった。後にペップが作り上げたバイエルンもシティも強いチームだが、あの時のバルサの完成度には遠く及ばないのではないだろうか。何よりペップ自身、いまだにバルサでしかＣＬのタイトルを獲得出来ていない。そのペップがバルサ時代に未完で終えていた３－７－０システムに再び着手した。これはついに、自身の手によってあの「ペップバルサ超え」に挑もうという意思の表れと受け止めることも出来るだろう。

では、ペップが３－７－０システムの先に見据える未来とはいかなるものか。それは究極的にはシステムからの解放——ではないだろうか。

そもそもサッカーにおけるシステムの歴史を振り返ると、それは前線の枚数を削って後ろを厚くしてきた歴史である。それこそこの競技の黎明期（れいめいき）は9人のＦＷと1枚のＤＦで戦うのが当たり前だったと言われている。１８６０年代に初めてイギリスにサッカー協会が設立された当時ですら2－1－7システムが主流だったと言われているので、いかにこの競技が元々はＦＷ重視の前輪駆動型だったかがうかがえる。そこから徐々にＦＷの枚数は減っていき、4トップになり、3トップになり、1980年代に入る頃には世界中で4－4－2や3－5－2の「2トップ」が主流の時代を迎えた。そして2000年代に入るとついに4－2－3－1の1トップシステムが主流を担う時代へ突入する。そんな状況下、常に先を見据えるペップが行き着いた先が0トップだったというのは歴史の流れに沿う必然の推移と捉えることも出来るだろう。

なぜFWは減り続けるのか。それは、この競技がより合理性を追求する方向へと進化してきたからだ。その昔、フットボールは敵のゴール目掛けてアバウトにボールを放り込み、それを9人のFWが追いかけていた。この原初的なスタイルが次第に中盤でゲームを作り、後ろからボールをつなぐ競技へと進化してきたのだ。それは同時に、選手も役割が固定されたスペシャリストからより万能型のゼネラリストが求められるようになっていく過程でもあった。

「チームの得点力は点を取ることに特化したストライカーの質が左右する」

「全員でパスを回しながらゲームを作り、どこからでもゴールが狙える」

この両者を比べた場合、後者の方が効率でも機能性でも上回ることは言うまでもない。一人の突出した個に依存した時代は終わりを告げ、ロジカルな発想が時代の主役を担っている。

そんな潮流が生み出す必然として、スペシャリスト枠の究極とも言えるＦＷというポジションは消滅しかけているのではないか。

一方で攻守両面に関わる機会が多く、元々ゼネラリストとしての能力が高く求められてきたＭＦの価値はますます高まっていくだろう。サッカーを極めてロジカルに考えるペップがＣＦの位置にセスクやデ・ブライネといったＭＦを置くのは、ある意味当然なのだ。ペップは時代の進化に最も敏感に反応しているに過ぎないのかもしれない。そのペップと鎬を削ってきたクロップのリバプールでも、ＣＦを務めるフィルミーノは極めてＭＦ的な資質を備えたゼネラリストである。

つまりＦＷがＭＦ化する方向性がはっきりと見えだした時代が今である。であるならば、常に先を見ているペップがこの先「総ＭＦ化」の流れをＤＦにも発展させていったとしても何ら不思議はない。すでに今日ではＣＢもＳＢも、守るだけの選手はトップレベルでは生き残れなくなってきている。パスでリズムを作ったり、ボールを運びながら攻撃に関与するＤＦは今やめずらしくない。このまま行けばかつてリベロと呼ばれた選手たちがそうであったように、中盤をドリブルで突破してスルーパスから決定的なアシストを記録するＣＢが標準化するかもしれない。ペップは過去、すでにマスケラーノやオレクサンドル・ジンチェンコといったMFをDFにコンバートして成功を収めている。0トップ化の次は0DF化。それは充分予測可能な未来だ。3－7－0システムはその途中経過に過ぎないのかもしれない。そして最終的にフィールドプレイヤー全員がMFになってしまえば、ポジションという概念自体も形骸化するだろう。

既存のポジションやフォーメーションという概念は、確かに11人が集まって即興でサッカーをプレーしようとした場合における利便性は高い。選手それぞれの位置関係を明確にすることで、チームがバラバラにならないようにするガイドラインになる。だが、同時にこれはチームにとって足枷にもなっている。攻撃においてFWの位置を固定化するということは、相手に守備の基準点を与えているのと半ば同義である。同じようにCBやSBの位置を明確化することとは、相手にプレスの基準点を与えることにもつながっている。相手のビルドアップにプレスをかける際、CBのパスコースを制限してSBにパスを出させ、その瞬間にプレスのスイッチを入れるといったやり方は、相手DFのポジションが決まっているからこそなせる技である。

したがって、この構造を生み出してしまう〝システムとポジション〟からの解放。ペップが成し遂げようとしているのはおそらく、そういうことなのではないか。誰がFWか分からないチームがあれば相手は守備の基準点を定められない。ビルドアップ時に中盤や前線から落ちてきた選手が入れ替わり立ち替わりSBやCBに入るようなことになれば、どこでプレスのスイッチを入れるべきかの判断は極めて困難になる。

これらを一部、メカニズムとして取り込もうとしているのが昨今流行にもなっている「可変式システム」という戦術だ。ポジションが入れ替わる流動性をコード化して、チームにプログラミングしてしまうような考え方である。だが、法則性があるものは必ず対策されるのが世の常だ。流動性は高い方がいい。より複雑に、より多様に、そして時にはファンタジスタの閃きさえも内包するものに――。

ペップの頭脳にはすでにそんな未来が広がっているような気がしてならない。そして、その推測が正しければ3－7－0はやがて2－8－0となり、最終的には0－10－0と行き着くはずである。そこでは誰もがDFであり、MFであり、FWだ。あるのはポジションではなくタスクと局面で、これこそが究極のトータルフットボールになるはず……というのはいささか筆者の妄想が過ぎるだろうか。だが、私があのクラブW杯の夜に見たペップバルサのサッカーはそんな20年先、いやもしかすると50年も先の未来を予見させるに充分なものだったのである。

およそ今から30年ほど前、クライフが作り始めた作品は21世紀になってから弟子のペップの手によって、より洗練されたものとしてひとまずの完成を見た（かに思えた）。だが、それはもしかすると永遠に未完の大聖堂だったと考えるべきなのかもしれない。かつてのペップがそうであったように、今後ペップの跡を継ぐ者が彼の作品を超える日も必ずやってくるだろう。そして一つのサッカーが洗練されればされるほど、全く新しい対抗戦術で出し抜こうとする勢力も現れるはずだ。その切磋琢磨（せっさたくま）こそがサッカーの歴史そのものだからである。

現実のサッカー界では、こうしている今も日進月歩で戦術は進化している。それらは日々の勝利を全力で追求する者同士が鎬を削り合うことで生まれる〝知の結晶〟だ。我々観戦者はその知略戦をくまなく読み取り、吟味し、骨の髄まで味わい尽くすことこそが至上の喜びであり、彼らへ送ることが出来る最大限のリスペクトにつながるのではないだろうか――。

龍岡歩（たつおかあゆむ）

Ｊリーグ開幕戦に衝撃を受け、12歳から毎日ノートに戦術を記し徹底的に研究。サッカーを観る眼を鍛えるため、19歳から欧州と南米へ放浪の旅に。28歳からサッカーショップの店長を務めるとともに、ブログ『サッカー店長のつれづれなる日記』を始める。超長文の記事が評判となり、現・スポーツＸ社に鋭い考察を評価され入社。サッカー未経験者ながら、当時同社が経営していた藤枝MYFC（J3）の戦術分析長として4シーズン在籍。現在はJFL昇格を目指すおこしやす京都AC（関西1部）の戦術兼分析官を務める。監修に『ポジショナルフットボール教典』『組織的カオスフットボール教典』（ともにカンゼン）。

サッカー店長の戦術入門 「ポジショナル」vs.「ストーミング」の未来

2022年2月28日初版1刷発行

著　者 —— 龍岡歩
発行者 —— 田邉浩司
装　幀 —— アラン・チャン
印刷所 —— 萩原印刷
製本所 —— ナショナル製本
発行所 —— 株式会社光文社
東京都文京区音羽1-16-6（〒112-8011）
https://www.kobunsha.com/
電　話 —— 編集部03（5395）8289　書籍販売部03（5395）8116
業務部03（5395）8125
メール —— sinsyo@kobunsha.com

ISBN 978-4-334-04590-6